U0329352

唐玥 著

# 一路繁花到幸福

清華大學出版社
北京

图书在版编目（CIP）数据

一路繁花到幸福/唐玥著. —北京：清华大学出版社，2022. 3
ISBN 978-7-302-54175-2

Ⅰ. ①一… Ⅱ. ①唐… Ⅲ. ①婚姻—通俗读物 Ⅳ. ①C913. 13-49

中国版本图书馆 CIP 数据核字（2019）第 256758 号

责任编辑：王如月
封面设计：于　芳
责任校对：王凤芝
责任印制：刘海龙

出版发行：清华大学出版社
　　网　　址：http://www.tup.com.cn，http://www.wqbook.com
　　地　　址：北京清华大学学研大厦 A 座　　邮　　编：100084
　　社 总 机：010-62770175　　邮　　购：010-62786544
　　投稿与读者服务：010-62776969，c-service@tup.tsinghua.edu.cn
　　质量反馈：010-62772015，zhiliang@tup.tsinghua.edu.cn
印 刷 者：大厂回族自治县彩虹印刷有限公司
经　　销：全国新华书店
开　　本：148mm×210mm　　印　张：12　　字　　数：276 千字
版　　次：2022 年 3 月第 1 版　　印　　次：2022 年 3 月第 1 次印刷
定　　价：59.80 元

---

产品编号：059657-01

# 目录

# 楔子　嘘！我离婚了，一般人我不告诉他

民政局的大门打开，一个“中青年”妇人走出门来。即使全黑色的肥大风衣和阔口裤，也无法掩饰她“伟岸”的身材；一副颇有“深度”的近视镜，遮不住她眼里的沮丧。她臂弯挎着的迪士尼公主系列包包，还是早几年前的款式，乳白的蝴蝶结扮嫩装饰显得不伦不类。秋天的太阳一下刺进她流泪过多的眼睛，让她的心事无法遮掩地摊开在阳光里。

是的，这个女人就是我——马拉，一个30岁的怪阿姨，在这个熙熙攘攘的都市里做着一份可有可无的低薪闲差；一个宅女，很少交际，唯一的愿望就是跟那个走在我身后的半个小时前还是我丈夫的名叫罗以忱的男人生一个孩子。

但现在，我离婚了。

民政局工作人员在问我们为什么离婚时，我和罗以忱几乎异口同声地说：“性……”

性格不合，百试不爽的离婚理由，我硬是用这四个字取代了我真正想脱口而出的那句：性生活不和谐。

“马拉……”罗以忱慵懒微滑的声音响起。我回过头，那男人穿着淡蓝衬衫，我喜欢这件衣服绵密细腻的手感；脖子上系着一条暗色典雅系领带，那是我亲手为他选的今秋最新款；清爽利落的短发，没

有中年发福的肚子……都说男人结婚后反映出的水准品位全部来源于他的妻子，但我想，别人看到我亲手装扮出的罗以忱，怎么也想不出他的妻子是如此肥胖而邋遢的女人吧。哦，对了，差点忘了，我已经不是他的妻子了。

“下班我就不回来吃了。我有钥匙，不用给我留门。”

我想象不出他还有什么理由必须向我报备这件事，难不成他以为他不告诉我的话，我还会为他准备晚餐？他的理直气壮如同他十年如一日略显冷漠地安享我对他的照顾。我只是木然地点点头。我们就这样看着对方，觉得应该说点儿什么，却终于什么都没说。

我独自回到位于温馨家园四楼的那所已经不能称之为家的房子里，进入主卧——我和罗以忱已经协议好，离婚后我住这间，他住在次卧——打开床头柜，一大摞厚厚的单据映入眼帘。

我将它们拿出来，最后看了一眼印着排卵监测报告字样的纸张，然后将它们撕得粉碎……

随着纷纷扬扬的纸屑，我的目光慢慢落在床边的落地大镜子上，镜子里有一个颓废的胖女人，一张脸没有任何化妆地裸奔着，眼睑因哭泣而浮肿，表情因憎恨而狰狞，暗沉的皮肤上点缀着几片斑点。我忽然觉得有些释然，若我是罗以忱，有这样一个老婆是不是也会觉得拿不出手？

我拿起电话，按了几个号码，一个怨妇的哭骂立刻从耳机中传过来：“当初你说要分开，分开就分开，现在又要用真爱，把我哄回来……”我把耳机拿远了点，直到另一个怨妇的声音传来：“喂？”

“你在哪里呢？”我整理了一下声音，问道。

“我还能在哪儿，我不是在相亲，就是在相亲路上。你们这些围城中让我们羡慕嫉妒恨的女人，又怎么会懂我们剩女的空虚寂寞冷……”

等唠叨终于落幕，我听到自己的声音响起：“向南，我离婚了。”

“啊?”池向南的大脑瞬间短路。

“我离婚了，除了你，我还没有告诉任何人。”我的声音听起来那么沙哑而陌生。

“20 分钟后花墙咖啡见!”她扔下一句话，挂断了电话。

# 第一章　不会生蛋的母鸡

花墙咖啡厅的白色花藤摇椅上，面对面坐着两个人。一个是一身黑衣如丧考妣的我，一个是大龄女青年池向南——那个平常最喜欢插我两刀，关键时刻却能为我插别人两刀的，我的最佳损友。

20分钟前，她一瘸一拐地赶来，自称“小脑萎缩症患者”“不穿平底鞋会死星人”的她，还来不及换下相亲时装门面的高跟鞋。在服务员示意她点餐的时候手指一挥：“随便吧，就来这个重口味的！”引得旁人纷纷侧目，连我也莫名惊诧，定睛一瞧，才发现她指的赫然是蓝莓口味重乳酪。

“你跟罗以忱怎么了?！你说咱俩吧，我发奋考研，你跟罗以忱早恋了。我刚找个男人恋爱了，你跟罗以忱结婚了。我跟前男友分手了，你又准备跟罗以忱要孩子了。我这拼死拼活地相亲勾搭求包养，就是为了摆脱单身攻进围城。可我前脚还没进去呢，你跟罗以忱都绕一圈出来了？我这还别说能不能赶上潮流了，我这辈子还能不能赶上你了？我忧愁！”池向南一边啃着她的“重口味”乳酪，一边嘟囔着。

我陆续把这两天发生的事情告诉了池向南，彼时我拿到完美排卵监测报告欣喜万分，万事俱备只差蝌蚪。但就是那么不幸，蝌蚪被罗以忱打包去了杭州。对于一个备孕长达四年之久却颗粒无收的女人来说，几千里地的距离又怎么能阻挡我获得蝌蚪的步伐，于是，我毅然自作主张地来到杭州要跟蝌蚪会合。

但谁知道罗以忱单位怎么选了这么个阴山背后信号屏蔽功能强大的酒店，我硬是无论如何也联络不到罗以忱，不得已给他单位打了电话，自说自话地来到了罗以忱下榻的酒店。

当我走进罗以忱的房间时，其实并没有发生池向南所说的“捉×在床”的尴尬境地。那个叫黄莹莹的女同事坐在椅子上，罗以忱正在为她铺床。

“他看见你了？”

我点头。

“他没追你？”

我点头，又摇头。

“什么意思？”

“那个小妖精从楼上叫他，他就回去了。”

“然后呢？”

我摇头。

“完啦？”她见我停下，惊讶地问道，“你说你们俩这得多大气性，铺个床就离婚了，这要是插上电褥子还不得死几口子？”

“你还记得萨拉热窝事件吗？”池向南显然对我的问题有些摸不着头脑。曾经我们俩在高中文科班同学的时候，一起复习过历史政治，这个事件她一定记得。

“斐迪南大公被刺，这是第一次世界大战的导火索，但这并不是一战发生的根本原因。也就是说，黄莹莹事件是我和罗以忱离婚的导火索，但根本原因并不在此。”

“你是说……根本原因，是你不能给他老罗家延续香火？”池向南做出一个熊猫烧香的手势。

我点了点头。

我和罗以忱怎么说也属于“85 后”，怎么说也受过高等教育，怎么说也是在大城市工作的白领阶层，但那又怎么样呢？无论是我那身在东北农村的婆婆，还是就住在这个城市里的公公，都已经把孩子当成了我们婚姻生活的重中之重。孩子，已经由六年前我所惧怕到来的，到四年前我期望到来的，到两年前我强烈希望到来的，变成现在我魔障般强烈希望到来却无法再来的……我的生活，似乎只剩下要孩子这件事，除此之外，其他的一切都与我无关。

为了要孩子，我花光了我和罗以忱所有的钱。罗以忱经常需要跑外工作谈业务，不能太影响形象，我就像葛朗台似的舍不得买衣服，舍不得买化妆品，除了给罗以忱花之外，大方地一趟趟把钱给了各种中医西医乃至各路神棍。如果不是温馨家园的房子刚交钥匙，我没准连房子都卖掉了。千金散尽，却依然肚子空空，心也空空，因为吃了过多的激素，从前的苗条身材变得臃肿不堪，仿佛青春期刚刚过完，更年期就提前来临。不仅如此，为了要个孩子，我那高收入的销售工作因为过于辛苦，被换成了相对清闲的文案工作；因为总对着电脑担心辐射，我又从文案变成了客服；因为总接电话似乎也对生育有威胁，于是我成了一个负责杂务的内勤。经过几年的拼搏努力，我终于由公司的骨干成员变成了一个可有可无的闲杂人等。

我的人生被不断边缘化，我却依然认为这些都不重要，没有工作罗以忱会养我，但没有孩子，我还拿什么来爱罗以忱？我的人生就彻底失败了。从小，我就被告知，女人最大的成就是家庭，女人是靠征服男人来征服世界的。而如今，我深爱的男人如此轻易地便离开了我，我自己的世界也摇摇欲坠；又或者说，当我不断放弃那些我曾经为之努力奋斗的一切时，我的世界已经在不知不觉中倾斜。

“十年的感情，七年的婚姻，虽然到了浑身痒痒的婚龄，但你们可是模范夫妻。像你这样百依百顺的妻子，罗以忱就舍得?”池向南有些不甘。

看到那样的情景后，我便呆立在门口，待我回过神来，我已经跟罗以忱打个照面，我羞愤难当，仿佛被抓的那个人是我。我立刻掉头跑下楼去。那一刻，我不仅觉得自己无法面对丈夫，我甚至觉得有点儿害怕之后可能会发生的事情。我感到非常委屈，孩子什么的，如果不是因为爱着彼此，还有什么意义?原来拼死拼活地想要制造一个孩子的，只有我一个人而已。百依百顺，现在想想，可能正是我的这个百依百顺的包子性格造成了他对爱情的挥霍和对我的忽视，比如这次我之所以坚决和他离婚，是因为我们在一起十年，他从未给我铺过床。

“离了婚，你住哪里?”池向南问道。

“还住温馨家园。”

“罗以忱要搬出去?”

“不搬。他答应让我暂时住在那里，也不用交房租，费用分摊。”我知道这个选择很贫贱很无奈，但谁让我是穷人呢?在现实面前，也只好暂且如此。罗以忱和我约定，我们可以自由地在这套房子里居住，直到产权证办理完毕交割这套房产。

“马拉，你跟我说实话，你们还有爱吗?”

我抬起眼睛，池向南的双眸熠熠闪光。爱吗?我一直很爱罗以忱，他爱我似乎一直没有我爱他多。从我爱上他开始，似乎已经确定了我们之间我注定要付出更多的相处模式了。而我仿佛已经很久都没有想过什么爱不爱的问题了。在我和罗以忱的婚姻中，已有相当长的时间，我所考虑的问题是如何如何努力获得一个宝宝，就连表达爱意最直接的方式也成为一种功课。每次排卵前一周做一次功课，避免蝌蚪老化，排卵期密集安排，之后养精蓄锐……一个月又一个月地周而复始，罗以忱的状况却越来越糟糕，他似乎得了排卵期恐惧症，每到交公粮时，不是交得少，就是吓得跑，比如这次，我已经感觉到他是刻意在躲避我的危险期。悲催的我们俩，已经不知道是谁把谁当成了生育工具。

“爱不爱这种事，我一下也说不出来，但如果要我对我们俩的婚姻用一个词来描述的话，我的第一反应应该是——累吧。”我想了想说。我爱他，所以我乐于付出，但这并不意味着我想要永久地放弃被爱的权利。

“当初我就跟你说过，你们的爱情模式你会比较辛苦。”对我知根知底的池向南叹了一声，“你们的事跟你妈说了吗?”

“没有。我还没想好该怎么说。”我那早已被妈妈用“不听老人言，吃亏在眼前”的预言注定的远嫁，终于走到了结婚前妈妈就看到的那一天：离婚。我实在不知该如何对远方的妈妈解释我现在的处境。

“不管有什么事儿，别自己扛着，有姐们儿我呢!”池向南拍拍我的肩膀。有她在，我心里就有种踏实的感觉。

“向南，谢谢你。”

“谢啥，谁让我是你的‘老和部队’呢，老得跟你这儿维持和平……”

不论这世上发生了多么大的事情，地球依然会照常转动。又或者说，像我这样的小角色身上即使发生了天大的事情，对别人也产生不了什么影响。

就像此时，我站在新世纪房地产公司的销售部总监办公室里，对面坐着的，是五年前跟我同一批进公司的同事夏至。当然，现在我跟她的关系已经不能用同事来形容了，很明显，她再也不是跟在我身后跑市场，总是甜甜地叫我“马拉姐”的小丫头了，她现在是我的领导。

夏至穿着得体的长袖连衣裙，干练的金棕色波波头总让我怀疑她戴着假发。我正盯着她的头发走神，夏至敲了敲桌子：“在听我说话吗?”

“啊?”我回过神来，其实我真没听清她在说什么，我理所当然地认为一个刚刚离异的女人是拥有偶尔走神的权利的。

“现在楼市观望情绪如此明显，即使我们打了非常有力度的折扣也难以让持币观望者下单。这几个月我们都是在强撑着，还要干赔广告费。”她在讲什么？她讲的这些和我有什么关系？不得不承认，作为内勤的我已经很久没有研究过政策和市场了，只是在前些时听说过限购令和加息之类的消息，但我已经没有反思自身，思考城门失火是否会殃及池鱼的敏感和能力了。

大概我一脸茫然的样子让夏至很有挫败感，因为从前我们是最佳搭档，只一个眼神就能明白对方心思。而现在，她要把公司的决定掰开揉碎了告诉我。

“现在公司非常困难，所以我们做了一个艰难的决定，为节约运营成本，让一些员工暂时离开。”

啊？她在说什么？让谁离开？我吗？就是说在失婚的第二天，我马拉就成了失业人口？我终于领会了夏至的意思，木然地点了点头。

就在我要离开总监工作室去会计室结账的时候，夏至的声音传来：“马拉姐……本来你是公司的老员工了，老总也非常器重你，总希望你能做出一番成就。可是马拉姐啊，你这三天两头请假不说，你看看你现在，形象气质也不太适合咱们公司了。就说昨天吧，老总正愁没理由开人呢，一问你又请假出去了。你看看我这一屋子的人，未婚的，新婚的，怀孕的，哺乳的，敏感时期，哪个人都在，唯独你在这个时候给他上眼药，他气得立刻决定让你回家。其实我也知道你的难处，但给人打工，还是要守人家的规矩。不过也好，正好趁这个时间，好好处理一下家里的事情……”

毕竟是在一起打拼过来的旧同事，曾经的情谊还有残余，至少夏至没有落井下石地讥讽我一番，而是实事求是地通知我事情的真相。我也知道我现在的状态，已经跟职场的杜拉拉们有了明显的差异。我回过头，望向夏至：“其实老板应该再等等的，因为我家里已经没事了。”

所有的童话都是以王子和公主从此过着没羞没臊的生活作为结尾的，但其实，这只是个开始。人生是由无数件让人想不明白的事情组成的，我小时候常想不明白那些大人都是从哪里来的，在我心里小孩儿就是小孩儿，大人就是大人，有种泾渭分明的感觉。我读书时常想不明白，为什么有些女孩儿一眼看上去，所有人都认为她是美丽的，我们并没有给美丽设定什么标准，却都约定俗成，自然而然地学会了评判。我恋爱时常想不明白，为什么有些人明明爱过，最后会变成怨侣，相爱的感觉是如此甜蜜而美好，岁月又岂能轻易地将它稀释？我结婚后常不明白为什么要出轨，不爱了离婚不就好了？为什么要偷偷摸摸地做背叛对方的事情？而如今，我离婚了，我曾经想不明白的那些事，仿佛顿悟般忽然全部想明白了，让我们体验这一切，学会这一切，爱上这一切，最后却又带走这一切的只有一样，那就是时间。我们的童年被时间带走了，我们的阅历被时间丰满了，我们的爱情被时间冲洗了，我们的生命被时间雕刻了。就像此刻的夕阳下，我一个人站在高高的公路桥上，看着晚高峰的车流，如同流淌在城市血管中的患有“三高症”的黏稠血液般不畅却义无反顾地前行，这也许就是时间留给我们的印象——盼望着快些，流畅些，青春和生命却被不知不觉地带走了。

我不知道我为什么会想起这些，早秋的晚风带给我的思绪显然比晚饭要深刻，但我似乎更应该担心我的晚饭。因为此刻我身上除了新世纪给我结算的3000多元工资，已经一无所有。大都市的夜晚，华灯初上，霓虹闪烁，躁动不安的夜生活正在酝酿开始，我不记得我已经有多久没有去过外面吃饭，没有去过唱K或酒吧，只是在厨房里，灰头土脸如巫婆般虔诚地熬着据说能增长子宫内膜促进排卵的中药……

我长长地舒了口气，今夜，我终于不必再吃各种单方复方和偏方了，我忽然很想放纵很想喝醉，但掏出手机，除了池向南，我想不出在这个城市里我还能打给谁。但这个时间摆明是池向南的相亲时段，这个时候打给她显然是太没有眼力见儿的事情，我想了又想，还是将手机揣回衣兜，独自向Crazy Candy走去。

Crazy Candy，开发区最出名的一间酒吧，音响华丽，风情旖旎。

那个吹着忧伤的萨克斯风的男子是我们公司好几位女同事口中的传奇，我只跟她们来过一回，那还是夏至升职的时候请客。那天我刚看了个妇科专家，还有一服中药要熬，于是我只坐了十分钟，听了一支曲子就回家了，连那个萨克斯风乐手的脸都没看清楚。

走进 Crazy Candy 的大门，我看到卡座里坐着三三两两的情侣，散座都在吧台前，年轻人在那里喝酒搭讪。我想了想，鼓起勇气坐到吧台前，暧昧的灯光瞬间笼罩了我。调酒师客气地来到我面前："女士，请问想喝点什么?"前几年，他们都称我为小姐的，虽然这个曾经不下闺楼的雅致称呼现在已经彻底被一群特殊职业者侮辱了，但被称为"女士"，也足见我的确是有些老了。

"Tequila Sunrise。"我有些心虚地点了一杯烈酒，实在是因为除此之外，我对酒吧的酒没有太多概念。点酒之前，我还特别看了一眼价目表，我要保证只揣着 3000 元来酒吧消费之后，能不被暴打一顿，踹出大门。

"请稍等。"调酒师礼貌地应了一句之后，开始花哨炫目地一通忙活，五分钟后，一杯金色基调琥珀般澄澈诱人的龙舌兰酒便摆在我的面前。

我开始小口啜饮。肥皂剧发展到这个桥段，往往会有一个英俊的男主角来拯救绝望的女主角，但真实的情况是，没有搭讪，没有暧昧，只有一个与靓丽炫目的酒吧环境不怎么相称的、即使穿着葬礼般的黑衣也丝毫与"显瘦"不搭界的妇人，一口接一口地喝着忧伤的烈酒。

口哨声此起彼伏地响起，我看向舞台，是那位传说中帅气到风中凌乱的萨克斯风乐手要登台演出了。这一次，我沉下心来，以一位单身女士的身份打量着那个男人，倒要看看他是如何出色，才能捕获那么多女人的心。

追光直挺挺地射向舞台一角，那男人穿着纱质白衬衣，外罩棕色马甲，下身是一条紧身仔裤，棕色的卷发在灯光的照射下显得神秘而多情。他长睫低垂，在脸颊上投下一片诱人的阴影。悠扬的萨克斯风响起，肯尼·基（Kenny G）的《永浴爱河》。迷蒙中，舞台上的男人仿佛变成了罗以忱的模样，岁月如倒带般重演，我又变成那个在台下着迷地听着他嘶吼的小女孩儿。

年轻时的罗以忱没有现在的成熟味道，却相当帅气，彼时的他棱角分明，喜欢地下音乐，喜欢架子鼓和Bass；我也常陪着他听舌头乐队和战斧乐队的歌，我喜欢幸福大街的《嫁衣》，他竟然有本事带我去听主唱吴虹飞的现场……那时我们用青青校园的短信套餐，300条一个月还说不完情话；现在我们对坐无语，一个个夜晚被不知所云的连续剧割裂。那时我们流着泪唱《那些花儿》，现在只剩一些七零八碎想到就心疼的、不敢触摸的歌词。那时我们有年轻，有爱，现在，我一无所有。

我不否认从头到尾，我对罗以忱的爱都是一种追逐，这并不等同于单恋，因为对方也乐于享受这种追逐而感觉理所当然。这是一种犯贱的类似于周瑜打黄盖的爱情，当忽然有一天，犯贱的那个人不想再继续犯贱时，这种爱就停止了。不知不觉，两行冰冷的泪流到嘴角，一个孤独的女人在酒吧里听着《永浴爱河》，竟然矫情得落泪了。

回家的时候，已经晚上11点多了，打开门，迎接我的是罗以忱有些发青的脸。

“你上哪儿去了?”他的责问似乎理所应当。我立刻有些本能地想要道歉，但大脑费力地转了一圈，才明白过来，我本想告诉他这与他无关，但我最后只是选择了沉默。

“你喝酒了?”扑鼻的酒气让我自己都有些厌恶，果然，罗以忱皱起了眉头。

上大学的那些年，我们经常在校门口的烧烤摊边闲坐，我也会举着一听啤酒庆祝罗以忱他们演出成功，满脸崇拜地听他指点江山地吹牛。但自从想要个孩子以来，不光是我，就连罗以忱都很久没喝过酒了。

“你用不用卫生间？不用的话，我要去洗澡了。”我看了看纸篓里的方便面碗，看来某种意义上来说，我对于罗以忱还是有价值的，在我不回家吃饭的夜晚，他的晚饭竟然如此潦草。

“你哭过?”他的声音在我身后响起，见我不理他，继续往前走。他说道：“喂，你不是后悔离婚了吧?”

我愣了一下，摇了摇头，径直走进了浴室。

我第一次看见我婆婆，就有一种贾宝玉看见林黛玉的感觉：这个婆婆我好像是见过的。之前对于摇滚家庭浪荡不羁的想象，都在看见如此接地气的一张脸后土崩瓦解。而她也在见我第一面时就毫不见外地挽起我的手，向我传递了将来她疼我、我疼他儿子的食物链。回家后我反复想，她到底像谁呢？直到我看到家里挂着的遗像里，冲我微笑着的我姥姥……

# 第二章　婆婆大人驾到

昨夜酒后无德，把 3000 多块钱的家当败掉了一半，早上我头昏脑胀地爬起来之后，才发现自己陷入了非常严峻的境地。

熟练地逛了一圈超市，虽然早知连老干妈都高达十几块钱一瓶，但我还是深深为我国过快增长的 CPI 而懊恼不堪。来到一家麦当劳，啥也没点的我厚着脸皮装作等人的样子坐在窗口，打开手机，打算在招聘网站划拉一个令我摆脱贫困状态甚至一夜暴富、不再仰罗以忱鼻息，而是在他面前狠狠赚足面子的工作。

之后的几天，我把自己调整到“面霸”状态，但当我如实说出我的年龄和工作经历时，得到的往往都是非常“Sorry”的回复。个别让我前去面试的岗位，也都是些以貌取人的家伙在担当 HR，没有人能透过一身肥肉看到我不那么明显的美丽和不那么清晰的才华。

又一天无功而返后，我拖着沉重而疲惫的身躯回到家里，口袋里还剩几百块，我就要弹尽粮绝，所以打着减肥的旗号，我省掉了今天的晚饭。但我回来的时候，偏看到罗以忱坐在客厅的沙发上，茶几上摆着几个打包回来的菜。

“干吗?”看到他竟然邀请我一起用餐，我有些惊讶，这是离婚后我们第一次坐在一起吃饭。

“边吃边说吧。”他为我倒上啤酒。自从卸掉了想要孩子这个沉重的负担后，我在罗以忱心目中，好像变成了酒鬼。

“这几天……好像挺忙啊?”罗以忱看了看我。

“啊?”我那已被打击得破败不堪的自尊心还勉强能拉大旗作虎皮，“是啊……客户太多，资料堆得跟小山似的。”

“哦……还想麻烦你帮个忙的。”

“什么事?”

“那个，我妈要来了。”

看着罗以忱如临大敌的表情，我的眼前立刻浮现出一个身高一米七，比我还要膀大腰圆绝对堪称“纯爷们儿”的女人。

“于是，你想怎么着?”我夹了个鸡腿。

“你帮我招待一下。”他的语气竟然是那么的不容辩驳。

“凭什么? 你那黄莹莹呢?”我有些幸灾乐祸。

“跟你说我妈的事情，别扯别的。”他不耐烦地挥了挥手。

“想解释我都不给你机会，因为我没兴趣更没立场听你的罗曼史，我只问你我凭什么要帮你招待你妈!”

“你帮我招待我妈一个礼拜，不露馅的话，给你5000元酬金。”毕竟夫妻多年，他还是了解我的，比如此刻他能如此稳准狠地一下就击中我的软肋。

人穷志短，我想了想:“招待费谁出?”

“当然是我了。”

“好!”我几乎是咬牙切齿地答应了罗以忱的条件。

为了对得起他一天1000元的高额报酬，我骗罗以忱说自己请了一周的假。

熙熙攘攘的火车站里，我还伸长脖子朝东北开来的火车方向看着，一个大嗓门穿透人海一下刺痛我的鼓膜："丫头！这儿哪！"

10月的天气刚好，她却穿着夹棉袄满头大汗，左手一个筐右手一个篓，身后还背着一个胖娃娃！什么情况?！我迟钝的大脑向来无法理解我伟大婆婆的想法，我只有硬着头皮向婆婆走去。

"哎呀丫头！你可真是胖了！真好真好真好！咱老罗家就是发儿媳妇，你看看你，原来我就不稀罕你那瘦得小笋鸡子的样，现在你看，跟妈一样了。妈跟你说你现在这样一准能生儿子！看来老罗瞎子说给你们要这个孩子来压子还真对了！"

她一贯这样说起话来连珠炮一般，从来不容别人置喙。我只有满身冷汗地站在原地，听她用极大的嗓门夸奖我"胖得真好看"，我似乎都能听见别人低声的嗤笑。

"那个，妈，咱回家吧。"

"哦，我们家大少爷呢?"她四顾寻找罗以忱，大概她已经习惯了罗以忱见到她时狼狈逃窜的样子。

"以忱要上班呢，我帮您拿这个，咱们打车回家吧。"

"打啥车呀，不浪费那钱，远不？咱走着回。"

"远！走着到不了。"

"公共汽车有吗?"

不论何时，从火车站出发和路过的公交全部拥挤不堪，我刷了两下公交卡后，司机看了看全副武装的婆婆，对我努努嘴："再打个行李票。"

我刚想再刷，婆婆听到了，回身道："凭啥？马拉，不打！"

司机没有开车，而是冲婆婆道："你这背着抱着拎着的这么多东西，照章应该打行李票。”我本想立刻刷卡，没想到这司机胆子这么大，敢跟我婆婆大人顶嘴，我不禁汗毛直竖。

果然，我婆婆已经走到车子后面，又挤了回来，她向司机挥舞着手中的筐和篓：“你看看这都有啥玩意啊你就要票？哪疙瘩写了抱筐买票拎篓买票背小孩儿买票？车上那么多背包的拎袋的抱小孩儿的都不要票你就跟我要票，你是不是欺负我们外地人？”说着，婆婆把东西一股脑放在车门标尺处，“看看，这不是买票的尺吗？我哪样超过这个高了？”

司机显然被她这一大套搞糊涂了，愣了一下才说：“不光是高，超过 20 公斤重或者体积超过 0.2 立方米都得打行李票！”

我婆婆更加得理了：“我这孩子 20 斤，小米、榛蘑、黄豆加起来也不到 10 斤，这两只野鸡咋也不到 10 斤吧？你会算啥体积呀？你算个给我看看！”说着，她颐指气使地让我站在她身后。

司机完全在气势上被婆婆无限打压到谷底，再加上大家都急着上路，纷纷催促司机开车，司机于是哑口无言地发动了车子，我婆婆毫无争议地保持了她一贯胜出的战绩。

“这城里人真是，我这背着孩子拿这么多东西也没个人让个座啥的……”婆婆仿佛在跟我嘀咕，声音却连坐在最后一排的人都能听见。面对婆婆的大声批判，离她最近的小伙子终于坐不住了：“大娘，您坐……”

“哟……多谢多谢……不过小伙子啊，我可不是说你，你别多心啊！”

婆婆大人终于落座了，我的心也随之落了地，谁知婆婆落座后将所有东西堆在单人座脚下，把孩子从背后转到胸前，然后朝我招手：

"丫头！来！咱娘俩挤挤啊！"

婆婆到来的晚上，我本来和罗以忱说好，由他放血请客，到外面去奢侈一顿的。

但我婆婆进来后，把孩子放在床上睡着，转头就去杀鸡了。我还对着这个莫名来到我家的孩子发呆，直到听到凄厉的鸡叫才回过神来，我走出房门，却见客厅里一只耷拉着脑袋的母鸡正在奔命，身后留下一串死不瞑目的血迹。

"啊!"我几乎是惨叫起来，"妈……您……"婆婆从厨房过来："丫头，快给我搭把手！把它摁住喽!"

我要是能摁住它我都不能姓马了。我乍着手看着婆婆几步赶过来一把按住那只鸡，口中还念着："你们城里这刀都不快，真是不好使……"

收拾了凶案现场，婆婆那边也将鸡褪了毛，罗以忱下班了。

见我脸色不好，他故意打哈哈道："怎么样，想去哪儿吃?"

"吃……嘛……"我好容易才压抑住那句已经到了嘴边的：吃你妈。

"怎么？不是说好今晚我放血吗?"罗以忱放下电脑包。

"哪还轮得到你，你妈给鸡放血了，晚上咱就吃这位壮士了。"我没好气地扔过去一句。

"哦……哎?"罗以忱已经走进屋子，半个身子像撞了弹簧般弹了回来，"这孩子怎么回事?"

"你妈的。"

"马拉你怎么骂人啊?"

“谁骂你了，这孩子你妈带来的，我都不知道是怎么个情况。”

一家人围坐在桌边，桌上摆着最大号的汤碗，碗里是满满的小鸡炖蘑菇。但比起这碗肉，床上躺的那个才更让我诧异，不只是我，罗以忱也相当纳闷。

“压子听说过吗？芽芽是我抱来给你们压子的。”婆婆解释了半天我才明白，原来有这样的说法，抱个孩子给没小孩儿的夫妇养着，很快就会给他们带来子嗣。但问题是，即使我没和罗以忱离婚，也不能随随便便地收养一个孩子吧。罗以忱和我对视了一眼，开始了他的表演。他说了好几遍，我婆婆才对“符合条件的夫妇合法收养孩子之后就不允许再生”的说法半信半疑。

“芽芽她妈没结婚，这孩子大小也是条性命啊，我琢磨着这生下来别管谁养着，总比打掉强啊，可怜见儿的呢，你们要养着，将来再生个一儿半女，多好的事呢！快看看，打哈欠了！”

我无语地看着婆婆，眼光却不由自主地随着婆婆望向那个叫芽芽的小女孩儿。她的脸蛋被风吹得通红，胖嘟嘟的，我心底久久无处释放的母爱就这样自然而然地被激发出来。

“妈，既然来了，就在这里玩几天，等您走的时候再抱她回去。”

逗了一晚上孩子，我感觉相当过瘾。芽芽这丫头聪明伶俐，一会儿就惹得我和婆婆哈哈大笑，连罗以忱也难以抵挡这小妞的诱惑凑过来逗她玩，我想这就是所谓的含饴弄孙天伦之乐吧。有那么一个瞬间，我仿佛有种错觉，我和罗以忱没有离婚，芽芽是我和罗以忱的孩子，我们一家人永远这么快乐地生活在一起。

到晚上该睡觉的时候，我才体会到了真正的考验。婆婆神秘兮兮地把我叫到里屋，从包里掏出一块黑漆漆的东西："知道这是啥不?"

我一向对于婆婆的出人意表很有准备，我肯定猜不着她想什么做什么就是了，于是我老实地摇摇头。

"这是上好的鹿胎膏！保你吃了就生娃!"

我为我的智商小小地喝彩了一下，虽然打死我也猜不出这黑乎乎的东西是个啥，但我婆婆为我播种生娃保驾护航的坚定意志还是被我猜中了的。

"每天早晚掰一块，用黄酒温化了吃。公鸡打鸣母鸡下蛋，这都是天经地义的事，养只小鸡儿不下蛋，就没用了，是不是就只能杀了吃肉呢？女人也是一样，你岁数也大了，早怀早生，将来你们俩老了，也有人养……"

我抬起眼睛，忽然看到她眼周重叠的皱纹，和那双骨节粗大的手。

诸如母鸡下蛋一般的话，她电话里对我讲过不止一回，我一直当她是因为不满意我在指桑骂槐，但这一次，我听出了不一样的味道。悲哀的是，似乎在她的印象中，世道本来就是这样的。而更悲哀的是，她不知道别人家的媳妇生孩子像母鸡下蛋，而让我生，却像让母鸡造原子弹。

可以想象，我婆婆这样的一个女人，是取不出罗以忱这般好名字的。罗以忱的名字是他爸给取的。公公少年好学，当年跟婆婆"好过"后，就去城里上了大学，就此离开了生之养之的东北乡村。公公和婆婆结过婚，但他很快就离开了年轻的婆婆和尚在襁褓中的罗以忱。婆婆用双手不唯担起了照顾老人教养儿子的重任，还打工供公公读完了书。

小小的乡村困不住公公的心，他留给罗以忱的，只有一个好名字和一些会读书的基因。15 岁以前，罗以忱一直跟婆婆生活，而后，他来到公公身边读完了高中和大学。

后来我们相恋很久，要见家长时，我才知道他家的真正情况。

第一次回罗以忱老家时，还没有动车，我们坐了一夜的火车，在四点多踏进了家门。我第一次感受到东北特殊的寒冷，因此对婆婆知道我们回去，连夜烧烫的火炕记忆颇深。初见的熟悉好感之后，婆婆竟然去屋外烧火点锅，我立刻感动得热泪盈眶："伯母您别忙了，太早了，我们不饿……"

我婆婆和罗以忱都愣了，然后罗以忱就大笑起来，再然后，我婆婆的大嗓门就响起来："我们家少爷有福，这丫头真知道疼人！我知道你们不饿，我这也不是给人做饭哪，你上我后院看看去，十几个大鹿呢，我这锅里烀的鹿料……"

初次见面，我就被这个女人尴尬得无地自容，以至于她直言我尴尬，成了我们今后最基本的相处方式。

"想什么哪！"婆婆碰碰我。我回过神来，虔诚地接过她递过来的鹿胎膏。

"我跟你说这玩意可难弄啊，老刘婆子家母鹿流产了我连夜盯着给弄来的，连鹿羔子带胎盘花了 1000 多元呢……"

我只有连连点头，再想想手里托着的东西，顿时感觉压力山大……

我想起婆婆此前唯一一次来我们家，当时我们正要买房，公公赞助了一部分，我们自己亦有些积蓄，但就在交首付款的前夜，婆婆踏进了我的家门。

那次她也是拎了这么一个筐，一进门就大声吵吵："丫头你看看这是啥。"她又从筐里掏出一个布兜，打开一看，竟然是好几摞厚厚的人民币。

"妈，你……这么多钱你就搁筐里拿来的?"

"嗯哪。"她满脸得意。

"这多危险哪，不会用卡哪怕您拿个折子什么的……"

"那不用！从外地取白花手续费，我这拿来多好……"

其实第一次回老家时我就发现，在我婆婆的眼里心里，罗以忱是这个家永远的少爷，而我，就像她对我的称呼，丫头而已。但丫头也分三六九等，而她自己，自然是比我还要低级一些的丫头。比如我若不做饭洗碗洗衣服，她就一定会自己动手，罗以忱动手是不行的。但好在我们并不在一起生活，在外面天高皇帝远，她自然鞭长莫及。

"丫头，我看你这老愣神是不是心里有啥事儿啊?"

"没……没有。"不得不承认，虽然没有文化，但她却不缺聪明。

"哦，那是……那是累了吧，快跟咱家少爷去休息吧。那鹿胎，得放冰箱里头……"

我若有所思地回到主卧时，才发现罗以忱正站在屋子里。

“你在这里干吗?”虽然这是其乐融融的一晚，但我没有忘记我和他目前是雇佣关系，我们已经离婚了的事实。

“不在这里我能去哪里?我妈在外面盯着呢。”罗以忱无奈地摊手。

“那你也不能在这里睡啊，你……”

“丫头，太晚了，你们休息吧，妈带芽芽也睡了哈!”我婆婆的大嗓门隔了两道门，也仿佛喊在我的耳边。

罗以忱吐了吐舌头，我有些无奈，刚要说什么，罗以忱倒先开了口：“你放心，我睡地上。”看着他那兴味索然恨不得对我退避三舍的样子，我那伟岸的身躯里卑微的自尊心隐隐作痛。

与白天的音调相比，夜里的婆婆丝毫不会逊色，隔了两道门，她的呼噜声依旧隐约可闻。终于，罗以忱问：“睡不着吧?”

我嗯了一声，沉默。

一分钟后，罗以忱道：“这些日子经常睡不着吧?”罗以忱在我们离婚前，在我面前一贯骄傲得有些颐指气使，他此时的话在我听来不像是安慰，倒有点儿幸灾乐祸。

“你却觉得无所谓吧。”我回答。我清楚地知道两个人的感情必是先从内部坏掉，别人才有可乘之机的。外因只有通过内因才能起作用，如果情比金坚，又怎么会因为一个外人而走到离婚的境地?我们离婚的真正原因是，我们的婚姻病了，并且慢慢地病入膏肓。所谓的黄莹莹事件，也许只是我需要一个过错方来承担这段婚姻仿佛的责任吧。

我也在想，我才30岁而已，可是我现在都变成什么样子了?无所事事，每天给罗以忱三通电话，抠门世故得像个活了几十岁的铁公鸡。身为一个不算太老的女人，外表却可以用不修边幅来形容；年纪轻轻的像个药罐子，也不知道到底得了什么病；连做爱的时间都排成表格，哪里还有什么激情？那个曾经聪明漂亮充满梦想的马拉到哪里去了，难道罗以忱娶我回来就是要过这样的生活吗？

但我每天在公司不受重视闲到发霉，随便一个新来的职员在几天摸爬滚打后就知道了我的底细，敢于欺负我指使我干这干那，我心里不痛快不跟他说又跟谁说？排卵期关键时刻找不到他人，居然跑去给女同事铺床，我还不能打个电话找找他？每个月大把的钱要送给医院，每次发现哪怕一点儿小病我都几乎要欢呼雀跃，以为找到了不孕的关键，病却越治越多，不省着点儿怎么撑得下来？为了要孩子，我都多年不染发不烫发不用化妆品，当然跟那些每天浓妆艳抹勾搭人的小妖精不同，做爱时间是将排卵时间和持续体温输入后网络自动生成的，为了要个孩子，我也只能如此……

也许，那个曾经聪明漂亮充满梦想的马拉已经死了，随着我们曾经聪明漂亮充满梦想的婚姻，一起死了。

“你睡了吗？”这一次，我连嗯都没有回答，却听见他呢喃了一句：“有没有想过改变试试呢？”

不是罗以忱太骄傲，是我自己不够好。

第二天一早，我就被一阵婴儿的哭声惊醒了。

罗以忱早已去了单位上班，婆婆做好了早餐给我扣在桌上。某种程度上来讲，婆婆的心里是有我的，只是我永远是丫头，而罗以忱是少爷，这在我第一次回她家时我就知道了。就说这早点吧，婆婆永远是在罗以忱需要的时候一气做好的，我吃的时候从来都不是热的。

“丫头啊，你快来帮把手，芽芽饿了，我给冲奶去。”

我接过芽芽，感觉到她那软软的小小的身体，说来也怪，她来到我的怀中便不再哭泣，睁着一双圆溜溜葡萄般的大眼睛打量着我。

“哟，还细瞅呢。”婆婆说着，胡乱地将杂牌奶粉倒在奶瓶里，用水一沏，完全没有刻度和水温一说。

“妈……”我终于忍不住了，“吃完饭我带您去给芽芽买点儿东西吧。”像芽芽那么大的城里孩子，哪个不是宝贝似的吃进口配方奶粉，用高档纸尿裤，可芽芽用的是棉布褯子，这也就罢了，奶粉也如此对付，让我心里过不去。我叹了一声，虽然很贵，但就算为我未来的孩子积德了，反正罗以忱说了，无论买多少，都是他消费。

到了大卖场，我婆婆惊天动地的大嗓门和她超人的见解立刻又成功把我置于尴尬之境。

“哎呀丫头，这东西就这么搁车里能不能丢？你可得看着点儿!”

“咱还没结账呢，没人拿。”

“自个儿随便取（音糗）呀?”

“对，想要什么自己取。”

“哎呀，这啥呀？蛤蟆秧子咋长这大呀?”

“牛蛙，妈，牛蛙。”

“妈呀，跟牛生的呀，怪不得长这么大呢。”

“这啥玩意啊?”

“虾仁儿，冷冻的。”

“这玩意可怜哪，又没脑袋又没爪子，咋活的一辈子。”

“……”

“呀，这玩意也放超市卖钱哪！”

“嗯，绿色食品。”

“妈呀，还告诉我绿色食品，咱家漫山遍野都是，你要爱吃赶明儿回家我给你薅，搁咱农村猪都不吃……”

终于，我们抱着芽芽在我婆婆一路火花带闪电的豪言壮语中，来到婴儿用品专柜前。

我婆婆发现这里的东西随便拿，大概误会了，这也摸摸那也碰碰。我提醒她看一下标价签，她几乎是嗷的一声叫了起来：“哎呀我的妈呀，啥玩意啊？给小孩儿接尿的200多块一包哪！”

几个超市的工作人员和路过的顾客都朝我们看过来，他们的表情里分明带着忍俊不禁的嘲笑。好在我已经习惯了跟她在一起成为众人瞩目的焦点了。我摸了摸鼻子：“咱芽芽不用这个，坚决不用。给孩子买个带刻度的奶瓶，买罐配方奶就行。”

即使我刻意选了盒中档的二阶段奶粉，买了两个中档品牌的奶瓶，两个奶嘴，一结账，还花了小六百，我婆婆眼珠子都快瞪出来了：“哎呀妈呀，这可真是个价钱哪！这奶粉我得给芽芽带回去，这好东西得省着吃，万一闹点儿病啥的，吃了补补营养。”

“妈，这是孩子口粮，不是药，您就放心给孩子吃吧。再说，这包装打开后就能吃仨礼拜，过期就不能再给孩子吃了。”我耐心解释道。

旁边的一个奶粉推销员大概听不下去了，冲我道：“大姐，你心可真宽，敢让这样的老人带孩子……”

我婆婆虽然见识不多，但聪明足够，她立刻听出了话里的弦外之音："这姑娘你啥意思啊？你嫌乎我带孩子不行呗？我儿子小时候没吃过这些，就吃窝头小米粥。江滨大学知道不？这城市最好的大学，我儿子就这学校毕业的，现在在老大的公司当主任！你家孩子倒吃200多块一桶的奶粉长大的，你孩子搁哪儿上学呢？再说，你以为这小孩儿是我孙女啊？我告诉你，这是我见义勇为收养的！你钱再多，你不一定舍得给别人家孩子花一分！卖个奶瓶子连奶嘴都不送，抠了屁股嘬手指头的主儿，不知道谁砢碜呢。"

这一次，我婆婆确乎又赢了，并且我周围的几个人在心里大概都在为她喝彩了。她仿佛总是能说出某些我们心里想说又碍于情面不好说不敢说的话，这大概就是朴素人生观带来的力量。我立刻抱歉地朝那推销员笑笑，婆婆则保持了一贯的不败战绩，骄傲地抱着孩子走了。

本来我还想再给孩子转悠点儿东西，但婆婆大概是嫌东西太贵，想要尿遁了。

"丫头啊，这儿哪儿有厕所啊？"

"哦，一楼有个麦当劳……把芽芽给我吧。"我伸手接过孩子，将婆婆大人带到麦当劳，指给她卫生间。

我低头看着芽芽，发现她正甜甜地笑着，看着我。我不禁在她的脸蛋上吻了吻，一股香甜的奶味在我鼻尖萦回。

我正陶醉在片刻的母爱中，芽芽忽然小手一舞，揪住了我随便在脑后一绑的头发，好几缕黑发立刻垂落。我正想理一理乱发，重新绑一下，忽然感觉胸口一热，小丫头尿了我一身！

看看吧看看吧，这就是舍不得用尿不湿的后果！我尴尬地看着胸前的一大片尿渍和还在滴水的衣服，庆幸我今天穿的是一身傻大黑粗的运动服，为了陪婆婆大人逛街，我特意换了一双式样粗笨却绝对扛走的运动鞋。

但下一秒，我所有的庆幸就灰飞烟灭了。因为我在这家人来人往的餐厅里，看见了两个人——黄莹莹和罗以忱。

我本想走开，但又怕婆婆出来找不到我用大嗓门对我进行人肉搜索，就在这时，我看到黄莹莹笑盈盈地走到我身边，她竟然还拉着罗以忱的衣服，虽然罗以忱不动声色地躲开了，但这个细节落入了我的眼底。

“你……是嫂子吧！哎呀，上次在宾馆没看清，不过我在罗总办公桌上倒是看见过你们的合影，看得出你年轻时还是挺配罗总的。我们单位同事都羡慕你嫁给罗总这么好的男人，对糟糠之妻不离不弃……”

我还真不知道罗以忱在单位已经混到有人叫他罗总了，黄莹莹这话说得我想上去给她俩耳光，什么叫年轻时？什么叫糟糠妻？还不离不弃，我长得就很像被人离被人弃的样子吗？好吧，我承认，现在我是有点儿这个意思了，但你用不用这么直截了当地告诉给我听呢？

“哎呀，嫂子，这孩子……”大概他们单位的人对罗以忱没有孩子的事情也有耳闻，所以黄莹莹有些纳闷地指着芽芽。

“亲戚的。”我调整呼吸，保持风度，但回答的声音还是有那么点儿咬牙切齿。

“哎哟，是嫂子的亲戚吧？挺随嫂子的，看着就那么朴实。来，阿姨看看……”她转到芽芽身边，伸出做了贴钻美甲的手就要摸芽芽的脸蛋，芽芽哪见过这路妖魔鬼怪，“哇”的一声哭了起来。

我趁机打量着黄莹莹，一袭斜肩水黄轻衫短裙，棕栗色的卷发用一个精美的水钻皇冠斜斜一夹。一条施华洛世奇的大水晶项链衬着她白皙修长的颈子，配上好几寸跟的镶钻水晶高跟鞋，让我对她的身高只能仰望……美女对于任何年龄任何阶层的女人来说都是公敌，唯有羡慕嫉妒恨方能形容我对她的感受。

“哎，这孩子……是不是没见过这么大世面，吓着了……”黄莹莹说着收回了手指，继续笑盈盈地看着一身狼狈的我。

“丫头，你上不？我给你占着呢，省得排队！”我婆婆的声音穿过人海传到我耳朵里，不少食客纷纷回头，诧异地朝我张望。

黄莹莹掩口一笑：“哎哟，是罗总的岳母大人吧，为人真是豪爽呢。”

我本来感觉心气得快从嘴巴里跳出来了，我本来感觉脸已经烧得要滴出血来，但婆婆给我的致命一击，让我反倒沉下心来。

我点点头：“黄小姐是吧？真是名如其人，挺黄挺小姐。”

我的话不仅让黄莹莹一愣，连罗以忱也将目光移到了我的脸上。

我想当时的我虽然一袭灰不溜秋的运动服，一双假名牌旅游鞋，头发蓬乱一身尿渍，但那一刻，我一定犹如我婆婆大人灵光附体，满身满脸写着两个字：必胜！

“黄小姐啊，你是不是喜欢罗以忱？你绝对有自由追他，姐也不会跟你计较。这男人长了个包子样，我从来也不怕狗跟着。你是年轻漂亮，但谁没年轻漂亮过？姐年轻漂亮的时候，罗以忱是个穷学生，他攒半个月生活费带我去萨拉伯尔约会，可你呢？现在他每个月赚几万块，却带你来这儿吃垃圾食品，在这儿吃一顿还不够他出国给刷厕所的人小费呢，你这年轻漂亮可真廉价啊！对了，我还忘了告诉你，孩子是亲戚的，妈也是亲妈，可惜啊，你马屁拍在驴腿上，这门朴实亲戚到底是谁，你还是问罗以忱吧。”

我说完这一套词，看着已经彻底石化的黄莹莹，目光却不觉落在罗以忱身上。我没看错吧，罗以忱，他居然在笑！

若不是残存的理智和一天1000块钱的诱惑，这老的小的，老娘真想不伺候了。我一转身，却撞到一个大高个大身板、想也不用想还有一副大嗓门的人身上，我一把挽起她的手：“妈，咱走！”

挤出人群的时候，就听有个男的小声嘀咕：“这胖娘们够厉害的。”虽然跟我期待的“这小妞够辣”的评价相差甚远，但我还是觉得出了口恶气。

坐在外滩公园的栈桥，面前翻涌着的是泛着银光的河水，两坨黑色的人影一语不发。

终于，我婆婆先开口了：“我千防万防，就怕他跟他爸一样。他小时候人好着呢，那十五六才上他爸身边，这事不会也随根儿吧？你也别太往心里去，那都胡嘞嘞，没准那小闺女追他呢，你等回来我说他。”

我没有说话，我实在不知道该说些什么，我眼前老是晃动着黄莹莹不盈一握的腰肢和修长纤细的腿，而和这个画面重合在一起的，是我随便进入一家服装店，店员不屑地说：“对不起，没您的号……”

“不过刚才你说那几句老给劲了，有点儿像你妈我。做人就得挺起腰板，那不能窝窝囊囊的。你说刚才那女的妖妖道道的，那手瘦得跟鸡爪子似的，芽芽都吓哭了。咋你们城里人就稀罕这样掉了腰子没胯骨的女人呢？”

“妈您懂什么呀，那叫身材！再说，你看那黄莹莹，也不是瘦得没料，人家有曲线。”

“你说那啊！”婆婆乐了，仿佛发现了什么秘密似的拍拍我，“假的！你都不如妈懂，妈刚才路过那卖奶罩子的店，那奶罩子厚的，跟塞俩馒头似的，不信你捏去，她那儿看着鼓，一捏准是一把空。丫头，咱家少爷不是被鬼迷了吧？刚才那女的是鬼变的，我有证据。”

我对婆婆的奇谈怪论已经见怪不怪了。

婆婆见我没搭茬，继续神秘地说：“真的，你没看她那长眼毛子，跟扇子似的，那么老长，你说谁长那么长眼毛子呢？还有还有！她那脸那么尖，跟山里的狐狸一样一样的！”

我实在忍不住，乐出声来：“妈呀，那是假睫毛！脸也是整容的。”

“哦哦……假的呀！嗐，我光看见那假的奶罩子了，没见过还有假长眼毛啊……那还不把眼睛扎瞎了啊？她也够下本儿的呀，脸都能给整尖了。这少爷也是，一个哪哪都假的女人，有啥好看的。”

我也被她逗乐了，但她随即严肃了起来：“丫头，你说这男人也怪哈，放着不图吃不图穿的好女人不喜欢，喜欢那抹二斤白面粉的小妖精，放着肉乎乎的不喜欢，喜欢那排骨叉子成精似的女人，要不……要不你也瘦点儿？”

我顿时感觉一种暖暖的悲哀，就连我一生以胖为美的婆婆都在建议我减肥，而让我感觉温馨的是，她竟然愿意为了守护她儿子的家庭，而放弃自己对于身材的独到见解。

“妈……”我鼻子有点儿酸，“我又不好看，又没孩子，你干吗不干脆让我们……”

“停！别说那字。我儿不兴离婚，再说，那离婚女人的苦，你是不知道……咱上了这趟车，就要开到底，不带中间下车的。”

“妈，有些事，您不懂。”那一刻，我没有把她当成有些恐怖的婆婆大人，而是真心叫了声妈。我仿佛回到童年，看见了在我姥姥的教导中苦苦支撑的妈妈。

“有啥不懂的？不就爱情吗？你说是不是？爱情？”

“您还懂爱情啊？”我故意揶揄地问她。

“那还有啥不懂的。要我看你们年轻人才不懂呢，那年轻的以为在公共汽车上没羞没臊地亲个嘴那就是爱情啊？我告诉你，你病得不能动，守你身边离不开的那个才叫爱情呢。”

我从来没有想过有那么一天，那个曾经拉着我的手承诺把我当亲闺女疼的婆婆，能真的跟我推心置腹地聊着爱情，而这一切，竟然发生在我跟罗以忱离婚以后。

# 第三章　我的人生，在30岁重新开始

那个晚上，罗以忱进屋之后就从头到脚地打量着我。

“干吗?”看到他就想起那个嗲声嗲气拉着他衣袖的“黄小姐”，我就立刻没了好心情。

“今天你怎么表现得这么勇猛?没像上次在宾馆似的落荒而逃?”他英俊的脸上微带着曾经让我迷恋不已的笑容，我有些生气的是，就算是现在，这个笑容依旧对我有着吸引力，“我都好像看到那个曾经斗志昂扬的马拉带着一脸黑斑和40斤肥肉又回来了。”

“你给我……去死!”我伸手指着木地板，他却仿佛心情大好般地依旧带着坏坏的笑容心满意足地滚去睡觉了。此时我才发现，我已经不太记得他上一次对我笑是什么时候了。

那一夜，我做了一个梦，梦到童年的自己，拼命地拉飘在天上的风筝，越用力，风筝就飞得越高。终于，线断了，我的风筝不再回来了。

婆婆走后，虽然兜里有了罗以忱给的5000块钱垫底，让我在短时间内不至于饿死，但工作依然没有着落。在不断的面试失败中，我的斗志小有下滑。一早，我穿好新世纪的工装，在罗以忱离家前出门，在街上买份早点，再打开求职网站，然后开始打电话，约面试时间，去联络好的单位应聘……

最难熬的是夜晚。当我孤独地躺在双人床上的时候，我反思着自己这几年的婚姻，那种充满懊丧和后悔的无力感总是将我裹挟。是的，在这场婚姻里，我的错误是明显的，作为一个女人，是不应放任自己让美丽流逝情调丧失梦想磨灭连做爱都成为任务。但其实，当我看到罗以忱那么温柔地为另一个女人铺床，当我看到他追我出来而为另一个女人的一个倾身便跑了回去，而想到他每天回家洗洗手就吃我亲手为他做的营养餐，享受我亲手为他挑选购置亲手为他浆洗干净的衣服时那种心安理得的表情时，那种强烈的反差如同瞬间击中我的电流，让我想要放弃这段坚持了10年的爱情，而去找回几乎已经无处可寻的自己。

当罗以忱听到离婚这两个字后，他确实是惊诧了一下的。但我发誓，这惊诧仅仅出现了几秒钟，他就骄傲地表示同意了。原来，这段疲劳的婚姻早已问题重重，只差我的这一个说法。

每一夜我都在想着这些问题，青春时的最初相见，贫贱时的相濡以沫，甜蜜时的爱意缠绵，无奈时的默然以对……

与之伴随的，是我的追逐，追逐，追逐，终于断了的线……我开始失眠。

这天，我又一次终结了一场无情无义的面试，在街上逛荡的时候，彼时的我并不知道，上帝派来了改变我命运的天使。

忍到嗓子眼快要冒烟了，我才走进一家小超市买了一瓶最便宜的矿泉水。刚拿着水出来，一个三四岁的小女孩儿就扑到我腿边："妈妈，你上哪儿去了，我可找到你啦！"

我刚要告诉孩子认错了人，一个老太太走到我跟前："这孩子又不听话，快跟奶奶回家！”孩子却紧紧搂着我的大腿不动。我打量了一下老太太，她大概60来岁，穿得平常，动作却异常利落，眼睛里精光四射。我低头看看女孩儿，她穿着很是干净讲究，见老太太来拉她，女孩儿再次大声叫我：“妈妈！妈妈！”

见女孩儿叫我妈妈，老太太迟疑了，就是这瞬间的迟疑让我觉得她有问题。

我立刻看看四周，我注意到这是一条不太明朗的巷子，但也不是空无一人，如果真有什么冲突，背后超市的人也会打电话报警。离老太太不远的地方，有停留的汽车，我想如果他们真是人贩子，拐走孩子后自然会有人接应，所以我不能大意，要小心地与他们周旋。

我蹲下来，将孩子揽在怀里：“芽芽，妈妈才买瓶水的工夫，你怎么到处乱跑呢，幸亏这个奶奶把你送回来了。”因为孩子太小，我也不确定这个老太太是不是人贩子，所以我没有正面跟她冲突。没想到怀里的孩子颇为机灵，她紧紧地搂着我的脖子，回头朝老太太一笑：“谢谢奶奶送我回来找妈妈！”

老太太见我们“母女”如此亲密，似乎也没有对她起疑，只好讪讪地说：“我就是怕她出事儿才跟着她的，现在既然她找到妈妈就好……”

那老太太刚要走，我怀里的女孩儿笑着对我说：“妈妈，奶奶保护我很辛苦哟，妈妈给奶奶买棒棒糖！”

我心领神会地点点头：“大娘，真是多谢您帮我找回宝宝，您走得也热了，您等着，我去超市给您买瓶水喝！”

我抱着女孩儿重新走回超市，立刻对收银小妹道：“快报警抓人贩子！”

在公安局做完笔录，警官告诉我已经找到了女孩儿的爸爸，他正在赶来接孩子的路上了。见我把她带来这里，女孩儿就放心了，看来家里的大人教育过，有什么问题看到警察就安全了，她此刻正在我怀里甜甜地睡着。

就在这时，我听到一阵急促的脚步声，门一下被推开了，一个男人闯进门来，几乎是扑到孩子面前，将孩子揽在怀里。

我看着这父女重逢的一幕，心里涌起暖暖的温情，我心里默念："不知何时才能拥有的宝宝，妈妈又为你做了一件行善积德的好事。"而思绪一转，才悟到自己已经离婚了，要孩子的事情已经挂起了，心里不免又有点儿沮丧。

那位爸爸抱着孩子吻了好一阵，女孩儿早醒过来，对她爸爸说是我救了她。那男人冲我鞠躬致谢，我笑道："谁看到都要帮的，更何况孩子这么聪明，反应真快。"

他从包里掏出两沓厚厚的人民币，口中说着："太谢谢您了，一点儿心意，一定要收下！"

我急忙推辞："不行不行，这是举手之劳，不用这么客气。"我虽然缺钱，但君子爱财，取之有道，这样的钱我是不会收的。

见我执意推辞，男人想了想："这样吧，我请你吃顿便饭你总不能推辞了吧？"

我笑起来："好，咱们带孩子一起去，给她压压惊。"

坐落在宁波道上的烟花三月，是本地最大最正宗的淮阳菜馆。此时我跟那男子临窗而坐，孩子乖巧地坐在服务员搬来的宝宝椅上。那男人自我介绍叫闻远樵，女孩儿叫闻柳子。听了女孩儿的名字，我随口问道："她妈妈是姓柳吧？"男人愣了一下，小女孩儿却低下了头，小声道："我妈妈去世了……"

我一怔，对闻远樵道："对不起。"

闻远樵摇了摇头，有些苦涩地轻叹了一声："车祸。"

那是和罗以忱感觉完全不同的一个男人。这么多年过去，罗以忱的身上依然有小乡村清冽的气息，如同一碗纯粮酒，在岁月的酿造中刚刚发酵，即使在职场摸爬滚打几年，身上穿着商务装，也总是会不自然地流露出一种学生气。而闻远樵则是一副标准的商务精英模样，三十五六岁的年纪，笑容节制而温和，举手投足间的细节，有种成熟男人的精致魅力。此时，这位单身爸爸带着微显苦涩的轻笑，在烟花三月古色古香的包间里临窗而坐，整洁而又落寞。

三丝燕菜、蟹粉狮子头、炸禾花雀、枇杷虾……道道都是烟花三月的当家菜，见小柳子开心地拿起勺子，闻远樵解释说："我家在淮安，虽说已经来北方多年，到底还是家乡菜吃着熨帖。"

我点点头，舀一勺清淡的砂锅豆腐，清香沁喉，入口即化。

闻远樵爱怜地看着柳子："多吃点儿鱼，聪明。"

柳子将鱼肉放进口中："这个鱼挺好吃的，要是不放刺就更好了。"

我被这女孩儿逗得笑起来，我问闻远樵："你怎么会把这么聪明可爱的宝宝丢了啊？现在带孩子可得小心。"

他抱歉地点点头："可不是，要不是你，我差点儿就成了千古罪人，都无颜见她妈妈于地下……"接着，他解释道，他的美容院刚刚开张，要开拓客户又要管理员工，因此无暇顾及孩子，才把宝宝丢了。我笑了起来："你是开美容院的啊……"怪不得他那么精致，我立刻对这男人有了点儿偏见。他依旧那般淡然：“嗯，我本来是做策划的，美容院是孩子她妈生前张罗的，现在我接过来了。”

他随即问我做什么工作，我随口说我是无业人氏，有正经工作的人哪会在这个时间在街上闲逛？

听我这么说，他像想到什么似的，忽然停下了筷子，上上下下地打量我一番，认真地说：“如果我给你提供一个工作，你愿意来吗？”

天上掉馅饼的时候，我往往还能保持残存的冷静，我怕人家是因为想要报答而多增麻烦：“请问是个什么样的工作呢？具体需要做什么？我要了解一下才知道能不能胜任。”

“你来我店里瘦身吧。”

我笑起来：“这是工作啊还是你在跟我推销啊？我现在可没钱去那种地方消费。我都说了不要你报答我，你还是拐弯抹角地想办法报答啊。”

没想到闻远樵收起了笑容：“我是在跟你谈正经的。我的店刚开业，需要打品牌，但我资金不多，只有靠实实在在的效果和好的创意来做宣传。我信任你，想跟你合作。你来我店里全职瘦身，但你的肖像权要在你在职期间配合公司宣传使用。我每月给你 3000 元底薪，条件是你必须在每个月减掉 3 公斤以上，如果少 1 公斤，就扣 1000 元，如果多 1 公斤，就增加 1000 元。在你减至标准体重后，需要继续配合我们进行巡回宣传，底薪保持，每次宣讲都有额外的讲课费。有可能要去外地出差，我们有单独的差补。在职期间必须保持标准体重，每增加 1 公斤，罚款 1000 元，增加 3 公斤以上，我们将中止合作。”他说起生意经条分缕析头头是道，让我也不由得对他的提议认真起来。

我仔细地将闻远樵所说的条件思考了一番，然后试探着问：“你是说，要我担任你们公司减肥形象代言之类的职务吗?”

闻远樵点点头：“差不多。如果你愿意，你还可以学习美容美体、彩妆造型、经络调理之类的课程，将来可以做培训导师，我们店里会给你提供机会。如果你以后瘦身成功，合同期满后想做其他工作，我也不会阻拦。”

我对这样一份工作显然还没有醒过劲儿来，闻远樵道：“不急，这是我的名片，你想好了可以给我回电话。”

跟闻远樵分手后，我第一时间拨通了池向南的电话。强忍着满头黑线地听完她那“当初你说要分开，分开就分开”的彩铃后，终于听到了她慵懒的声音：“喂?”

花墙西餐厅，我，池向南。

交谈的内容永远是从池向南的各种相亲对象开始，我都怀疑池向南是相亲找对象结婚的，还是为了体验人生丰富性而去结交极品的。

“这个月见了五个，个个经历坎坷，发人深省。有一个太坎坷了，头发都掉光了……”仿佛会计的月底盘点，池向南掰着指头数着，“其中只有两个对我有兴趣，我忧伤。”

“你忧伤个什么？有两个还不行?”

“五个中要至少有三个喜欢我我才算及格呀。”她郁闷地答道，“哎，你说我的真命天子在哪里啊？他怎么这么沉得住气啊？他要是再不来，我都老了……”

我刚把闻远樵的事讲给她听，池向南倒先激动了：“还有这样的好事，逛街都有艳遇！此时我的心此起彼伏，只有一句话想说……”

“什么?”我问。

“天啊，掉个人贩子也让我抓抓吧！”

我捶她一拳，她却正色道：“马拉，你有没有想过，这是上天给你的机会，很多事情，是时候改变了！”

很多事情，是时候改变了。

就如同这个早上，躺在床上的我正在猜测着老天爷的暗示。

我还是我，几道细细的幼纹蛰伏在眼角，随时准备在我展露笑容的时候爬出来丢人现眼；曾经粉嫩的双颊上罩着两片黑翳，脸蛋发黑，眼圈发黑，唇色发黑，清秀的五官在一片黑云掩映下早已没了秀色；更让人郁闷的是，因肥胖和浮肿，我的脸看起来像一个馕，已经不是饼所能形容了。没有丈夫，没有孩子，没有工作，无所事事的三无女人在一个又新又美丽的早晨躺在床上发呆。

这样的一个我，却遇上了闻远樵，让我有一个改变自己的机会。我不停地鼓励自己，我应该抓住这个机会。

告别池向南后我想了很多，难道我就这样又老又胖又丑又无能地度过后半生吗？我才30岁呀，难道我就这样被彻底打倒了吗？外面的世界如此美好，我应该成为美好生活的组成部分而非破坏部分。“马拉，你有没有想过改变呢？”我对着镜子里的自己轻声说。我拿出手机，拨通了闻远樵的电话。

来到闻远樵开办的如柳女子会所，我惴惴不安地打量着这装潢漂亮典雅、女性气息浓郁的所在。伴随着悠扬的音乐和淡淡花香，我的心情也平静下来。

闻远樵亲自来跟我谈合同。他坐在我对面，有些伤感：“怎么样，挺漂亮吧？都是我妻子设计的。”

我点头表示欣赏，那男人恬淡一笑，递过一纸合约。

我看到不仅是瘦身项目，他还为我安排了其他美容项目和培训项目，我有些不安地说：“闻先生，我已经很不好意思了，哪能……”

闻远樵摇摇手：“在公司，你要叫我闻总。所有项目的安排都是为了让你更好地代表我们公司的形象，签订合同之后，你需要每天测量体重和体脂率，每天拍摄照片，运动时要开直播。当然，我们还有其他宣传渠道，这些工作你也都要配合。希望你能严格按瘦身顾问和营养师的要求去做，同时，也希望你能认真学习培训课程，好好履行合同。”

我在合同的乙方签名处郑重地签上了自己的名字。就这样，我正式成了如柳女子会所的签约员工。

我跟闻远樵约定，明天开始正式进入疗程，今天先做一些基础准备工作。我接受了体重测量、体脂率计算、热身运动和食物卡路里培训，看着体重秤指针悲剧般地超过了70公斤，我才意识到我的“身材”已经接近一个立方体，此时的我才发现自己过去过着多么不健康的生活。看到这个分量，我羞愧的同时，更有些惴惴于闻远樵的创意，我又不是什么大牌明星，一个如此普通的胖女人的变身历程，会有人持续关注吗？闻远樵微笑了一下：“相信我，相信你自己。”那一刻，我感到一种从未有过的踏实，心中也燃起了斗志。

晚上回家后，我终于脱掉穿了很久的新世纪工装，将印有“如柳”字样舒服利落的运动装挂在衣架上。罗以忱问道：“你终于找到新工作了？”

我有些愕然，更多的是尴尬。原来他早已知晓我失去工作的事情，大概是在婆婆到来时或者更早。他是以什么样的心态雇佣我陪伴婆婆的呢？难道他是想要救济我来着？我不愿再想下去，反而斗志昂扬地回答："是啊，新工作，我去给一家瘦身机构做形象代言人！"

他惊讶地打量我一番，忽然笑起来："你？"他竟然伸手摸了一下我的额头。

"喂，罗以忱我跟你说，我们已经离婚了，你别再跟我动手动脚的！"

"你也没发烧啊，哪个老板审美这么重口味啊？你们老板女的吧？我得去拜会拜会她，摸摸她的体温看看……"他一贯这样，只图自己讲得开心，不知道我听着难受。

"你这个臭流氓！"我丢下兀自乐得打跌的罗以忱，愤愤地进了屋。"罗以忱你这个败类，居然如此看不起我，等着瞧吧！还有，我的老板是男的，还是个钻石王老五，单身大帅哥呢！"

他笑过之后却突然一脸正色："你不会是说真的吧？"

我笑了一下，又立刻收起笑容："我哪里给你我在开玩笑的错觉了吗？"

他的声音变沉了："喂，你可不要给人骗了。"

我被他气得笑起来："我？被人骗？我还有什么值得别人骗的？要财没财要貌没貌，身上的钱还没有肉多，你说人家骗我什么来？"这确实是天上掉馅饼的好事，只是我没有告诉罗以忱，其实是我帮闻远樵找回了孩子，他想帮我一把罢了。但为了面子，为了证明自己找到这份工作不是因为报答或同情，我瞒下了这一段没说。

"你还算有点儿自知之明。"不知怎么，我竟然觉得他的声音里有种酸溜溜的感觉，“这些日子有没有感觉当初太冲动了，做了错误的决定呢?”

“你想说明什么呢？说明当初的离婚是我一时冲动无理取闹吗?”

他摸摸鼻子：“难道不是吗?”

“那你为什么想都不想就同意了呢?”我反问道，“是，今天的我是没什么魅力了，但不代表我永远是这样的。你不会是后悔了吧!”

“我才没有后悔!”他的声音大得出奇。

“那就好!”我的声音比他更大。

# 第四章　遇见更好的自己

与罗以忱的赌气更激发了我的斗志，我正式进入如柳女子会所的瘦身课程，开始了我的华丽变身之旅。

“饿的时候我告诉自己，多坚持一秒钟，就可以多瘦一克；累的时候我告诉自己，多坚持一秒钟，就可以变美一分。减肥就是一种坚持，坚持到形成一种习惯，习惯到变成一种自然，无论你用什么方法，只要把第一天减肥的决心坚持 100 天，就可以获得成功。”这是我在如柳减肥页面上的瘦身宣言。

读的人只是一种直觉，但真正做起来才知道所谓的“坚持”有多不容易。这一秒过完还有下一秒，在饥饿或疲劳的状态下坚持或者说“煎熬”，只能靠信念去鼓励自己撑下去。

这种感觉在瘦身课程的第一周，我就充分领略了。

瘦身教练为我详细地解说了卡路里代谢理念，告诉我每天以 1200 大卡的基础代谢为准，只要保证摄入的热量少于消耗的热量，人自然就会瘦下来。教练为我设计的食谱种类是不少，说是为了保持营养摄入均衡，调理身体，是一种健康的瘦身方式，但看看食谱上的低卡餐，净是些苦瓜、西红柿、菜心之类的，零食就吃杏仁，连米饭面食都被土豆红薯代替了。不仅如此，晚 6 点以后，我则是戒掉所有固体食物，为预防水肿，晚 8 点后，我连水都不敢再多喝。

原来跟罗以忱在一起的时候，每天晚上是我们俩的大餐时间，因为一天都没有见面，早早下班的我通常都会买上荤的素的，煎炒烹炸地忙活一番，然后等他回来吃饭。罗以忱工作很忙，还在我不知道的时候混上了“总”，于是经常不能正点下班，等他到家时，一般都是七点以后了，我早已饥肠辘辘，不知不觉就会吃得很饱。吃好晚饭，我去收拾碗筷、洗好衣服后，就八九点钟了，根本没有散步运动的时间和习惯。往往我们就轮流洗澡，没轮到洗澡的那个人，就泡在电脑或电视前，一直耗到午夜。

而现在，我想要甩掉这一身肥肉，首先要做的，就是改变吃饭的内容和时间。

作为一个无肉不欢的女人，那些低卡饮食我每样都不爱吃。难以下咽的时候，我就干脆不吃。减肥带给我最深刻的感觉就是饿，我的整个身体似乎只剩下一个空荡荡的胃。第一周，我瘦了两公斤，虽然没有任何人看出我瘦了，但我的心里涌起的那种巨大的欣喜，已经完全弥补了不能尽情享用美食的遗憾。

我在网上开了减肥日记，每天将当天的饮食运动和瘦身效果晒在网上，还经常描述一下我的心情。我开了个直播间，每天晒吃饭和运动，和网友互动。闻远樵还将我的减肥历程做成视频短片。他果然是策划出身，将故事剪辑得有声有色，悬念迭生。

在我们开始更新的第七天，我的日记下终于有了第一条留言。

虽然只是短短的两个字“加油”，但我和闻远樵却感受到了巨大的鼓励。柳子听到我们说“庆祝”两个字，立刻吵着要出去吃饭，闻远樵问：“怎么样，一起出去吃个饭吧？”

我有些犹豫，他却笑道：“我陪你同甘共苦，绝对不点违禁餐！”

听他这么说，我也笑起来。

我们选择了一家西餐厅，我只点了一杯黑咖啡，要了一份不加酱的沙拉。闻远樵果然说到做到，和我点了一样的餐，又给小柳子点了儿童套餐和奶昔。

喝着中药一般的咖啡，我不禁一咧嘴。我始终做不出轻啜享受黑咖啡的样子。闻远樵看着我嫌苦的样子也笑了起来，我想起他说的同甘共苦，心中不禁一动。柳子看看我，又看了看闻远樵："爸爸，马拉阿姨喝咖啡的样子好像妈妈啊！"闻远樵爱怜地摸了摸柳子的头。

"马拉阿姨那么胖，怎么会像你的妈妈呢？柳子的妈妈肯定很漂亮。"

闻远樵接口道："柳茹怀柳子之前，是很瘦很漂亮的，但她生了柳子之后，胖了好几十斤，还患了产后抑郁症。"

"哦？"这是闻远樵第一次给我讲起柳茹。我始终以为别说是心爱的人过世，即使是离婚，两个人也会成为彼此的禁忌。但看到闻远樵微笑着讲述柳茹的样子，我却发现我错了。离婚是两个人没感情了，但死亡不是，比如现在，柳茹已成故人，闻远樵却依旧爱她如斯。

"她那时候状况相当糟，我甚至不敢去工作，日夜守着经常垂泪的她，不仅担心她，还担心柳子。半年以后，我们的生活已经完全变成一团乱麻，我快要撑不下去了。"

闻远樵喝了一口咖啡，柳子安静地吸着她的奶昔。

"那后来呢？"我不禁追问。

"后来，我带她去看心理医生，决定再为我们的家努力最后一次。在心理医生的疏导下我才知道，她非常重视自己身材和美貌的心理因素是重视我的爱，有了孩子之后，她非常担心她会失去我的爱。于是我就鼓励她改变，支持她重新变回美好的自己。她开始减肥之后，我们的家才慢慢走回了正轨。任何人的成功都是刻意的，她为了减肥吃了很多苦，每天都会喝黑咖啡，所以在柳子的印象中，才会有妈妈经常喝黑咖啡的印象。”

“哦……”原来，很多东西都只是个表象，想要改变自身的深层原因是想改变现有生活状态。

“在柳子三岁的时候，柳茹终于恢复了身材，她的抑郁症也好多了。她打算自己开一家瘦身美容会所，给其他女人也带来美丽，于是她找店，招员工，装修……这个店的所有一切都是她一手操办起来的。那天晚上，我本想约她庆祝她的新店开张，她却说要去广州进一批化妆品。就在回来的路上，她出了车祸……”他使劲睁大眼睛，不让泪水涌出，“本来，开美容院是我一个大男人所不擅长也不爱好的，但我发现了柳茹的日记。她在日记的每一篇都写着她在减肥过程中渴望变得更好的心情，她还写道：希望给更多人带去美丽和幸福。她最感动我的一句话是：在说服别人之前，我要找到更好的自己。”

“更好的自己……”我念着这句话，心中像推开了一扇门。

“所以我就想要公开一个人的网络瘦身日记，用视频和文字记录一个女人的蜕变过程。我正在物色这样的一个人选，恰好就遇到了你。我认为你是上天派来完成我的构想的，我和我妻子共同的构想。”闻远樵看着我，我从他的眼里读到一种殷殷的期盼。

“马拉！”我正沉浸在闻远樵和柳茹的故事中，一个熟悉到不能再熟悉的声音响了起来。

我抬起头：“向南！”出现在我们面前的正是池向南。

虽然“阅人无数”，却无一修成正果的池向南照例是来相亲的，她朝闻远樵点点头，在我旁边坐了下来。

“这位是……”

“我闺密，池向南！这是我老板，我跟你提过的，闻远樵。”

如果是往日，池向南必会一拍我肩膀：“没错，咱俩是糖水炖王八……”但今日，她似乎颇为扭捏，柔声地应了一句：“对，我们俩是……好朋友。”

这般柔情似水的池向南我还是第一次看到，“好朋友”一词我一直以为只能被池向南用来形容大姨妈呢，没想到还能用来形容我。

“哦……你吃了吗？一起吃吧。”闻远樵说着，叫了服务生来。

“我其实口味很清淡的，吃一点点就饱了。”池向南仿佛早已忘记了“重口味”乳酪，恨不得只点一杯清水才好。

“阿姨，你刚才在那个桌子，不是已经跟那位叔叔一起吃过了吗？”柳子伸手指着角落里的一个位置，那桌子上仿佛刚摆完满汉全席。

池向南微笑着看着柳子：“是啊，刚才那位叔叔吃得太多了，吃到最后他自己都很不好意思。”

“你……今天相亲怎么样？”我自然猜到刚才那位“能吃”的叔叔是池向南崭新的相亲对象，于是我关心地问了一句。

池向南竟然一脸交友不慎的痛悔，她刚要说话，柳子却抢先问道：“马拉阿姨，什么叫相亲？”

池向南抢先回答：“象棋！小朋友发音不准哦，是象棋，象棋就是两个人坐在桌子两边的一种比赛。”

“比赛谁吃得多吗？”柳子再次指了指池向南刚刚坐过的桌子。

“这是谁家小朋友啊，这么可爱……”池向南无限郁闷地捏了捏柳子的脸蛋。

闻远樵和我已经忍笑忍到内伤。

大概刚刚的“象棋”比赛真的很伤胃，池向南点了一杯苏打水。

“你们的瘦身真人秀创意真是不错，我都宣传给我们办公室的女同事们了，让她们每天都看。”池向南说罢看了看我。

“闻总原来是搞策划的，这个创意很棒，我就怕自己条件太差，拖累了他。”直到现在我都还有些忐忑。

“所以马拉，如果你成功了，这将是个非常棒的创意，你可不能辜负闻总的好主意，绝对绝对要成功，不许半途而废!”

池向南的话提醒了我，我看了看表，美体师规定每天晚上 10 点左右入睡，再不回家，可就错过时间了：“闻总，我要告辞了，不然睡晚了影响了进度你要扣我工资了。”

“睡迟了还扣工资?”池向南惊讶了。

“如果睡晚了影响瘦身进度，达不到标准，少减一斤扣 500 块钱呢!”我拍拍池向南的肩膀。

“马拉，你的肉比二师兄的肉值钱多了。”她终于忍不住露出了毒舌嘴脸。

“我送你吧。”闻远樵起身。

“不用，柳子要早睡，你带她回家吧。”

池向南道：“我送马拉回家，我们还有话要聊，闻总，你就放心吧。”

我和池向南漫步在城市的街道，她抬头看看天，叹了一声：“老天，你不公平啊!”

“你又怎么了?”

“凭什么你就那么好的命啊!”

我想不出我一个离异的胖女人有什么值得让她羡慕成这样的，笑了起来：“你是羡慕我的婚姻状态还是体重啊?”

“你怎么就能遇到这么好的人啊？演电影一样的好事都被你撞见，你出门踩狗屎了吧？你踩的什么品种的？是金毛的还是吉娃娃的?”

“你至于吗池向南！虽然是免费减肥的，虽然我这肖像也不怎么样，长在我身上，能换钱花的机会大概绝无仅有，我只不过是转让肖像权赚点儿小钱，你不至于就羡慕成这样了吧?”

她转过头来，站在我身前，正色道：“我说的是闻远樵!”

“是啊，闻远樵怎么了？我救的不是小猫小狗是他女儿哎，虽然我一身正气见义勇做好事不留名不求回报，但他想表达一下感谢之情也是正常的啊……”

“不是不是！马拉，你有没有考虑过……闻远樵。”

“考虑？考虑什么?”

“你不会打算后半辈子都一个人过吧……”

我这才明白池向南说的是让我考虑跟闻远樵交往。不知怎么，想到从此以后就不能再和罗以忱在一起了，我的心里居然一酸。沉默了好久，我摇摇头：“我没有想过这些事。”

“没有想现在就开始想啊！闻远樵这样的男人不是总能遇到的，等你想明白，人家就不知道归谁了!”池向南真心在为我着急。

“人家只是出于感激，我这个样子，人家哪能看得上呢。”

“不是这么说！关键是你喜不喜欢他，再说，你不是在改变嘛，好好考虑这个男人。”

我回到家的时候，进门一脚就踩到了罗以忱的皮鞋。罗以忱并没有像往常般躲在自己的屋子里打电脑，而是在卫生间洗衣服。自从我们在一起之后，罗以忱就再也没自己洗过衣服。再想想，似乎饭也没有做过，碗也很少刷，什么事情都是我包办了的。此时已是薄秋，但罗以忱依旧累得满头大汗，洗衣机嗡鸣作响，地板上都是水。

我换上睡衣，在屋子里的所有公共空间转了一圈，在垃圾桶里发现了外卖的餐盒，烟碟里满满的都是烟灰和烟头，沙发上扔着罗以忱的工作服和手提电脑。生活里没有那么多花前月下，更多的是琐屑到让人头疼的柴米油盐家务劳动，一间 90 平方米的两室一厅一厨一卫，三天没人打扫就像大车店了，七天没人整理就进不去人了，我这时才回忆起来，我们离婚这么久，自称“洁癖”的罗以忱还没换过被单和枕巾。

我想到过去的自己，每天下班早早回家，下班路上顺便买菜，进门后扫地拖地板，洗好我们前一天换下的衣服，然后就淘米洗菜做饭，等罗以忱回家的时候，家里已经像田螺姑娘光顾过一般整洁。每到周末，我会做一次扫除，把所有的家具过一遍水，再把床单枕巾之类的换洗一遍。我想，大概在罗以忱的心目中，这些种种都是没有价值的，是他心安理得该享受的，他就是要像大少爷般拥有一个女佣为他洗手做羹汤的。他没有想过我在嫁给他之前，也是十指不沾阳春水的女孩儿，也是父母面前承欢膝下的宝贝，我做这一切不是应该的，而是因为我爱他。

我走进卫生间，斜倚在门上：“罗以忱，以后你洗衣服的时间不能太晚，因为我要洗澡休息。”

他微感惊讶地抬起头来，有些愤愤地说：“我上了一天班，回来还要洗这些衣服，我容易吗?”

我笑了一下：“你容不容易不需要我来体谅，你上的是你的班，洗的也是你自己的衣服。你看看屋子里乱的，我想我们应该排个值日表。我整理了几项活，扫地，拖地板，擦家具，擦窗台，刷马桶，收拾茶几，下楼扔垃圾。这些公共空间的家务，每人干一周。剩下的，各人的晚饭自己解决，但谁用了厨房就得负责刷干净碗，清理好灶台和灶具。各人的衣服自己洗，但晾晒时不能弄脏地板，自己的大件衣服和床单之类的各自洗，洗衣机轮流用。”

瞬间，我看到一种我很少看到的表情划过他的面庞，那是什么?我没有看错吧，竟然是——委屈?是的，委屈。大概他惊讶于我能安然地看着他满头大汗地洗衣服，还在旁边催促他快点儿。这不禁让我想起我在周末洗床单时，他经常嫌洗衣机声音大，我都是关上门洗的，小小的卫生间通风条件本来就不好，再关上门，就更加又闷又吵。

“现在客厅里太乱了，我刚才看了一下，多数都是你的东西，我不方便收拾，那这周就先从你开始值日吧。你如果没有时间，就请个钟点工来收拾，但需要你自己付费。”说完，我就回了屋子。

20 分钟后，罗以忱敲了敲我的门：“马拉，我衣服洗完了。”

我准备出去洗澡，正在卫生间拖地板的罗以忱起身看着我：“你今天跟谁一起吃的晚饭?”

“我老板。”我答道。

“就是那个请你代言的男人?”他的脸上露出鄙夷的神色。

我完全没有理会他的不良情绪：“是啊。”

“你最好小心点儿，我看他是对你居心不良。”

“什么意思?”

“虽然你没财又没貌，但……”他又习惯性地摸了摸鼻子。

“你也说了，我没财又没貌，人家有财又有貌，唯独没媳妇，如果他真对我有什么居心，我是不是应该谢天谢地谢你吉言？我和闻总男未婚女未嫁，就算是有些什么，大概也没人能管得着。”罗以忱说得对，曾经的我并不是那么包子的，虽然比不上池向南那样牙尖嘴利的“作女”，但也并不是个任人搓圆揉扁的女人，我之所以对于罗以忱言听计从，是因为我爱他。而现在的我，恐怕更多的是要学会爱自己。

“我不是要管，我只是……不希望你受伤害。”侧身而过时，罗以忱拉住我的手臂。

“谢谢你的关心。”我抽回了我的手。

第一个月，在饿和累的洗礼下，我一共瘦了三公斤。虽然瘦身教练说现在减掉的基本是毒素和水分，并不是实际的脂肪，而且体重没有经过调整期，在外观上还反映不出这个变化，但我已经感觉肚子不那么胀了，腿也不那么粗了。我还认真地做着精油按摩，希望在瘦下来的同时淡化原有的橘皮纹。

晚上回家后，我再也不用像巫婆一样熬那些可怕的汤药了，我可以享受一些酸奶和水果，我不再感觉饿得只剩一个空荡荡的大胃，我开始觉得吃得健康的话，即使少一点儿也是很舒服的事情，最起码，我比经常吃外卖或方便面的罗以忱要强多了。

一转眼，离婚已经两个月了，两个月的时间，我和罗以忱都变了。我的心变得平静了许多，不再气急败坏，不再患得患失，也不再捧着药罐子。我发现调理内分泌的最佳良药原来是良好的生活习惯，多运动加好心情。比如说，我已经两个月没吃内分泌调理药，但这一次我的大姨妈却按时拜访，脸上的色斑似乎也变浅了。

而罗以忱似乎也改变了，他的胡子由一天一刮变成了隔天一刮，所以脸上总如青面兽般有些胡茬。如果这还能理解为男子气概的话，那么他满头大汗地洗衣拖地刷马桶时，头顶闪现的绝对是发着黑光的两个字：怨念。

关于产权证的问题，我催过小区物业几次，但得到的答复都是已经办理了登记，但什么时候拿证谁也说不好，我们只好继续合住在这套90平方米的公寓里。

每一次大姨妈拜访，都是令我郁闷至极的事情，今天早上我就立刻跟教练请了假。教练说这样的时期不可以锻炼也不可以节食，注意不吃寒凉辛辣就可以了。我跟教练告别后，独自回了家。

直到罗以忱来开门，我才想起来今天是周末，他不用上班。自从跟罗以忱约定了轮流值日后，屋子果然整洁了不少，想起没干过活儿的少爷能将屋子打理成这样，我也比较知足。

比起每次的面无人色，经过这段时间的调理，我的脸色比以往要好些，但比起平时，还是苍白了许多。走出卫生间，罗以忱在沙发上回头："怎么了？"

"没事。"我有气无力地答了一声，"我去睡一会儿。"

每到这时，我都会感觉特别疲乏，头一沾枕头就睡着了。

也不知睡了多久，我被一阵刀砍斧剁的声音吵醒，我以为罗以忱又在看幼稚的武打片，但仔细听听似乎不像。我爬起来打开门，看到罗大少爷正穿了一身睡衣，在厨房杀生！

我有些好奇地走过去，看到厨房里正与罗以忱捉对厮杀的，是一只黑乎乎的乌鸡。此时乌鸡已明显落了下风，被罗以忱斩成几截。案板上躺着刚刚阵亡的一对兄弟：葱结和姜片，水池里一片狼藉，蒸锅炒锅都上了灶台。

“你要干吗?”

他转过头来，英俊的脸上蹭了一小块血污，怀里还抱着本武功秘笈——《孕妇煲汤》。

我笑了起来：“怎么？黄小姐已经有了?”

罗以忱将刀一扔：“喂！你别这么不知好歹！我看你不舒服想给你煲汤的……好心当成驴肝肺!”

我一愣，这次倒是我刻薄了。我有些讪讪地走过去，默不作声地打开水龙头收拾水池，一只手伸过来捉住我的手：“别沾凉了。”

水声哗哗地响过，我终于没有抽出手来关上龙头。

“你瘦了，摸你的手就能摸出来。”他在我耳边呢喃。

我刚刚有些感动，就听他继续道：“虽然还是很胖。”

“罗以忱你就不能……”

我的话没说完，一根略带烟味的手指覆上我的唇：“不想跟你吵，你去歇着，我给你炖汤。”

我于是跑去窝在沙发上，把一个靠枕搂在怀里，打开收藏夹，纯音乐流泻满屋。阳光透过落地窗洒在脸上，有种毛茸茸的感觉。

厨房里，一个男人在为我笨手笨脚地炖着乌鸡汤，如果这一切发生在三个月前，就是一幅温馨的画卷。但此时，我心里满满的胀胀的酸酸的感觉是，那个我爱了10年的男人，那个我亲手惯坏了的男人，我们，却再也回不到当初了。

罗以忱把汤递到我手中的时候，像一个等待成绩的小学生，既盼望我的夸奖，又怕自己搞砸了。我笑了一下，示意他不必紧张，我尝了一口，少盐寡味，大概这就是我们婚姻的味道："很好。"我点点头。

罗以忱很开心，他自己也盛了一碗，但喝一口便挑出一堆毛病："怎么这么淡？还有一股怪怪的味道。肉也太柴太硬，完全没炖烂。每次你怎么做的?"

"鸡肉你用水焯了吗?"

"没有。"

"用料酒炒了吗?"

"没有。"

"用高压锅压了吗?"

"没有……"

"鸡肉用水焯一下，是去掉肉的异味，用料酒炒炒会更香，光靠砂锅炖这么短时间就出锅了，肉是不会烂的，用高压锅压还差不多，味道也不会差到哪里去。"

罗以忱放下碗，低下了头："我是不是很笨?"

"你怎么会笨呢？我一直认为你很聪明。"

"你不是讽刺我吧，连做饭也做不好。"

"在我心里，你才华横溢，会作曲，会唱歌，我第一次看你在舞台上唱歌的样子我一辈子也忘不了。"

"我也没有唱出什么名堂，还不是跟别人一样进公司，拼死拼活从底层做起，一点一点往上爬。"

“不一样，至少在我心里，不一样。”我说的是实在话，当年我父母强烈反对我嫁给罗以忱。我妈妈哭着问我罗以忱有什么好，让我为他嫁到千里之外时，我就是这么对我妈说的，在我心里，他不一样。

“我们出去吃吧，我请你。”罗以忱道。

“不用了。我现在在瘦身期间，不适合吃太多东西。我今天的瘦身日记还没有写，虽然今天没有更新视频，但如果连这个都不做，有点儿对不起闻总开给我的工资。”

“那个姓闻的还真有点儿眼光。”罗以忱嘟囔着。

“什么?”

“我是说，他开那么大的美容中心，多你一个顾客不多，少你一个顾客不少，却能让你为他做那么好的宣传，他也太会算计了吧。我们公司的那些女同事每天都等着看你的减肥历程，看你的视频，你现在都快成明星了。”

“有没有那么夸张啊?”我的心顿时高兴起来，不是为了自己，而是因为我的努力让闻远樵的创意成功。

“怎么样，他现在是不是生意火爆啊？让他给你加奖金!”

“比起奖金，我其实更希望看到自己变身成功的样子。闻总跟我说过一句话——是他妻子说的，在说服别人之前，要找到更好的自己。”

“马拉，我感觉那个曾经天不怕地不怕，不低头不服输的马拉真的回来了，这次是带着零星的黑斑和30多斤肥肉。”

“你给我——去死!”虽然姨妈在身，我还是毫不犹豫地飞起一脚，顺便将手里的靠枕扔了出去。

姨妈走后的七日被称为瘦身美颜黄金周，我格外认真地做了功课，不仅敷了面膜，还喝了不少教练教的补身养颜粥汤，比如用豆浆机做的红枣、枸杞、赤豆三红粥和黑米、黑豆、黑芝麻打的三黑粥。这七天我不仅明显感觉皮肤不错，体重也猛掉了两公斤，但在这之后，我迎来了第一个瘦身平台。

减少了饭的分量，运动却仍在保持，但我连续四天体重没有变化了，第五天，甚至还涨了半斤，这让我有点儿郁闷。现在，我已经习惯了每天上网，在别人刷新我的减肥日记、减肥视频的同时，我也在刷新他们的留言。

“荔枝姐加油！不对不对，不应该是加油，应该是减油才对！呵呵……”

“荔枝姐，你胳膊细了，腿细了，腰也细了，我们单位女生都看出来了！”

“在姐你的感召下，我今天去如柳购买了一个瘦身疗程，我也要像姐一样努力，我也要像姐一样变瘦！”

在网上，他们叫我荔枝姐，就是“励志姐”的意思。刚开始时有人笑我是母猪，有人说我炒作哗众取宠。我告诉他们就是因为有你们的嘲笑和看轻我才有继续坚持的动力，炒作也好作秀也罢，只要我成功减下来，我就是英雄。

我在网上更新我的故事，也毫不口软地跟他们唇枪舌剑，慢慢地，开始有女人替我辩解，为我加油，开始有男人对我说欣赏……

如今，每天我一上传视频，就会立刻有数千点击，虽然这和那些千万点击的热点视频没有任何可比性，但我相信正如很多人留言所说，“我们单位的姐妹都在看”“我们宿舍的姐妹都在看”“我们班里的同学都在看”……而我说视频效果不错的最佳证明，就是如柳的生意日渐火爆，门店签约瘦身成单量直线上升。

闻远樵果然是个爽快的生意人，他专门为门店订了一条规矩，如果上门的顾客是慕荔枝姐的大名而来，那么成单额的5%会作为提成奖励给我，只要是荔枝姐名下的老客户跟进服务，再次购买疗程时，提成2%奖励给我。当闻远樵将这个提成办法告诉我之后，我有些惊喜，又有些惴惴，每个瘦身套餐单价3888元，每天新签单平均在三个至五个，老客户也会有两至三人，也就是说，按现有底薪加签单奖金，我每个月可以拿到几万元，都要赶上罗以忱的薪水了！我还专门去找闻远樵，问他这样会不会有什么不妥，或者不能服众。闻远樵笑道：“你是咱们店的英雄。附近也有几个店跟咱们学，搞类似的宣传，但大家还是只认荔枝姐的大名啊。你只要努力变美，这钱你就拿得心安理得。”说罢，他还拍拍我的肩膀。

其实让我惴惴的，是眼下这个不易跨过的瓶颈，就在我听从教练的安排继续加大运动量的时候，一个更大的困难摆在了我的面前。

# 第五章　娘家呀娘家

我是在一个午夜接到池向南的电话的。当时她一个电话把我从火锅大餐中惊醒，我嘴巴里仿佛还有墨鱼丸的香味。

“嘛呀?”我呢喃着问她。

“你居然都睡啦!”她一惊一乍的。

“我睡了怎么了？这都几点了……”

“姿势不对，起来重睡!”

“我不跟你闹啊，你有正事没有啊？不说我挂了。”

“你别挂呀，你挂了我得上你坟前哭去。你知道今天什么日子吗你还睡，看看看看，这都过了夜里12点了，快起来，我们这在Crazy Candy过节呢!”

“不是……什么节啊？值当这么过?”我想不出最近有什么传统佳节值得庆祝。

“看看日历呀姐姐！11月11号！光棍节!”

“我……”我的粗口几乎要脱口而出，她大半夜一个电话叫醒又累又饿的我，居然让我去酒吧过光棍节！这真是是可忍孰不可忍，叔可忍婶不可忍!

“马拉马拉，快来嘛，你可是新晋光棍，可喜可贺，你要多参加单身派对，争取早日‘脱单’！不说了，等你啊，不见不散!”

望着电话，我不禁叹了口气。

走出房门，罗以忱还在客厅里上网。见我换了衣服，他问：“这么晚还要出去?”

“嗯，池向南自从得了神经病以后啊，精神好多了。她约我出去一起过光棍节。”我说着，换好了大衣，11月的天气已经有点儿凉了，我特意围上了新买的围巾。

“我送你。”罗以忱起身说道，“天晚了，打车不方便也不安全。”

“你……送我，不好吧？人家池向南是约我过光棍节的。”

“有什么不好，你说我是不认识池向南啊，还是不属于光棍啊?”

我没词了，乖乖地跟罗以忱下了楼，上了他的车。

当初我们离婚的时候我跟罗以忱约好，我家这辆银灰色的帕萨特归罗以忱，作为补偿，他给我折算10万块钱。因为他一直开着，而我不会开车不说，还是一穷命，坐多颠的大巴都挺美，一坐小轿车就又晕又吐。好在Crazy Candy离我家不远，一会儿工夫，我们就到了酒吧门口。

不论冬夏，Crazy Candy的生意始终不错。池向南坐在一个四人卡座，见我们到了，急忙出来迎接。

“你们……什么情况?”

“一起来过光棍节。”我说着已经挽起池向南的手臂，“他也是光棍，说跟咱一起庆祝。”

“啊？那个……”

挽着池向南来到卡座，借着昏暗的灯光才看清，闻远樵坐在那儿，面前放着一杯酒。

“闻总你怎么来了？柳子呢?”我有些惊讶。

"柳子的奶奶在照顾她，向南说要跟你出来一起聚聚，所以我就来了。"

向南？他什么时候和池向南混得这般熟了？

"闻大哥说要送我如柳的终身金卡，无限次免费享受店里所有服务。"池向南骄傲地扬了扬手中的卡，"作为对闻大哥的报答，我决定今晚做东，我们……四个光棍好好 Happy 一下！"

池向南迟疑了一下才将罗以忱也包括在内，我哪知道，好戏才刚刚开场。

一落座，池向南便将我安排在闻远樵身边，罗以忱尴尬地站在那里，池向南指指自己身边的位置，罗以忱于是坐在她身边，我对面的位子上。

"这位是？"闻远樵望着罗以忱。

"一哥们，也是光棍。"池向南对于罗以忱的定义恰到好处，"马拉，你想喝点儿什么？"

"鲜榨番茄汁吧。"正在减肥中，只敢喝教练批准的饮料。

"喂，你呢？"她碰碰罗以忱，"要什么酒？"

"我开车来的，不喝酒了。"

"不行，今晚除了马拉，我们三个都要喝酒，大不了打车回家。"池向南步步紧逼。

"Waiter，给我一杯 Long Island。"池向南自作主张地点了一杯长岛冰茶，罗以忱脸上露出一丝为难的神色。

"总是坐着太没意思，咱们玩真心话大冒险吧！"有池向南的地方就不会冷场，天知道她什么时候已经跟闻远樵认识得滚瓜烂熟，再不用像上次在西餐厅般扭捏和羞涩了。

四个人猜拳之后，第一个提问的是闻远樵，按顺序他的问题提给池向南，他不痛不痒地出了个问题：“嗯……向南跟爸爸关系好些还是跟妈妈好些呀?”这是真心话大冒险中最温和的话题，我知道他对池向南相当回护，不想让她难堪。

池向南却顿住了，良久，才答道：“我恨我爸爸。”说罢，见没人质疑，她转向罗以忱：“罗以忱，该我问你了。你喜欢贤淑型的，还是妖艳型的女人?”

罗以忱沉吟了一下：“贤淑型的。”

“假的！喝酒!”池向南将酒杯推到罗以忱面前，罗以忱皱了皱眉头，举杯喝了一口。

接下来，该罗以忱问我，他看着我的眼睛：“现在你心里最在意的异性是谁?”

“没有。”

“假的!”池向南先拆我的台，我摇摇头：“真的，我现在只想好好做工作，别辜负闻总对我的信任。”

“那不就是最在意闻大哥！马拉你要受罚哦!”池向南实在是太会曲解人意了，无奈，我喝了一口番茄汁，向闻远樵提问道：“如果让你选择做动画片中的一个人物，你想选谁?”

“大雄!”闻远樵立刻答道。

“为什么？大雄那么笨，还总受欺负……”

“但他有多啦A梦啊，最幸福的事情不是得到静香的青睐，而是有多啦A梦陪在身边……”闻远樵的话让我有些伤感，他说的对，一个人最幸福的事情不是对自己爱的那个人痦瘵思服，而是有一个不论自己有多笨多不好，都全心全意爱着自己的人，一直陪伴在身边。

罗以忱，他能懂吗？

我看向罗以忱，发现他也正若有所思。

酒越喝越多，问题也越来越深入，越来越难以回答，坐在罗以忱下家的我几乎招架不住。

终于，这一轮该罗以忱先问，他有些醉了，池向南催了他好久，他才问道："马拉，如果明天是世界末日，你最想跟谁一起度过？"

"这么惨啊……我们这好日子还没过够呢。"池向南撇撇嘴。

我想了想："如果真的生命只有一天了，我其实还有很多遗憾，但我最遗憾的，就是我没有当过妈妈。我想一起度过的这个人，是我的宝宝，可惜这个人是不存在的。"

罗以忱愣愣地看着我，许久才说："你说的是真的，我信了。"

见气氛越来越沉闷，池向南接口道："哎，马拉，你真是太喜欢小朋友了，怪不得和柳子这么有缘，你以后多多和柳子一起玩，一定也能排遣很多寂寞的。"

我也笑起来："怎么？你和柳子已经和解了吗？"

"我？没有没有，我们还没分出输赢呢！"池向南那么大的人，还跟个三四岁小女孩儿计较，闻远樵和我都笑起来，只有罗以忱坐在那里不知在想什么。

酒吧里的气氛并没有因夜深而冷清，反而因这个年轻人的节日而愈发热闹，我方知这个都市有这么多人在夜深之际无人陪伴，需要在这里释放自己过于旺盛的荷尔蒙。

"Waiter，点歌！"罗以忱确乎有些醉了。他拿过歌单，在上面指了一下，然后，便走上了舞台。

舞台上的灯光暗了，熟悉的前奏响起。我抬起头望着罗以忱，他低垂着头，那种颓废的气息透过人群抵达我的心际。

他开始唱第一句，人群忽然寂静，仿佛喧闹的都市里，忽然有天鹅飞过，人们都抬起头，看着舞台上一个男人动情地歌唱。

我们都忘了，这条路走了多久。心中是清楚的，有一天，有一天都会停的。

让时间说真话，虽然我也害怕，在天黑了以后，我们都不知道会不会有以后。

我们都累了，却没办法往回走。两颗心都迷惑，怎么说，怎么说都没有救。

亲爱的为什么，也许你也不懂。两个相爱的人，等着对方先说想分开的理由。

谁还记得爱情开始变化的时候，我和你的眼中看见了不同的天空。

走得太远，终于走到分岔路的路口。是不是你和我要有两个相反的梦……

罗以忱，我们怎么了？在这样的夜晚，你唱这样的一首歌，你又想让我给你怎样的答案？

罗以忱病了。

在回家的第二天，不知道是他喝多了，还是晚上打车回去等了太久受了凉，初冬的夜风让他发起了高烧。

我晚上回家的时候，发现他的鞋子扔在门口，屋子也完全没有打扫，敲他的卧室房门，没有人应答，我就轻轻地推开了门。罗以忱正躺在床上，脑袋上居然顶着几个散落的——虾仁儿！

罗以忱醒来的时候，我正端着一碗西红柿鸡蛋面走进他的房间。

“这面闻着就好吃，有种熟悉的味道。”他笑了一下，接过面来。

“怎么回事？”我早上走的时候他还没有出门，我想他大概一天也没有出家门。

“今天起来就头晕晕的，烧得厉害，我就跑到厨房去冰箱里拿了块冰，裹在毛巾里敷着额头睡了。”

“大侠，你知道你拿的是什么冰吗？那是我冻的虾仁儿啊！”

“啊？虾仁儿啊，不知道哎，哪儿去了？”他低头在床上找着。

“不用找了，我已经收拾了。”我看了看被他喝光了的汤碗，我用它们给罗以忱吊汤了，我心里有种用他的牙刷刷了马桶的快感，“今天没有什么事发生吧？”

“对了，你手机没电了？”罗以忱问。

我掏出手机按了一下，黑屏。最近我在忙着学营销学课程，因为怕影响老师授课，就把手机调成了静音，因此手机没电了都不知道。

“咱妈来电话了。”

“罗以忱，你搞搞清楚，咱们俩已经离婚了，不是咱妈是你妈。”

“好吧，你妈。你妈来电话了。”

“啊？我妈？”我愣住了，“她说什么？”

“她说大表姑的二儿子结婚，还说你爸恰好有一周年假，还说咱们这儿的海鲜特别出名，过了11月底就彻底过季了。”

“罗以忱，说重点。”

“你妈想来咱家……”

“啊?”我几乎感觉眼前一黑，“你没把咱俩的事告诉我妈吧?”

“暂时没有。”罗以忱英俊苍白的脸上露出一丝狡黠的微笑，“马拉，你想怎么办呢?”

我沉吟半晌，终于下定决心：“我出两倍的价钱雇佣你陪我妈……”

“我演谁?”他故意问。

“罗以忱你别太过分了!”要不是看他病了，我大概一个大脚把他开出场外了。

罗以忱见好就收：“马拉，那个……汤还有么?”

我之所以对我妈的到来十分在意，是因为她早在六年前我和罗以忱结婚的时候就准确预言一语成谶：“不听老人言，吃亏在眼前。你跟罗以忱是不会有好结果的。”我妈之所以如此笃定，是因为她深信物质是感情的基础，而她和我爸吵了一辈子，就是吃了没钱的亏。

我妈年轻时是个有点儿文艺风情微酸滋味的女人，这样的女人在那样的年代，注定是个悲剧，但我妈硬是把它拗成了一个闹剧。生在动乱年代出身欠佳，一路摸爬滚打，生活把她完全变成了一个市井悍妇，而喜欢读书却被时代所耽误的老爸只是个普通工人，而且是个脾气倔强的闷口葫芦，任你千言万语，我有一定之规。我妈心高还长得漂亮，年轻时身边不乏戴着蛤蟆镜背着双卡收音机的追求者，但他们都被姥姥当不务正业的混混赶走了。最终，我妈嫁给了被姥姥认为认真且上进的爸爸。世事难料，当初那些胆子大的毛头小子居然大部分飞黄腾达，只有我老爸过着饿不死撑不着的平淡日子，这让我妈很不平衡。于是，她嫁给老爸以后，闹剧便铿锵上演了。后来，他们有了我，有了这场闹剧唯一且持久的观众。

在我启程来上大学前，认为读书至上的老爸告诉我一定要认真学习；而老妈却偷偷告诉我，如果有合适的男朋友，可以在大学里找。我彼时认为老妈口中的合适，一定是如我少女情怀总是诗般地将高大英俊、才华横溢作为首条，但我没想到，在大四毕业时将罗以忱带回家，会遭到我妈无比强烈的反对。

罗以忱没钱。罗以忱没房。

罗以忱没钱没房上个小班一个月挣仨瓜俩枣凭什么让你背井离乡放弃咱家托人给你找的公务员工作跟他去吃苦受罪？

这就是我妈见罗以忱之后把我拉到闺房跟我说的第一句话。而我没有想到，对于我的远嫁，从小因我会读书而对我宠爱有加的老爸这次破例与我妈站在了同一战线。

那是罗以忱婚前唯一的一次拜见岳父岳母大人，以不欢而散收场。返校后我们忙于毕业论文、答辩，也给彼此一段时间冷静。答辩结束的转天，我和罗以忱相约一起去校园门口的烧烤摊吃散伙饭。结果，那顿散伙饭成了我和罗以忱的定亲饭，我们喝着啤酒，泪流满面，终于决定这辈子就赖着彼此，而后就着鸡翅满嘴流油地许下山盟海誓……

我结婚的时候，我爸妈没来。而罗以忱他妈也不方便来，我们去领证后罗以忱他爸简单地摆了几桌酒，我就由马小姐，成了罗夫人。罗夫人至今，又成了马小姐。

结婚后，我和我爸妈偶尔通通电话，每次都是我打过去，跟他们随便聊聊，问候下他们的身体。我妈总是一副漠不关心的样子，不咸不淡地问问我的工作，问我有没有孩子，从没问过罗以忱。但有几次我工作忙没有打，却接到了我妈打过来的电话，依旧不咸不淡，但从来没有断过。

其间的几次春节，本来我跟罗以忱说想回我老家过年，但罗以忱说反正我爸妈不待见他，要回我自己回。我想想也是，就跟罗以忱回了东北他妈妈家，或者就留在这里跟他爸爸过年。想想还是我傻，罗以忱总说跟他爸不合适，嫌他妈太罗嗦，还不是拐着我年年陪他们过年？说到底，还是心中的芥蒂太深，深到他和父亲不在一起生活的10年，变成了一道情感的天堑。

而这一次是我疏忽了，我很久没有打电话，想想老妈的电话大概也会打过来的，没想到找不到我，竟然去联系了罗以忱。我该怎么办呢?

打死也不能说出我们离婚的事！这是第一个蹦进我脑子里的念头。想到我妈知道我失婚之后会做出的“我早知道”的表情，我的心情就跌至谷底。

这一段时间，我的体重一直在65公斤徘徊，我已经由一个大胖子变成了一个标准型胖子，就是说人们头脑中认为可以称为“胖子”的人，大体就是我这个样子。减肥的平台期让我心绪烦乱，而我妈要来的消息仿佛悬在我头上的达摩克利斯之剑，让我时时不得安心。

今天我的心情略好了一些，早上的空腹体重终于到了64公斤。教练说平台期突破后会有一个比较连续的下降过程，而很多网友留言说明显看出我瘦了。看着镜子里的自己，虽然完全谈不上什么曲线，但最起码胳膊和腿能看出是直线了。

午饭的时候，我接到了罗以忱的电话："咱妈说下午三点到机场，咱俩开车去接他们。"

差一刻两点，罗以忱的车停在了如柳的门口，我依旧穿着黑色小棉服——目前我仍旧是个胖子，买不到什么合适的衣服。罗以忱为我拉开车门，我愣了一下，坐了进去。

车买很久了，这是他第一次为我开车门。

"晚上出去吃吧，我在千品鱼府订了桌。"罗以忱建议道。

"嗯。"我回答。

车子平稳地行驶在机场高速上，罗以忱开始跟我对词："孩子的事情就说咱积极要着呢吧？"

我有些无奈，很多事情其实早晚都要面对，我和罗以忱却谁都不愿意先打破这个平衡。

下午三点钟，飞机准点到达江滨机场。我妈一马当先走出出站口，一如既往的急性子可见一斑。取了行李，罗以忱拖着箱子，一家四口往停车场走。

"马拉，你可胖了啊。"我妈的声音不高，不过在相对寂静的机场听起来也绝对算不上窃窃私语。

"我这正减肥呢。"我有些尴尬。

"孩子的事准备得怎么样了？"

"正准备着呢，马拉一直吃药，一直治……"幸亏我们提前对过词，罗以忱迅速答道。

"这怀孕是两个人的事，得俩人一起治，光马拉一个人着急有什么用啊？你们老罗家不急着抱孙子啊？要我说你也得去检查检查……”

我妈一路唠叨着罗以忱，却在他转身去取车时小声对我说：“人家都说太胖了不容易怀孕，你是得减点儿了。”

倒是一直一言不发的我爸接了一句：“我怎么看你们俩不像那年看见的那么热乎啊？”

我一愣，果然是目光如炬。我敷衍道：“哪能老那么热乎，都老夫老妻了。”

我们坐在车上，我妈就开始打电话：“喂，大表姐啊，我们到了……不用接不用接，我们女婿有私家车的……哎哟……离机场远的嘞……住在市中心，方便是方便啊，不过感觉吵哦，房价嘛还贵得要死呢……”她的声音听起来像抱怨，却压抑不住炫耀，“外甥结婚当然要参加了……好，我叫马拉和女婿一起去。晚上啊？接风啊？不用了吧……她大表姑啊，我们条件好些，不如我们请你们吧？就这么定了啊！”我妈把电话移开耳朵，对罗以忱道：“晚上订的哪里呀？”

“千品鱼府。”

“哎，晚上来千品鱼府吧，我女婿都订好桌了呀！”

我和罗以忱对望了一眼，都没作声。

我们没有听到老爸说话，但想也知道他没给老妈什么好脸色，就听老妈连珠炮般的声音又传过来：“哎，我就知道你这个人看着外人欺负你老婆都不出声的啊！这个大表姐从年轻时就事事处处要压我一头的，马拉找对象时她就说小罗没钱什么的风凉话，我都被气死了。结果她大儿子也结婚了，都没请我们去，不就是找个媳妇不可心嘛，长得不行，家里条件差不说，还没结婚就搞大了肚子，她嫌丢人！老大也没个正经营生，跟媳妇在马路边摆小摊，她都不敢跟咱家联系了。这次老二结婚，上赶着特地告诉我们，我倒要看看她能说一房什么样的儿媳妇！马拉，小罗呀，晚上咱们请她，可别让她看扁了。”

我爸哼了一声：“没事找事。”

晚上，罗以忱为表“孝心”，在我家附近最大的酒店订了一个中包，我们一家四口加大表姑和大表姑夫，按合约自然是罗以忱请客，我掏钱。

落座之后，我妈尽显地主之谊。我庆幸我现在是有了这样的一份工作，否则他们吃完，我非得留下来刷俩月盘子不可。

凉菜刚刚上完，我妈就跟大表姑杠上了：“大表姐，老大结婚怎么都没请我们喝喜酒啊？老大两口子现在干吗呢？他们孩子都上学了吧？”

我妈明知大表哥混得不好，而且才结婚四年，是故意这么问让大表姑出丑。大表姑笑道：“这不是老二开了个公司嘛，老大两口子都在公司里干呢，老大当业务经理，老大媳妇当会计。孩子上幼儿园中班，老可爱了。马拉啊，不是大表姑说你，你也赶快生个宝宝，趁你妈年轻，帮你带着。那带孩子的滋味啊……”大表姑说着，还咂了咂嘴，仿佛带孩子是一件无比幸福无比开心还无比美味之事。

我妈先输一着，沉下脸说：“我们家马拉和小罗都是事业型的，孩子的事还不急！”

我心里狠狠地惭愧了一下。

在我准备要孩子而很久不得的时间里，我是非常不喜欢参加各种聚会的，在各种聚会上别人的各种关心各种猜测各种惊讶各种安慰各种偏方常让我疲于应付并心酸不已。没有这种感触的人是不会懂的，比如此时，没有人能了解我的如芒在背如坐针毡，即使我离婚已经数月，但我依然不能释怀。

“马拉，小罗呀，后天我们在约瑟夫大酒店举办高尔夫室外婚典，你们俩可一定要来哦!”

“约瑟夫啊？五星级呢……”

我踢了罗以忱一脚，拿我钱财还给我惹事。果然，我妈瞪了罗以忱一眼。大表姑则骄傲地点了点头，一脸罗以忱真识货的表情。

在五星级的约瑟夫举办高尔夫室外婚礼，我心中暗想，大表姑家境普通，她的二儿媳一定不简单，我妈这次，估计要输到底了。

回家之后，我们把我平时住的主卧让给我爸妈，我妈把带来的衣服拿出来挂进衣橱里，然后左思右想都觉得不安生，终于还是问我道：“你知道参加那种婚礼需要穿什么吗?”

“不知道。”我答。

“我就知道你不知道！就你的那些衣服，没一件像样儿的，都傻大黑粗的，这哪行啊!”

“我买不着衣服。”我说的是实话，我减肥前买不到衣服，只有男款或外贸款甚至孕妇款我才能穿上，我现在照样买不到什么像样的衣服，橱窗里的衣服是给漂亮的瘦女人穿的，我进不去，就算勉强塞进去了也穿不出那样的效果。

“穿什么去不行，”老爸开口了，“又不是你结婚，激动什么!”

我妈却朝老爸撇撇嘴：“别理他，明天叫小罗陪咱俩一起买衣服去呀。我告诉你，女人就是花，就得穿好的，戴好的，打扮漂亮，你男人才爱看，你不穿不戴给男人省钱呀，他反倒看不上你，把你省吃俭用省下的钱拿去给爱穿爱戴爱显摆给他看的人花了……”

晚上八点多，我在厨房切水果，罗以忱陪我爸妈坐在厅里看电视，我爸拿着遥控器遥控着电视，我妈遥控着我爸。

“这个不好看。”

“再换一个……”

一连调了二十几个台，也没找着老妈要看的节目，老爸把遥控器一扔：“就看这个，不换了。”

我端着水果进去，看到罗以忱正襟危坐，电视里正在播放新闻。

“据民政部提供的数据，今年一季度，全国有46.5万对夫妻劳燕分飞，平均每天有5000对夫妻离婚，离婚率为14.6％……从过去的谈离婚色变，到‘70后’纠结于离或不离，‘80后’的‘离婚没什么大不了’，再到适婚主力军‘90后’的‘不合适就离’，中国人的婚姻观正在发生改变。据不完全统计，从年龄结构看，目前全国22～35岁人群已经成为离婚主力军，‘80后’‘90后’成为离婚高发人群。某调查公司在全国若干大中型城市进行的一项小样本调查显示，‘80后’‘90后’的已婚人士中，离婚人数达到或者接近一半……”

“这些年轻人哪，真不知道说他们什么好。”我爸撇撇嘴，“‘90后’最大的才多大？才结婚几年哪？就一半离婚的，这还了得啊！”

我爸不知道，他女儿已经成为他口中“了不得”的那种人了。

“爸，吃水果。”我把削好皮的水果切成小块，上面扎上牙签，递给我爸一块。见我妈打量着我，我便一手又拿一块，递给我妈和罗以忱。

我妈看了看我们：“要说这婚姻哪，学问还是挺多的，我听说现在老多年轻人不会做家务，就因为谁做饭谁刷碗都能打到离婚……”

“妈，那个……我们没有这个问题，马拉特勤快……”罗以忱急忙接口。

我妈哼了一声：“要我说啊，现在不是那封建的年代，女人也一样上班挣钱，下了班这家务啊，就应该两个人做。而且像脏活儿重活儿女人干不了的活儿，男人该伸手就得伸手。”

我蓦然想到了我的婆婆，若我妈这样的现代派碰到我婆婆那老古董，一定有的是好戏。

这个电视节目真是应景，从年轻人少年气盛缺乏包容，到经济纠纷外遇小三，甚至不孕不育都讲到了。我们谁都不说话，只听着那个女主播用标准的普通话把我们婚姻里的“几宗罪”一一道来。

罗以忱清了清嗓子：“那个……爸，妈，我先洗澡去了。”

见罗以忱去洗澡了，我妈拉着我的手：“你这什么活都干吧？看这手粗的……”她的语音末尾，已然轻颤起来。

我心里也阵阵发酸，这些年未见，爸明显老了，头发白得厉害，连胡茬里也白了大半了。我妈虽然捯饬得年轻，但眼角唇边也有不少皱纹了。我越发觉得自己荒唐，为了所谓的爱情，毅然远离了这个世界上最爱我的两个人。我敢说，我就是比现在胖十倍无趣十倍，他们也不会不爱我而去爱别人的女儿。爱情是有条件的，而亲情是无条件的，可惜有些事情，我明白得太晚了。

“爸，妈，你们身体怎么样？”

“你爸三高，我都说他多少回不要再喝酒了，今天又喝!”

“我不是喝得少多了嘛，看见女婿高兴，能不喝酒吗？等我有了外孙，我还要好好喝它三天三夜呢！”我爸的性格已经有些像老小孩儿，看着他期待的样子，我心里一揪一揪地痛。

“对了，妈这次来呀，就是想问问你，你那要孩子的事怎么样了？”虽然在罗以忱面前端着架子，但我知道，我妈早已认可了我们的婚事，希望我们能过得美满。“我前几天看报纸上说，现在八对夫妻就有一对没孩子的，叫什么……仙蛏夫妻……”

“什么仙蛏？”我有些莫名其妙。

“就是没孩子呀，想要孩子没有的，就叫仙蛏夫妻。”

我被我妈搞得笑出声来：“什么仙蛏啊妈，那叫‘被丁’，被动丁克！”

“甭管什么了，反正就是说现在这样的人挺多的。还说什么环境污染啊，工作压力啊，都影响要孩子。你们俩检查了么，到底是谁的问题？”

“都检查了，也没检查出什么。”我这倒不是敷衍我妈，而是实话。

我妈冲我爸一努嘴，我爸已经从包里拿出一张卡，我妈把卡递到我手里：“你们结婚都 6 年了，你这眼瞅着就 30 多岁了，将来不光怀上会难，就是生也是高龄产妇了。你们俩好好查查，好好治治，实在不行去做个试管婴儿，别心疼钱。我跟你爸原来不同意你跟罗以忱，但咱嫁也嫁了，过往不提，给人家当媳妇，没个孩子的话，在这个家里也没地位，将来你们俩老了，也没个人管。你结婚的时候我们也没给你嫁妆，现在给你补上，这是我们俩攒的 20 万，我琢磨着能差不多够。”

我手里是薄薄的一张卡，卡里是沉甸甸的 20 万，我知道我爸我妈的收入，要多久才能攒下。我刚想推辞，我妈却说："就算咱当初是下嫁，但这么多年没给人家添个一儿半女，妈知道你过得不容易。女人得自己给自己打气，要想腰板直，钱是硬通货，妈得给你争脸。"我妈一辈子好面子，大表姑家的儿媳妇婚前怀孕固然会被我妈看扁，但我婚后无子，却让我妈更为心焦。

"当初我不同意你们俩，是因为我觉得你就像中了邪，就是爱那个小子，可我不知道他有多喜欢你。我是怕你太一厢情愿，将来吃苦。"

我不得不惊讶于老人的智慧，难怪他们喜欢说："我吃过的盐比你吃过的饭都多。"他们果然能一眼就看穿问题的本质。

我爸插嘴道："别翻那陈芝麻烂谷子了，我觉得小罗不错，对咱们挺周到的，看样子对咱闺女挺在意。"

"你就那么会看?"我妈撇撇嘴。

"会！倒是马拉，对小罗冷了点儿。"我爸扔下这句，就跑到阳台去抽烟了。

我苦笑了一下，我爸是会看呢还是不会看呢?

"唉……俗话说有狠心的儿女，没有狠心的爹娘，你就能硬得下心肠不回家看我们，你知道这几年过年，我们老两口……"

我的眼睛湿润了，我是一个失败的女人，让我的父母暮年还在为我操心，我却早已忘记了"父母在，不远游"的古训。

"赶紧生个孩子，经常回家看看。"我妈念叨着。

那一夜，感冒未愈的罗以忱自觉选择在地上睡。

未到供暖期，地板上很凉，每隔几分钟，就传来罗以忱轻轻压抑的咳嗽。我心里有些不忍。上一次是他妈来我还可以理直气壮地睡床，但这次是为了招待我的父母，再让他委屈似乎有点儿不太合适。

“罗以忱，你是不是冷得睡不着？”我轻声问。

“还好。”他的鼻音很重，听起来就堵堵的。

“如果感觉冷，就上来睡吧。”

“我可以吗？”他坐起来。

“咱俩都自觉点儿就行了，不然在中间摆上一碗水？”

黑暗中，我似乎能听到他的微笑，接着，我就感觉身边一沉，罗以忱躺了过来。

“睡不着，聊聊呗。”他说。

“聊什么？”

“嗯……有件事情我一直想跟你说的，就是……谢谢你，这么多年一直照顾我，照顾这个家。”

“怎么会突然想起说这个？”我有些纳闷，从我第一次给罗以忱洗衣服，他狠狠地亲了我一口之后，他再没用任何语言或行动表示过对我做家务劳动的感谢。

“之前都是我妈做，认识你之后就一直你做，这些日子我第一次学做家务，感觉并不像我想象的那么轻松。收拾屋子很烦啊，洗衣服很累啊，刷马桶很讨厌啊，做饭烦完累完讨厌完还不好吃！我就想到你干了这么久，干了这么些年，你怎么就没有跟我抱怨过呢？”

我怎么没有抱怨过呢？我也想问自己这个问题。之前我是带着爱意帮罗以忱做这些事的，而后来就成了习惯，我习惯了做，而他也习惯了不做。我习惯了在他高喊洗衣机太吵了影响他写提案时关上厕所门，他也习惯了每天早上面不改色理所当然地对着闪闪发光的马桶嘘嘘，而丝毫不会想这个马桶是如何变得如此光可鉴人的。也许很多事，我早就应该抱怨的。

“那个……你跟那个闻总……还好吧？”他试探着问。

“嗯。你跟那个黄小姐也还好吧？”我反问道。

“嗯。”他立刻回答。

沉默在黑暗的空气里如一团浓雾，让我们彼此感觉有些呼吸困难。

终于，还是罗以忱再次开口：“我洗澡的时候，你妈跟你说悄悄话了吧？”

“我妈给我20万，让我做试管用。”

“你要了？”

“嗯。罗以忱，我想用这个钱把贷款尾款还了，这样等产权证下来，我们就可以交割这个房子了。”

罗以忱没有说话，我却听到了一声叹息，良久，他才开口：“你是怕跟我住一起，让闻总误会吧？”

“你就不怕黄小姐误会吗？”

“马拉，如果我对你说，我和黄莹莹没什么的，你会信吗？”这是罗以忱第一次向我解释黄莹莹的事情。

在杭州的宾馆里，当我撞破了他们的“铺床事件”后，罗以忱追了出来，我急匆匆地跑下楼，可是一身肥肉又怎么跑得过身轻体健的罗以忱？在酒店大堂，他追上了我，而就在他拉我我挣扎的时候，黄莹莹从楼上一声惊呼，而罗以忱立刻丢下我，跑了回去。我不知道我是如何面目狰狞地买了车票逃回江滨的。

他第二天从杭州回来，一身征尘。

他走进来时，我正把自己蒙在被子里哭。

他将上衣扔在床上，我感觉到了，掀开被子，将他的衣服扔到了地上。

“你干吗?”他明知故问。

我怒视着他：“罗以忱，我一个人拼死拼活地努力想要个孩子，我说你怎么一到床上就有气无力呢，原来是背着我在外面勾搭了小妖精……”我当时出离愤怒，我当时双手冰冷，我当时口不择言，我几乎都不记得我接下来说了些什么，我大概就差问候罗以忱的十八辈祖宗了。我跪在床上，因为蒙头大哭而满脸通红披头散发，一身幼稚得可笑的小熊格子睡衣捆着我肥胖的躯体，我之前的所有辛劳、所有委屈、所有难以置信，全部一股脑地发泄出来。我在杭州没有进门就逃走了，是因为我没有勇气，是因为我惧怕罗以忱当着那个女人给我难堪，那会让我无处遁形，而现在只有我们两个人，我们是夫妻，出轨是最难以忍受的背叛，我希望他能当面锣对面鼓地跟我说清楚。

“你说完了没有?”他的声音疲劳而烦躁，带着那么明显的不耐烦。

“没说完！你就是嫌弃我了，你就是嫌弃我变胖了，你就是嫌弃我不会生孩子……”

“你知道就好。”他说着，竟然躺在了床上，闭上眼睛装死。

我已经怒不可遏，大声道：“你那么嫌弃我，干吗不跟我离婚?”

他睁开眼，难以置信地愣了一下：“你说什么?!”

“离婚!”

他愣了，他确实愣了，但愣过之后他居然有些骄傲地点了点头：

“我同意。”

这是我第一次跟他提离婚，以前我们再怎么争吵，都不会提这个。后来我们也很少争吵了，再后来我们都很少说话，我们几乎各过各的日子，只在排卵期才勉强完成一下任务。我在新世纪当内勤的时候，罗以忱则在拜访客户的道路上；我晚上熬药做家务的时候，罗以忱忙着做提案，整理销售资料；周末我一般会抓紧时间去看各路中医西医大仙神棍，而罗以忱则由开始时的奉陪到越来越不积极，到好言相劝，到冷嘲热讽，到沉默无语。

就是他当时的反应让我相信，他早有离婚之意，只是差我的一个说法。

我披头散发地跪坐在床上，他颇不耐烦地躺在那里，我的眼前出现他给黄莹莹铺床的情景，所有的坚持瞬间崩溃。

在离婚几个月后，我和罗以忱又躺在了同一张床上。在我没有提出任何问题的时候，他对我说，他和黄莹莹没有什么。

“她只是扭伤了脚，我帮她铺床而已。但因为你的吵闹被我们的谈判对手看见，他们误解了我的人品，就取消了跟我们的合作。我本来就又累又委屈，可当我回家来你还不依不饶，就因为这么点儿事你就闹着离了婚，实在是太冲动了。”

到这样的时候，他还在埋怨着我。黑暗中，我无声地笑了：“有或者没有，对我来说已经都不重要了。我们婚姻的症结不在于此，黄莹莹只是我们的催化剂，我们俩离婚是早晚的事。”

“为什么这么说？”

“因为我在这场婚姻里，不仅没有得到任何成长，甚至把自己都给弄丢了。我成了一个没有任何优势的女人，无论是外表还是事业，我成了你一个不合格的依附品，失去了你，我甚至连生存都成问题。所以，我失去了自我，失去了和你讨价还价的资本，失去了和你平起平坐的资本，失去了和你共筑未来的资本。一个在婚姻中失去了自我的女人，是不会幸福的。”

“你现在像个哲学家。”

“我一直都不赖。”我心里暗暗说，只是你没空发现而已。

即使我妈带我买衣服终究因身材所限遗憾而归，也并不影响我妈打扮得光鲜亮丽地去参加二表哥的婚礼。

约瑟夫酒店的高尔夫室外婚礼，是我梦中想过却从来没有享受过的盛典。新娘穿着曳地的鱼尾婚纱，身材玲珑有致，面容温婉娇美。大表姑笑得见牙不见眼，不怎么听话的小孙子在她身前跑来跑去。

罗以忱一身正装站在铁艺鲜花路引旁，依然英俊的面容上却微带沧桑。我无法知道一个失婚的男人在这样的场合是否会有些许感触，但我心里，已经翻江倒海。他踱到我身边，向我举了举高脚杯，琥珀色的液体温柔流动，我也举杯示意，他随后喝干了杯中酒。

“咱俩结婚的时候也没给你办个像样的典礼。”他有些歉意。

“那也没有什么不一样吧，我们也不会因为有过那样的典礼而不离婚。”

他还要说什么，大表姑叫我了：“马拉……一会儿的子孙饽饽你和小罗也去吃点儿!”

在这样浪漫唯美的场合跟我提什么子孙饽饽，我颇为泄气地问道：“这不是高尔夫室外婚礼吗，怎么还有这么民俗的环节?”

“老礼儿还是要讲的!”大表姑拍拍我的胳膊。

我妈笑道：“你大表姑就是土洋结合啊，昨天还给人家送了离娘肉去，被人家父母笑话了……”

大表姑撇撇嘴：“唉，谁让我家这儿媳妇太洋气了，可我的礼数不能缺啊，不能让女方家长不满意啊。”她看看我和罗以忱，“怎么样？弄得不错吧？这些菜都是我儿媳妇亲自点的呢，就那牛排，188元钱一块儿呢!”

我妈点点头：“你说现在结婚都兴穿婚纱，整个场子到处都是白的，看着真干净哈。就是这西餐我有点儿吃不惯。”

大表姑用看土鳖的眼神看了看我妈：“马拉，小罗，你们慢用啊，我得去招呼客人了!”

典礼是纯西式的，二表哥扎着腰封，系着领结，我妈看了直笑：“哟，二小子打扮得跟米老鼠似的呢。”

我刚酝酿好的浪漫情绪被我妈打击得荡然无存。

我已经听说这个二表嫂的爹是一个企业家，她本人是从英国留洋回来的。她跟二表哥的相识相恋也颇浪漫，担任家教老师的二表哥去给一个学生补习，却与学生的姐姐一见钟情，一不留神就娶了豪门之女。

虽然我二表哥很帅气，但我大表姑其实是没想过儿子能找到这样的媳妇的，她一直辛苦攒钱希望能给二表哥也预备一套房子，但把所有积蓄都给生活困难的大表哥凑了首付后，她再也无力承受当二茬房奴的压力了。没想到二表哥如此争气，娶了这样一个貌美如花财运亨通的媳妇，这让心慌气短了一段时间的大表姑腰板又硬朗起来。

神父打扮的婚庆司仪拿着羊皮卷，问两位新人是否愿意结合。之后，在新郎新娘的拥吻中，开启香槟，拉开礼花。沐浴在漫天花瓣雨中，我偷偷地闭上了眼睛。大概在每个女孩子心目中，都在渴望这样的一场婚礼。虽然这些形式并不代表着婚后一定过得幸福，但如我一般不幸而又没有婚礼的女人，大概就感觉更亏得慌了。

我睁开眼，发现罗以忱正隔着飘落的花瓣丝带看着我，那般深情而又含着歉意的目光让我吓了一跳，恍如我们才是这盛大婚典的主角。

参加婚礼回来，我妈好一通唠叨："你说我们就你这一个女儿，咱不说大操大办吧，怎么也得热闹热闹啊！你们可倒好，凉锅贴饼子——蔫溜了。真是的，我们这么多年随礼钱都没收回来。"

"你就那么爱操办？又累又乱，要我说呀，咱家闺女有点儿新事新办的意思。现在不都提倡什么'裸婚'吗，以后俩人一起努力，不就啥都有了。"我爸接口道。

"唉，不过要说她大表姑家办的这个，我还真不喜欢，又不放鞭炮，又不摆酒席，放眼一望一抹素白，个个挥刀舞叉吃那个冒血的肉……那东西咱可吃不惯，我得赶紧回家，熬点儿小米粥垫垫。"好好的西式婚典，被我妈形容得像百鬼夜行，真是欲加之罪何患无辞。

"爸，妈，你们不是想吃海鲜吗？晚上我请客。"罗以忱道。

我爸妈来的时候对罗以忱尚有一丝芥蒂，但到他们离开时，已经与罗以忱混得很熟。理解真是一件微妙的事情，就如同我和我的婆婆，我父母和罗以忱。那么多年来，没有人迈出沟通的第一步，而一旦这一步迈开，坚冰似乎也没有那么难以打碎。

我甚至想到我和罗以忱，如果，我是说如果，如果我们俩能更早一些迈出一步，是否就能赶在离婚之前走进彼此的心扉？但很多事没有如果，就如同如果我依然美丽如昔，是否惴惴不安的是罗以忱？如果我事业有成，那颐指气使的是不是我？如果我们俩现在含饴弄儿是否就没有这些矛盾，而又派生出无数新的问题？

现实就是现实，现实是我臃肿而无能，而且我们离婚了。

# 第六章 “荔枝姐”的华彩盛典

在我们店旁边的路口西侧，有一家法颂烘焙坊，每天我路过的时候，那一阵诱人的气息传来，我都会尽快走过去，免得自己的口水会不受控制地充满口腔后，丢人地流出来。这天我正紧走几步想快点儿离开那段甜香迷人的空气，一个带着宣传绶带的女孩儿拦住了我。

“您好，今天是我们法颂烘焙坊的店庆，您凭这个小票就可以免费领取一个慕斯蛋糕，欢迎您来店里看看!”女孩儿说着，递给我一张小票，小票上印着一盒漂亮的慕斯蛋糕，我的饥饿感油然而生，不停放大。

如果只是吃一口的话，也许不会有什么影响吧……我站在街上，纠结得难以自拔。没有人知道，一个女人对着一个从天而降的免费慕斯，竟然可以为难成这样。

走进店里，我将小票交给店员。穿着黑红格子裙的女孩儿冲我礼貌地微笑了一下，然后用手一指：“请您挑一种口味吧……”

我的目光一下子被琳琅满目的精美糕点吸住了。我看向女孩儿指给我的慕斯杯，蓝莓、草莓、咖啡、焦糖等口味，每一种都样貌迷人，在柜台灯光的照射下，仿佛都在说着：“快选我吧!”

我终于没有忍受住诱惑：“每一样都来一块!”

当我回到家里将这四个慕斯杯摆在桌上的时候，我几乎想要将它们全部都填进肚子里，但终于，我只是贪婪地每个都闻了一闻，然后就这样看着它们，直到罗以忱下班回家。

“哟，这是干吗呢？”他走过来。

“送你的。”我大方地一挥手。

“啊？”他确认了一下。见我再次点点头后，便不客气地拈起一杯，“不错，遇到什么好事情了？要请客？”

我对他笑了一下：“庆祝，我瘦了。”

6开头的体重已经伴随我好久，而就在今天早上，我的体重终于下了60公斤。虽然离理想体重还有不小的差距，但我终于是个扔在人堆里不会扎眼的“正常人”了。

罗以忱停下拿叉子的手，绕着我看了一圈：“真的瘦了不少哎!”

我点点头：“是啊，所以，你继续享受吧。”

我关上房门，强迫自己不再去想跟慕斯蛋糕有关的一切，而是打开电脑，开始继续冥想我是一只不会饿的小鸟……

转天上午在健身房的时候，我已经是半个教练了，很多慕“荔枝姐”之名来到如柳的学员都跟在我后面。闻远樵把我的对比照片放得很大，贴在墙上，这种直接的视觉冲击对于急于瘦身的姐妹们来说真是一种强烈的刺激。

当我发现罗以忱站在门口，带着欣赏的神色看着我时，已经是训练快要结束的时候了。

“有空吗？有事跟你说。”罗以忱对我说。

“好啊。”

“中午一起吃饭吧，边吃边说。”

来到附近的米线店，我们俩要了一个锅子，几碟小菜。当我隔着雾气看着罗以忱的时候，感觉他的眼睛里也含了雾一般。

“什么事？”我问。

他从书包里掏出一个红本，我一下哽住了，是温馨家园的房产证。

我接过来，看着这本薄薄的产权证，虽然在他项里还有某银行的抵押登记，但这确实是我们俩努力了多年，多方筹措买来的蜗居。

搬三次家等于着一次火，着三次火等于离一次婚，离三次婚等于死一次。

在我和罗以忱结婚后的相当长一段时间，我们是没有买房子的。彼时我们租住在城市偏僻的一隅，时常是房东一声“涨价”，我们立刻卷铺盖走人。我们像一对渴望筑巢的小鸟般，经常相拥着躺在小床上，听着窗外的叫卖声，偶尔飙过的汽车声，合租男女的吵架声，幻想着有那么一天，在这个城市里能有一片小小的天地，在房管局备案登记着我们俩的名字。

毛茸茸的，阳光透过窗帘照在我的脸上，我醒来的时候，罗以忱往往还在安睡，我于是会蹑手蹑脚地起来给他做好早餐。不惟是为了让他吃得舒服，也是因为鸡蛋在菜市场买五毛一个，而到了摊鸡蛋煎饼的人手里，就变成了一块。晚上他很晚回家，因为不仅能多做一些提案，也能享受办公室的免费空调。我们是这个城市的漂泊者，像两叶没有根的浮萍，却紧紧地拉着彼此的手。

那时候我们以为，拼命努力，有了房子，我们就会有一个温暖的家。我们憋足了劲儿，只为实现一个买房梦。

我们这个城市好点儿的地段，虽然每年也小有上涨，但大体还没突破我们的心理价位。限购令最严格的日子里，房价忽然有了一段沉寂，我所供职的新世纪房地产公司创下了从1月到5月只卖了10套房子的史上最低纪录。彼时的我有点儿像《卖炭翁》里说的：可怜身上衣正单，心忧炭贱愿天寒。背负着沉重销售指标压力的我破釜沉舟：买！我掏出了所有的家当，他爸赞助了一部分，就连我婆婆都连夜用竹筐背来了8万块钱。于是，温馨家园的销售登记簿上，有了我和罗以忱的名字。

就在我们买房后不久，房价忽然犹如坐了直升机般扶摇直上。虽然属于我们的房子还是一片空地，但它已经轻轻松松地为我们赚了30万块。

我曾经以为，就冲温馨家园给我带来的好运气，我们也会在这个房子里生儿育女白头偕老。没想到我们日盼夜盼，盼着房子早点儿交钥匙，盼着物业配套都到位，盼着拿了产权证才踏实。这一切到手后，我和罗以忱却劳燕分飞了。看来真应了那句话：男人没有房子靠得住。

我没有公积金，从付款到交房的两年多，都是罗以忱用公积金来还这个房贷。其间我们还住着租来的房子，为还在泥地里茁壮成长的新家，支付着高昂的贷款加利息。那时的我不知道，这套房子会成为日后我们离婚之际最为揪扯不清的财产，让我们在离婚近半年后还“蜗居”在一起不说，还要还贷赎房，卖房交割，让我和罗以忱为了共同的利益同仇敌忾，与中介房虫真假买主斗智斗勇。

“你真的……想用爸妈给的钱赎房子？”罗以忱问道。

“真的，反正这个钱就是进去滚动一圈，最后分房款的时候我多拿 20 万就是了。”我不觉得这有什么困难，我也自认为以罗以忱的觉悟，还没到要赖掉我妈给我这个大龄失婚的女儿留的这点儿防身钱的份上。

“行吧，下午咱们就去银行。”

在我和罗以忱的印象中，提前还贷就如同存款取款这般容易，但我们真的到了银行，排了两个半小时队后，将存有 20 万块钱的银行卡和房贷还款卡一同递给柜员时，人家用打量史前怪兽的眼神看了看我们俩。

“您好，这个不能在这儿办理，请您咨询大堂经理。”柜员小美眉声音甜美，吐出的言语却叫我俩着急。

我们找到大堂经理，告诉人家我们要卖房子，需要提前还钱时，我才知道借钱难，还钱竟然也如此不易。

“您的意思是，我们今天得跟您这儿提前预约？然后还要办解担保和解押手续？那大概多长时间能办完全部手续？”

“那就看您的时间了，我们说不好。对了，这是我们帮您计算的还贷额度。”

我和罗以忱接过那张纸来一看，纸上赫然写着：“须还整数四十万元。”

“那么多？”我们俩傻了眼。

大堂经理详细帮我们解释了这个数字的由来，我是听得懵懵懂懂，但我确切地知道了一个问题，那就是——我们的钱，不够。

等我们从银行出来，已经到下午下班的时间了。罗以忱的意思是等钱筹齐了，全部手续办完再卖房，但我却不这么想。新世纪的经验告诉我，楼市调控让买房子的人都不急于出手了，一套房子挂出去不知道要多久才能成交。反正差的钱也不算多，所以不浪费时间，先挂出去试试水，才是我们现在应该做的。

温馨家园是去年交的钥匙，到现在我们住了不到一年时间。因为急于搬进新房节约租金，也因为我看病花空了家底，我们只做了最简单的装修就住了进去。搬进新居之前，有不少中介问我是否要卖房，我还坚定地说不卖。但我跟他们询过价，在这个地段单价大概 1. 3 万，也就是说我们的房子价值在 115 万以上。在我当年拿着东拼西凑的 40 多万去交温馨家园购房款的时候，我还在为多达几十万的贷款感觉颇为惴惴，我没有想过这套房子在不久的将来能成为百万以上的一大笔财产。

根据几个月以前的市场确定了报价，我选择了一家很大的二手房网站，把温馨家园的信息挂在了网上。

没想到挂上之后，我立刻就接到了电话。当对方说明了来意，我才知道不是买房子的人，而是一家中介。接下来的三天时间，我都在接听这样的电话。一时间，这个城市所有的中介都知道有个叫马姐的女人，要卖一套 90 平方米的房子。在我以为只要这样，我们的房子就不愁卖时，所有的中介却又在了解了这套房源后，集体销声匿迹了。

罗以忱对卖房子是一副事不关己高高挂起的样子，我也懒得再叫他。在房源挂出一个星期后的傍晚，我来到我们家楼下的那家中介。

“姐，买房子吗?”中介卖房的小伙子很是热情，“不论您是二人世界、三口之家还是四世同堂，我们这儿都有好房适合您!”

"我想卖房。"我说道。

"哦，卖房啊，哪儿的房源?"小伙子热情依旧。

"温馨家园。"我向他详细说明了门牌号和面积、房型、朝向，然后告诉他我的报价。

"姐，你要想这个价格卖，现在有点儿困难。现在都限购了，贷款也不好批，买房子的人都不轻易出手了。如果您想在我们这儿成交，就得减点儿价。"

"那我要报多少合适?"

"你要是不着急，你就减 20 万报报看。"

瞬间，我父母攒了一辈子的体己钱就烟消云散了。我也知道现在房子不好卖，但一下就让掉 20 万让我有点儿接受不了。

"我要是让 20 万的话，什么时候能成交?"

"那我们也说不好，我们给您主推一下，有客户我们再打电话跟您联系。"

"那……行吧。"我点了点头。

在我为房子奔忙的这段时间，我的体重再创新低。与这个好消息相伴的是，我顺利通过了如柳内部的晋级考试，成为一个可以上岗的美容美体技师。

为了庆祝我体重降级、技能晋级，闻远樵特意请我吃饭，作陪的当然是闻柳子和池向南。

我依然在饮食节制阶段，但在我看来，此时的节制则更像是一种管理。人类对于食物的渴望其实更多的是来源于一种贪念，在满足身体的基本需求后我们还需要享受美味，削减压力，打发无聊，而这些都可以借助万能而强大的食物。接受了过多热量又找不到消耗渠道的机体就会备战备荒地开始储存，于是人就会发胖。

在我瘦身的这段时间，我经常会按照老师说的方法去冥想，想象我自由地飞翔在天空，变成一只轻盈的小鸟；想象我甩掉了庞大身躯的束缚，身着华衣走在巴黎的天桥，无数闪光灯和男人的目光冲我唰唰唰……这样想完，再看着面前的食物就会觉得如此庸俗如此油腻，饥饿便带来了一种不食人间烟火的成就感。

为了不对我的瘦身大业带来什么影响，闻远樵特意选了一家粥坊。池向南笑着抱怨说："闻大哥真是的，马拉一个人减肥，我们都跟着吃清粥小菜了。"

柳子接口道："向南阿姨，你也吃这些东西就变成蘑菇身材啦!"

"什么蘑菇身材?"池向南莫名其妙，我和闻远樵也听得一头雾水。

"是店里的阿姨说的啊，马拉阿姨将来会变成很好看的蘑菇身材!"

我笑起来："我知道了，柳子说的啊，是魔鬼身材。"

几个大人都笑起来，柳子却扁了扁嘴巴："不要，魔鬼好恐怖的……"

粥坊叫百味人生，粥品荤素搭配，口味甜咸兼备。我要了一碗花生牛奶桂花粥，闻远樵和池向南点了皮蛋瘦肉粥，柳子要了一碗水果粥，闻远樵又点了几样菜。等餐的时候，闻远樵道："向南也喜欢皮蛋瘦肉粥? 北方人爱吃这个的不多。"

"我不是北方人。"

池向南淡淡答道。我认识她这许多年，她从来不愿意谈她的家事，我只知道她跟妈妈生活在一起，从来没听她说过她的父亲。

“向南阿姨……”柳子叫道，“你小时候也跟我一样，是在南方长大的吗?”

池向南摇了摇头：“虽然说我不是北方人，但我从小就在北方长大。我妈妈虽然管我管得挺严，但我是男孩子性格，喜欢去田里捉鱼啦，爬树偷鸟蛋啦，去别人家的葡萄架摘葡萄啦……”

“向南阿姨，我要是在你小时候就认识你那就好啦!”柳子羡慕地说道。

我们又被这个小可人逗得笑起来。

池向南揉揉柳子的头发：“你最近乖不乖啊?有没有学新东西啊?”

“有啊，我在学算术!”柳子高声答道。

“哦?那你今年4岁，你爸爸34岁，你知道你要过多少年才能长到你爸爸这么大吗?”池向南故意考着柳子。

柳子终于安静了，她开始掰着手指头数着数。我们都看着她，不知道她能不能算出来。终于，她兴奋地高喊一声：“30!再过30年我就跟我爸爸一样大了!”见她如此聪明，我们都给她鼓起掌来，她却好像忽然发现了新大陆：“可是……可是再过31年的话，我不就比我爸爸大一岁了吗?”

闻远樵笑着问她：“怎么，你不希望比爸爸大吗?”

柳子想了想，点了点头：“等我比爸爸大了，我就照顾爸爸!”闻远樵的笑容一下凝结成感动。

“可是，在我没有爸爸大的时候，谁来照顾爸爸呢?”柳子又发现了新问题。

“那还不简单，让你爸爸给你找个既喜欢你又喜欢你爸爸的新妈妈呗……”池向南笑道。

“向南阿姨，你喜欢我吗?”

“喜欢啊。”池向南随口答道。紧接着，她就发现自己又一次因为同情而落入了闻柳子的圈套。

“向南，你别介意，小孩子乱讲的。”闻远樵流于表面的云淡风轻里，有了一丝不易察觉的慌乱。正在这时，我们点的粥和菜都端上来了。柳子开心地吃起饭来，我们也开始边吃边聊。

“马拉，我咨询过你的教练，她说大概再有一个来月，你就可以达到标准体型了。”

因为我不仅在通过调理饮食减少体重，还在通过运动塑造身材，所以即使我现在还超过标准体重十几斤，但并不显得过分臃肿。

“闻总，我不知道该怎么感谢，你给我工作，让我改变，我在如柳学到了很多。外表的改变是别人能一眼看出来的，但学识、自信、技术和对人生的态度，都不是浮于表面，却影响深远的。现在我就以粥代酒，敬你!”

闻远樵端起粥碗：“好，但我肚量有限，就不干了!”他一句话说得我们都笑起来。喝了一口粥后，闻远樵道：“马拉，昨天我们研究了一下，决定给你办一场盛典，在你达到标准体重后举行，庆祝你瘦身成功，也作为我们如柳的一场公关活动。到时候我们会向社会发邀请，一直关注活动的网友都能参加，我们也会请媒体报道。时间暂时定在腊月二十，到时候现场会有体重测试，你敢接受这场挑战吗?”

我的眼睛有些湿润，我从来不知道在我的人生中，还会有关于我的盛典：“闻总，我真不知道该怎么感谢您和大家……”

“马拉阿姨，没有大家，这个主意是我爸和向南阿姨一起出的!”柳子戳戳我的胳膊。

我回过头看看池向南，她望向我的目光含满温暖。

我回家的时候，罗以忱告诉我他刚接待完第一拨看房的。

“这帮人砍价太狠了，让我轰走了。”这是听我问他感觉怎样后，他给我的回答。

“不急，再等等吧。”我的心情没有被这个小小的打击影响。

在我想要进屋时，他忽然“嗷”的一声惨叫。

“你怎么了?”我被他吓了一跳。

“哎呀！我的地板啊！我刚刚擦得锃亮的地板！还没来得及晾干，你看看你看看，被刚才那些人踩得全都是脚印了!”

我低头看着一片狼藉的地板，又看了看拿了墩布弯腰擦地的罗以忱。往常我擦地的时候，让他起来挪动挪动他都不愿意，我让他在我拖完地后稍微晾一会儿，等地干了再走，他便说谁会注意地上有没有脚印呢?

“罗以忱，你想让我去哪儿呢?”他绕着我的脚把地重新擦干净，我被迫站成一个孤岛。

“你就稍微站会儿，等地干了再进屋!”

果然是大少爷作风，我无奈地站在原地，呵护着罗以忱的劳动成果，心里还庆幸我幸亏没选择金鸡独立的姿势。

他杵着墩布，看着我，而后左看右看上看下看。

“马拉，你……你是不是又瘦了!”他的语音有些惊讶。

“嗯，56 公斤了。唉? 我怎么发现你也又瘦了?”我看向罗以忱，依旧英俊而挺拔，虽然手里拿的拖把有点影响形象，但大体还是帅哥一枚。

“我最近有个案子，怎么也通不过。这个案子要是通过了，咱的房钱就有着落了。”他挠挠头发。

“什么情况?”为了共同的房子，我和他隔着水淋淋的地板安静地谈着他的工作。这种场面已经很久都没有出现过了，不仅是因为我懒得过问他的工作，也因为原来他懒得跟我多提。

“是一个商业地产项目……”他说着走到电脑桌前，拿来一份图纸。

我接过来一看：“新概念广场……那里很繁华啊，随便地段、区位、消费水准都是卖点，有什么不好推广的?”新概念是我们城市的一条重点商业街，车水马龙，人流如织，临街商户多如牛毛，在这样的商业街做商铺推广，哪怕就打个广告说“新概念卖商铺啦，钱多的快来买吧”，就可以保证售罄了，哪用得着这样憋词?

“你仔细看看本案。”罗以忱手指一点，“这次是新概念的延伸街道，一开盘前面的商铺都已经卖完了，但这条街几个月了，才卖掉两间，我们要推广的是这条街。”

我定睛细看，那是一条商业街的后巷，所有的门面全部与商业街背道而驰，逼仄的结构，不临街的朝向，门前狭长的小巷都是经商大忌，不仅如此，小巷对面一座50层商住两用楼宇把小巷里的商家掩得严严实实。

“这个客户是南方开发商，没什么文化的暴发户，对本地的情形和商业地产的卖点都不怎么懂，就开发了这样的地方。他跟我们老板约定销售过80%才给结算代理提成，所以这个案子谁也啃不动，相当难搞。”罗以忱摇摇头。

“不然……我请闻远樵帮你看看?”开动脑中的搜索引擎，我在并不丰富的人脉资源中迅速锁定了一位。

“啊？算了吧，我就这么一说。”罗以忱显然有些不悦，从我手中拿走了图纸。

我不知道他在介意什么，刚想再说，他指指地板：“地干了。”然后便又一头扎到他的提案中去了。

自从我们登了卖房消息，并把价格狠杀掉二十万后，来看房的人就像走马灯似的络绎不绝。但人就是这样，买房的时候恨不得房子掉价，三文不值二文钱，一百万的房子降个十万八万根本感觉不出解渴，就恨不能所有开发商都疯了，房东扔着卖，三千一平方米买个绝佳地段配套齐全精装入户送家具家电再送个三年五年的物业费。但卖房子的时候，就完全换了一副嘴脸，好地段好位置好朝向好房型好楼层甚至好邻居都想单独掏出来卖钱，一有个风吹草动楼市降价开盘打折就心惊肉跳，生怕一夜之间限购令加息令忽然奏效，几十万血汗银子后半生养老指望便挥发得无影无踪。

我和罗以忱现在就是这样的一个状态。

“马姐，您看看能不能再让五万。因为您这个房子吧，房本没过五年，买家得交营业税，这样算下来，他也得一百零大几万才能拿下这个房子。”

“你别跟我说这个，这小区我们家房本下的最早了。你想买温馨家园的房子没一套是房本过五年的!”

“马姐，不能这么说，人家小夫妻诚心诚意买你房，但两个外地人在这边打拼不容易，您看您能不能……”

“他们不容易，我们就容易？我们俩也外地在这边打拼的，我还拜托你们同情同情我……”你们买房是铸就爱巢，我们卖房是拆毁爱巢，我怎么想都觉得我更值得同情。

“马姐，这个房子虽然都在阳面，但客厅的窗户有点儿西晒，夏天热冬天冷。现在市场这么差，有人接手您就要抓住机会啊马姐！”

我已经走到门口，拉开了房门：“你别叫我马姐，叫得我脑瓜子疼，这房我不卖了……”

“马姐，咱再商量商量啊马姐……”

我关上房门，颓然地走回客厅，坐在沙发上。罗以忱揉揉额头：“可烦死我了，这哪是卖房啊，光中介就跟来四个人，这不上咱家打狼来了吗……”

我摊开手，手心握着的，是一个纸团。刚才那对看似老实的看房者偷偷给我留下了联系方式，他们原来时刻准备跳单。我的同情心忽然开始作祟，有些心疼那个一口一个“马姐”的小中介了。

“啊！”罗以忱又是一声惨叫，“地板……我的地板！”

这是我第一次主动约闻远樵。

虽然罗以忱不希望我向闻远樵求助，但我觉得这件事集思广益是个解决问题的出口。

Crazy Candy 的灯光摇曳，闻远樵手执一杯 Zombie，认真地听我说完了罗以忱碰到的难题。

每当说起正事，闻远樵立刻进入生意人状态：“这几条都是商家大忌，我一时也想不出什么好的创意，不过那个地段应该还是有文章可做。”闻远樵浓眉微蹙，这个认真思考的男人散发着让女人倾慕的味道。

“我知道这也不是着急的事，你就多多帮我费心吧。”我的手中是万年不变的番茄汁。

“对了马拉，上次在这个酒吧跟你一起来的那个男人是谁啊?”闻远樵微笑起来。

“啊? 他……那个……”

“你先生吧?”他轻啜了一口酒，“但看起来好像闹了什么小别扭?”

“我前夫。”我终于决定坦率地面对眼前这个男人，“因为房子没有交割清楚，所以我们暂时还住在同一所房子里，类似于‘异性合租’。我们不谈他了好吗?”不想在闻远樵面前谈太多自己的私事，我绕开了话题。

这是我和闻远樵第一次单独在一起，没有柳子，也没有池向南。这个男人头脑敏捷思维清晰，但与我在一起时很少谈与生意无关的事。问题是我也想的多说的少，跟老板相处当然更多的就是讲讲工作聊聊成绩，所以我和闻远樵在一起，经常会出现乌鸦飞过的冷场。

在与闻远樵相处的时候，我常常会怀念罗以忱的贫气、义气甚至那点作为男人他应该感到脸红的娇气。我对自己在这样的时刻还在不由自主地想起罗以忱而感到羞愤不已。

“不如……我们叫向南出来一起玩吧。”又一次冷场后，我提议道。闻远樵微笑着点点头，看不出是对我的礼貌还是对池向南的期待。

半个小时以后，池向南风风火火地赶到了 Crazy Candy。

“今天我们同事在苏荷聚会，接到你电话，我赶了半个城才到这儿。”池向南一边念叨，一边将一杯冰喜力一饮而尽。

虽然常年深居简出，就连上网也只流连于“播种”“摇篮”“宝宝树”，但苏荷酒吧我还是知道的。与 Crazy Candy 的小资情调、安逸氛围不同，苏荷则更像是肾上腺分泌过剩的小年轻们的乐土。苏荷不仅每周举办特色 Party 和舞会，演艺节目也更加时尚奔放，贴着典型的美国标签。

“唉，咱这边好玩的地方这一个那一个的，要是能凝聚在一起就好了。”池向南又在做她的白日梦了，闻远樵却忽然一把抓住池向南的手：“再说一遍！你再说一遍！”

我们都被他吓住了，平日温文尔雅的闻远樵此时像个愣头青，池向南使了好大劲才把手从闻远樵的手中抽了出来，满脸无辜地问：“我说什么了?”

“你不是说要把这些好玩的地方聚到一块儿吗?”我提醒着。

池向南纳闷地问：“有什么错吗?”

“马拉，我想到了！”闻远樵的激动状态依旧保持，他随手掏出衣兜儿插着的金笔，“Waiter，拿纸来！”

我有些莫名其妙地看着他的样子，那般挥洒癫狂。我忽然明白，这个男人在工作时的奔放投入与他在生活中的温吞是截然不同的，我想这种人就叫作——闷骚。此时，他正激动地拿着他的金笔，面前站着一脸无辜一脸郁闷的手拿一盒餐巾纸的 Waiter。

表达清楚他要的是一张可以写字的白纸后，Waiter 帮闻远樵拿来了便笺。

闻远樵立刻在便笺上写了三个酣畅淋漓的大字。

彼时我并不明白这三个字意味着什么，直到罗以忱听我说出这三个字以后茅塞顿开如获至宝地一把搂住我，在我的拳打脚踢之下才没有一口亲下去之后，我才知道对于他们这种人来说，一字千金一字万金，是什么含义。

闻远樵写给我的那三个字是：酒吧街。

最后的冲刺，我如之前的每一个日夜一般节制食欲，每天挥汗如雨地运动不休，希望能尽快地达到自己期望的目标。而看着体重秤上的数字在一点一点地减少，我的心真的如一只不会饿的小鸟般飞了起来……

我曾经千百次地看着旧日青涩的照片，幻想如今的自己真正瘦下来是什么样子，是可以盛下一满杯香槟的妖娆锁骨窝，还是翩翩栖落欲飞去的蝴蝶骨，抑或是网上流行的锥子脸、A4 腰，但当 50 公斤体重在某个清晨不期而至时，我所有的梦想都真真切切地摆在了我的面前。

50 公斤。指针不偏不倚，稳如泰山地停顿在这个数字上，我喜极而泣，连我的教练都紧紧拥抱着我，流下了眼泪。

我打开如柳的网页，“荔枝姐”的文字和形象高居首位，整个页面被美工做得温暖生动，无数条留言刷新着页面，很多陪伴我一路走来的网友，都在和我一起期待着一个对于我来说别具意义的历史时刻的到来。

我登陆了“荔枝姐”的 ID，这是我在爱上这个名字之后特意注册的。我在置顶日记贴里留言：我终于达标了！

点击，发送。

近五个月的时间如电影般在我面前闪回，离婚，失业，遇到闻远樵，决意减肥，无数餐的隐忍，无数次的流汗，无数人的鼓励，无数人的陪伴，如今，我终于完成了我和闻远樵的约定，成为一个身材匀称、体重标准的女人。

我习惯性地刷新了一下页面，我发现短短一分钟时间，已经多了五六条祝贺的留言，有关注我的普通网友，有我们的老顾客，有如柳店里的员工……

"马姐！祝贺你！"教练室的门开了，一大堆姐妹跑进练习室跟我拥抱，走在队伍最后面的是手捧着一大束代表着胜利和荣誉的葵百合的闻远樵。

"祝贺你！"

我接过闻远樵手中的百合，员工们都鼓起掌来。闻远樵微笑着望着我："盛典三天后就要开始了。"

我也微笑着望着他："幸亏我不辱使命。"

腊月二十那天，闻远樵为我举行的"荔枝姐的曼妙人生"盛大结业典礼如期举行。

典礼的地点在本市的一家五星级会馆。闻远樵坚持要给我一个惊喜，除了提前试礼服外，典礼的任何细节他都没有向我透露。我知道，这场典礼对于如柳来说，无异于一次轰轰烈烈的广告；而对于我个人也有着巨大的意义，因为这几个月的修炼，已经让我成为一个完全不同的马拉。

虽然典礼要到下午才开始，但中午就有很多慕名来看"荔枝姐"

的女孩儿和众多在如柳购买了瘦身疗程的消费者来到会场。闻远樵特意为在场的来宾准备了瘦身餐点和咖啡饮料，大家聚在一起，谈论着她们口中的传奇人物。为了达到更好的宣传效果，闻远樵还请来了不少媒体，不光是网站，还有报社记者。看来，我已经在某种程度上成为话题女王，闻远樵的宣传创意在商业运营和品牌打造上都获得了巨大的成功。

我其实比她们到得更早，到现场为我特别安排的试装间后，我习惯性地称了一下体重：49 公斤。比我的标准体重略轻了一些，大概是这几天准备这场活动，有些累到了。我掏出几粒杏仁，放入口中。

化妆师比我到得略晚些，等她到达后，我们正式开始准备工作。我的第一件礼服特别选择了中国风情的改良旗袍，合身的裁剪正好衬托出优雅的曲线，纱质外罩则让这款礼服多了些端庄的性感，摇曳又多情。化妆师跟我沟通后，为我配了全套珍珠饰品，又将我的长发夹卷，蓬松地披在肩上，多了几分复古的柔情。

此刻的我站在镜子前，镜子里的女人妆容精致，神色优雅。深棕色的眉粉描画出恰到好处的弧度，浓色眼线服帖地勾勒出华丽典雅的眼妆，顾盼间眉目生辉。我脸上的色斑已经淡了很多，残存的痕迹被遮瑕膏盖住，几不可辨，取而代之的是珠晖莹润的液状腮红，饱满的唇上涂了葡萄酒色的芳醇唇彩，颈下的锁骨和背上呼之欲出的蝴蝶骨呼应，此刻的我真的已经蜕变为一个美女了。

更重要的是我的心。

在我的心里，也许再不会为了一个男人而患得患失，再不会为了一件事而放弃其他。我知道，在这个世界上，比起一个男人和一段婚姻，有更多更重要的事情值得我去努力。

当我走上舞台的时候，闪耀的灯光让人目眩神迷，背后的大屏幕放着闻远樵为我剪辑的视频精彩回放，掌声如潮水般响起。闻柳子跑到我面前，将一大捧美丽的粉色郁金香送到我手中。

闻远樵站在台下，微笑地望着我。

主持人将话筒交到我的手中，我看着台下的闪光灯，稳定了一下自己的情绪。

“大家好，我是荔枝姐。”

我的同事们和自发而来的网友一起鼓掌，我笑着对大家挥了挥手。

“此刻我站在这里，正像你们看到的那样，已经是一个完全不同的女人了。我用汗水和努力告诉大家，一个人可以变美，无论是外表还是内涵。

“和很多人一样，我曾经自卑，忧伤，无法释怀却又难以下定决心，被困在一种固有的生活里无法自拔，感觉到不满却不知道该如何做出改善。是如柳让我从减掉赘肉开始，把那些困扰我已久的坏毛病都一起减掉——自卑、懒惰、懦弱、封闭。我改变了自己的外表，也走出了自己心里的困局。

“也许大家也曾有过这样的困扰吧，付出了却没有回报，忍了今天又有明天，一天一天没有希望。这就和我在瘦身过程中所遇到的那些问题一样，很多时候单纯地去坚持，去忍耐，也未必就是最好的办法。我们要找出症结所在，找到最适合自己的道路，找到出口，再坚韧不拔地走下去，这就能指向成功。如果你也想改变自己，那么请来如柳，和荔枝姐一起享受美丽的喜悦吧！”

待我讲完，主持人请上了闻远樵。

他站在我面前，一身黑色礼服，俊逸不凡。员工们都在起哄："抱一个！抱一个！"闻远樵向我张开双手，我大方地迎上去，给了彼此一个礼节性的拥抱。

"马拉，首先我要祝贺你，在如柳成功地改变了自己。这份成功是和你自己的努力，还有大家的支持分不开的。在如柳的几个月，我看到了你正直坚毅的一面，也更了解了你的平和亲切。你的坚持和亲切为公司迎来了大量客户，也应该为你带来一个更好的平台。今天我要送给你一份礼物……"闻远樵说着，让礼仪小姐端来一个红盘，红盘里是一封聘书。

"在我们全体员工的努力下，我们在雪莲路成功开设了如柳的分店，现在我聘请马拉女士为如柳分店的常务经理。希望有更多的爱美女士在荔枝姐的带领下一起奔向美丽！"

我惊讶地看着眼前的闻远樵，他则带着微笑看着我。我没有想到，在这样的场合，他会送给我如此大的一份厚礼，我不知是该推辞还是接受。

"马拉，你可以的！"闻远樵低声鼓励着。

终于，我伸手接过了聘书，台下又响起一片掌声。

庆祝酒会上，闻远樵给我引见了一些记者和圈子里的人物。他是在看到角落里的罗以忱才停下来的："马拉，去打个招呼？"

我咬了咬唇，向罗以忱走去。

"马拉，祝贺你，而且，今天你真的很令人惊艳。"罗以忱的眼睛亮晶晶的，那是我很久都不曾从他眼中看到的神采了。

"嗯，谢谢。"我举了举酒杯，两只杯子叮地碰在一起。

闻远樵也走过来："罗先生，你也来马拉的发布会了？"

罗以忱眼中的光彩略为暗淡："是啊闻先生，多谢你照顾马拉。"

我对罗以忱的话颇为诧异，闻远樵照顾我，需要他来表达谢意吗？我们正有一搭没一搭，一个男中音响起来："罗先生……"我们一起回头，瞬间，我看到了一个男人。

我小时候久居江南，我妈经常在江边对砧捣衣，旁边的小收音机里会播放着越剧小百花的迤逦唱腔。我最为熟悉和喜爱的，还是那一曲《天上掉下个林妹妹》。尤其是对最后一句"眼前分明是外来客，心底仿似旧时友"颇有感触。

走到罗以忱面前的那个男人，就如同歌里唱到的，我确信我从未见过这个男子，却如此恍若熟人。他的长相属于"实力派"，眼睛不大却仿佛含着丰富的内容，一张脸看起来似笑非笑，耐人寻味。他的眉眼，他的神采，是否真的从未相见？又是否曾出现在我的梦里？

"哦，马拉，我来给你介绍一下，这位是池先生。池先生，这位就是给您提供酒吧街创意的马拉。"

"哦，池先生……"我忽然想到一个问题，"您这是弓长池还是立早迟？"问完了我就想把自己的舌头吞下去，完了，一定给这位在我心中与之一见如故的池先生留下了目不识丁的印象。

他却笑了起来："马小姐真幽默，我是姓水也池的。多谢马小姐一番指点，解决了我们定位的大问题。"这男人虽然据罗以忱说一直居住南方，但我一定在哪里见过。

听他这样说我急忙摇头："那个创意不是我想出来的，是我们闻总的点子，我可不敢掠美。"

闻远樵听了，却也摇摇头："要说这个点子啊，我也不敢掠美，真正的版权人，应该是向南。”

“我说我这怎么直打喷嚏呢，原来是你们俩在这儿念叨我呢。”池向南走过来。当我回头看到池向南的脸时，瞬间就明白我跟那位池先生哪里是什么一见如故，原来，他与池向南如此形似神似无敌似。

当池向南跟那位池先生打了个照面后，彼此都有瞬间的愣神。我轻声问罗以忱：“这池先生是不是池向南的亲戚啊？长这么像，这姓也不普遍，同姓的也不多见，这池先生叫什么？”

“我哪儿知道他叫什么啊？他就听说给他提创意的是你，想趁今天来认识认识，我就给带来了啊……”

正嘀咕着，还是闻远樵介绍道：“这是马拉的朋友，池向南。”

向南被眼前的男人看得有些不自在，微耸了耸肩，伸出手来：“你好，池向南。”

池先生浓眉蹙起：“哦……你好，池向北。”

池向南，池向北。

听听这俩名字，再看看这两张脸，我确定一定以及肯定，他们俩的关系非同寻常。但他们似乎并不认识彼此，只是对对方的身份都有着一定的揣测。

池向南向我表达了祝贺，但其间她的眼神总是有意无意地飘忽不定，看起来就心不在焉。

“马拉，你们先聊，以前的朋友过来祝贺新店开业，我和向南去接待一下。”闻远樵说着，已经向那边走过来的圈里朋友寒暄上了，池向南朝我挥了挥手，跟着闻远樵离开了。

有客户要咨询签单，打算在我们雪莲路的如柳新店订购瘦身疗程，我必须去接待。我对池向北说了抱歉，正要失陪，池向北递过来一张名片：“马小姐，这是我的联系电话，能不能给我张您的名片，我会再跟您联络的。”

我微笑了一下，递过闻远樵为我上任准备的店长名片：“还希望您给我们的新店多做宣传，我们店还有高端美容护肤服务，有时间可以带您夫人来店里，我们请您免费体验。”

他摇了摇头：“我还没成家。”

“哦，那也没关系，您的女朋友啦，身边的追求完美的女士，都欢迎到我们店里来玩，只要是您介绍来的，一律八折。”我笑着对他说。

“马小姐真会做生意。”

“哪里哪里……那我就先失陪了。”跟池向北告辞，罗以忱还想说什么，我礼貌而疏离地对他微笑着点了点头，就去接待我的客户了。

因为新店一切还没有理顺，我又是全权负责人，晚上到家的时候，已经超过11点钟了。让我惊讶的是，罗以忱还没有睡，坐在沙发上有一搭无一搭地看着电视。

他闲暇的时候没有争分夺秒地玩电脑游戏，而是在这里看肥皂剧，真是让我莫名惊诧：“网络欠费了？不能上了？”我只想到这一种可能。

“没有，忽然想明白很多事，就不想玩了。”他的声音有些大彻大悟。

“啊？”我没听懂他的意思。

罗以忱望向我：“我打的那些游戏，运营商都很聪明啊。只要开始了，就会想要不停地赚金币，升级涨经验，做任务打怪……让人点灯熬油，费心费力。会让一起玩的人攀比级别的高低，讨论更快的升级方法，却忘了最初进入这款游戏的目的，不过是想寻找开心和快乐。”

“至于吗，一个游戏你爱玩就玩，不爱玩就算，还用得着想这么多……”我可是累得不轻，没力气去琢磨他这段话里的潜台词。

“就像婚姻一样。”他吐出这么一句，我登时就顿住了。只要开始了，就会不停地努力赚钱，买房子买车，保位子生孩子……让人点灯熬油，费心费力。同龄人攀比物质的多寡，讨论更快的赚钱方法，却忘了最初进入婚姻的目的，不过是因为爱情……

良久，我才低声问他：“你用不用卫生间？不用我就去洗澡了。”我通知了他一声，正要进屋，罗以忱却叫住我。

“马拉……”

“什么？”

“嗯……祝贺你。”他欲言又止。

“哦，谢谢。对了，你白天不是跟我说过了吗？”

“坐下聊聊好吗？有事情跟你说。”他终于要说正题了。我走过去，在沙发的另一端坐下来。这些日子在准备庆典，也生怕不能在规定的日子前到达目标，所以弦绷得比较紧，这一松下来，我浑身就像散架了一样。

“我今天发现，你还是挺会做生意拉主顾的呢。”罗以忱见我捶着脖子，将一杯水递到我面前。

“谢谢。”我有点儿受宠若惊。往常都是我倒水给他喝，今天他这一殷勤备至，我还有点儿不习惯呢。

“我今天听了你说的话，很有感触。你说我们总是被困在一种固有的生活里无法自拔，感觉到不满却不知道该如何做出改善。我觉得我也曾有过这样的感觉，甚至我们的婚姻，其实就是个囚徒一般的困境。义无反顾地走下去，还是斩钉截铁地停下来，我也想了很久。其实，这些话，我早该对你说的，我应该早一点儿建议你回归社会；早点儿对你讲宝宝是讲缘分的，不要太过刻意地强求；早点儿跟你说注意点儿你自己的外在形象，不要太过随心所欲。我也应该早一点儿听你说说你所想的一切，我应该早一点儿体会做家务的艰辛和你的不易……可是我没有说，我选择了沉默，在沉默中越来越失望，越来越无奈，终于走到了离婚的地步。我想也许我们应该像你说的，给彼此去找一个正确的出口，然后再一起走走试试……马拉，你在听我说吗？睡着了？”

我没有睡着，只是他的话让我心里很乱。我知道他说的都是事实，但我不知道该如何对他的表白做出回应。

罗以忱轻轻地走过来，将一条毯子搭在我身上。他起身的时候，我听到了一声几不可闻的叹息。

# 第七章　瘦田无人耕，耕开有人争

现代人结婚，需要付出高昂的成本。百万级的房子买到手时，连墙面地面都是裸的，装修、家具家电也是一笔重头开支。人们一边抱怨交通越来越拥堵，却一边觉得私家车是必不可少的。华丽的婚车婚庆，上千元一桌的酒席，单价上百的烟酒，让百姓级别的人家收的礼金也就勉强打个持平，知名景点的蜜月旅行，为结婚而准备购置的衣装、首饰，几万块钱的预算都不一定能打住。如果之后立刻准备要孩子，又要准备孕育基金、生育基金、养育基金、教育基金，而如我这样倒霉的，还得准备不育基金。于是，结婚的过程虽然甜蜜风光华丽热闹，却越来越与爱情本身无关，而往往成为举两个家庭之力，如老鸟为小鸟筑巢般搭建一个安乐窝，甚或是小鸟与爱鸟鸠占鹊巢，把老鸟挤出巢去。有的小窝是搭成了，却不甚安乐，因为窝离老鸟的巢穴太近，夫妻、婆媳、翁婿之间，又常会因为谁家多出谁家少出，攀比之间多出许多嫌隙。

结婚成本高昂，却并没有让我们这一代年轻人停下前赴后继走向离婚办事处的脚步。而与过去一个媒人一说和时代、一个领导一介绍时代、两床被子搬一起就算结婚的极简约时代促成的婚姻相比，我们这一代人以极尽折腾的方式结了婚，婚姻的稳定性却没有随着结婚的成本而稳定上升。

当初罗以忱向我求婚时说，为构建和谐社会降低离婚率，听说结婚登记要涨价了，趁现在还便宜，我请你。于是我就拿着从家里盗来的户口本跟着他走进了婚姻登记处。我始终认为，我们应该属于时下流行的裸婚。但我没想到我们处置这套房产却如此费尽周章，以至于在政府部门提倡高效率为人民服务的时期，我们只用了20分钟就把婚否一栏从“已”变成了“离”，却在离婚后小半年的时间里，还没把夫妻共同财产交割干净。

在我们刚挂这套房源的时候，其实也是有机会出手的，但我们只有这一套房子，总是在签约的最后时候不是他后撤，就是我哆嗦，所以一直没有能卖掉。而现在，中介们也都疲沓了，更何况市场弥漫着浓厚的观望气氛，没有利好消息的刺激，买主们通常都比我们还爱哆嗦，更多的情况是，当我们同意让价之后，他们又表示要回去再商量。

房子越挂，我就越没有信心，偶尔有房虫子找上门来，说立刻可以跟我们办理手续，房款也一次性付清，但他出的价格低于市场几十万，纯粹就是来趁火打劫的。在我对这套房子的交易已经抱着“随它去吧”的心态时，上次那个十分嘴碎的小中介兴奋地告诉我，有个买家很有诚意，非常靠谱。

我之所以结交到这个小中介，是因为我一时心软，把那对夫妻想要跳单的事情，告诉了小中介。小中介十分感动，并说了一大堆“马姐真是好人”之类的话。他说他是大专毕业生，想从干房产中介开始实现自己的梦想，但他却选了二手房中介最不好干的时期进入了这个行业，签单率很低，碰到这样想跳单的客户就更为无奈。“马姐，你放心，我一定把你的房给卖出去，还得卖到你满意的价格!”看来，他说到做到，还真上心了。

小中介这次带来的是一对不超过25岁的年轻夫妇，跟其他想买房子的人不同，他们两口子进来后没有挑房子的毛病，而是直接开始了对未来的规划。

“老公！快来看这个大落地窗！将来我要在这里放上一把藤萝摇椅，就是蛋形的那种，晒着暖融融的阳光，喝着咖啡，多美！”

“嗯，老婆，你看这个厅的开间也大，我们在这里摆懒人沙发，然后窝在一起看碟！”

“老公你看，餐厅和客厅中间这里，我们可以打一个小吧台，到时候一起坐着喝点儿东西聊聊天，好浪漫！就买我们上次看到的那个南瓜灯和黑丝铁艺马车形酒瓶架，挂在这面墙上。”

“孩子那间不要直接刷粉色或者蓝色好吧？我考虑是刷极淡的那种绿色，将来男孩儿女孩儿都会喜欢。”

“对对对，就直接买那套淡绿色的儿童家具……”

我和罗以忱开始的时候差点儿以为我们进错屋了，是我们俩来到人家小两口的家参观他们的装修设计来了，但后来，我的眼睛慢慢地变得潮湿。这两个人是为了爱才像燕子衔泥似的来打造他们的家的，当初我和罗以忱买房的时候，是否也怀了这样的心情呢？

小中介一个劲儿地夸这个房子这里好那里好，还不时冲我使眼色让我临时跳价。趁小两口到处设计房间的时候，小中介轻轻拉拉我的手：“姐姐，这两口子是冲动型的，你一会儿给他报高点儿价，不行再给他让，今天估计就能签约。”

我点点头，罗以忱也一脸严阵以待。

小中介对那颇为热情的小两口道：“这个小区可是新小区，绝对属于新房现房级别的，比刚开盘的一手房都还有优势。你们想，这么好的小区，这么好的房型，楼层朝向都理想，谁舍得卖呀？要不是这姐姐做生意急于用钱投资，可舍不得割肉。这小区一般不出房，出房就都抢得厉害，上午看好就得签，当机立断，否则下午这房就得卖了。”

我向来不善于说谎，也只好不置可否地站在一边看着。

“老公！”女孩子有些惴惴地看着男孩儿，好像生怕不着急签合同，房子就会飞走了似的。

男孩儿拍了拍女孩儿的手，然后故作老练地问道：“房子还行，价格还有没有商量？”

我刚要说话，小中介应道：“姐姐，我看他们俩心挺诚，你看你就降几万，110 万能卖不？”

我吓了一跳，这哪里是降几万，比我的挂牌价都还要高 5 万块，我刚想同意，罗以忱却道：“115 万没商量。”他的话一出，无论是我还是小中介，抑或是那对小情侣，都被吓了一跳。

那对小情侣互相看了一眼，男孩儿跟小中介说：“我们回去再考虑考虑吧。”

送走小中介，我关上门：“罗以忱，你什么意思啊？”

“这房子有我一半呢，我也有资格发表意见吧？再说他们要是诚心想买，不会差这几万块钱的。”他扔下这句话，进屋去了。

我正生气地站在原地，一个电话打了进来。

“喂，请问是马女士吗？您好，我们是爱心家园中介，我代表我们公司预祝您春节愉快！请问您在温馨家园的房子卖出去了吗？”

“快了，已经有有意向的买主了。”

“哦，恭喜您，您方便告诉我是哪家中介帮您代理的吗？”

“安居中介。”

“哦，您方便告诉我一下您的售价吗?”

“115 万。”

“哦，是这样的，我们这边给您找了一个客户，是从国外回来的，就指名要买温馨家园的房子，我们就帮您推荐了。买主下午想去您家看房，我们给他的报价是 120 万，您看您方便让他看一下吗?”

这真是瘦田无人耕，耕开有人争。我不禁开始佩服罗以忱的沉稳了，如果刚才跟小中介去签了三方合同，那就白白损失了 10 万块钱，我父母积攒了一辈子的血汗钱就再一次轻易地消失不见了。我急忙应下：“好好好，我们都在家，随时可以看房。”

“好的，我们大概 10 分钟后到您的房子。”

我敲开罗以忱的房门，告诉他有一拨看房的一会儿会来：“说是从国外回来，大概不了解市场，中介给报了 120 万。”

罗以忱皱了一下眉头：“咱自己都没报过 120 万呢……”

“谁知道，大概他们想多收点儿中介费呗。”我也想不通，就在我们俩还没有想明白的时候，门铃按响了。

我打开门，门口站着四个人，其中两个一看装束就是房产经纪，另外两个穿着便装，但看起来也相当年轻。

“来，咱们先看看房吧。”中介宾至如归地招呼着，“这边是厨房，灶台设在阳台，便于走烟。卫生间有个对外的窗户，不用安排风扇不说，采光和通风都没问题。明厅落地窗，双卧朝阳，这房型没挑了。”

那俩买主跟在中介后头听着，等不大的屋子转完，男的开口了：“房型缺陷还是很明显的，客厅餐厅合在一起的，看起来大，其实功能区分后就小多了；客厅的窗户西晒，夏天会非常难过；双卧朝阳，房间就不通透，一定很热；卫生间不是干湿分离的……”

他说得头头是道，我们这套房子的所有毛病一下无法遁形。

“虽然说有这么多问题，但这房型确实是好，格局好布置。这样吧，我跟中介谈谈价，一会儿跟你们聊。”

我有些惴惴，罗以忱也直咬嘴唇。我甚至想，如果他给的价太低，那我就干脆给刚才那小中介打电话，跟那对小夫妻签了。

过了一会儿，中介走出来：“姐姐，对方就划了两万块钱。”

“两万？那不就是 118 万？”我一阵激动，去掉 1%的代理费，我们还能拿到 116 万多，比当初预想的还要多些。

“那你们就是同意了？”

罗以忱还没表态，我便点点头：“行，签吧。”

中介点头道：“行，今天下午去我们门店签合同，您带着房本和身份证，咱到那儿就签！”

刚送走这拨中介，我就接到了刚才那小中介的电话，他的语气有些着急：“姐姐，我可是看你诚心想卖房，还看你人实诚，才给你带这俩客户的。这大年根儿底下，根本都没人买房子，这政策我研究了，明年开春房价怎么样还不好说呢，能签您赶快就跟他签，110 万绝对已经在当前的市场里不低了。”

我本想告诉小中介刚才又有人给到了 118 万，但想想又觉得不好，只好说：“我家那位性子倔，认准的事情谁也说不通。”

“今天这俩买主我肯定不会让他们走的，如果你不来跟我们签，我们就带他们看别的房源了，我也一定要让他们签了房子。姐姐你看吧，我是觉得这样的市场状况下，能有这么好的买主，你不应该改主意。”

“谢谢你了小伙子，我想还是算了吧……”既然已经有了出价更高的买主，我也就不再跟他纠缠了。我找出了房本和身份证，准备在下午和罗以忱去签卖房合同。

罗以忱坐在沙发上一言不发，愣愣地看着吸顶灯。我走过去坐在他身边：“中午去庆祝庆祝，真没想到咱能卖这么高的价格。”

“这么高兴啊？都没有一点儿舍不得？”他的声音有些沙哑。

我被他一问，心里像被一根刺扎了一下。当初买这套房子时候的所有点滴都出现在我的眼前。

“走吧。”他站起来，伸向房本的手居然有些微颤，但他却义无反顾地拿起房本，“卖给这个人蛮划算的，我希望这个房子可以多给你带来些保障。”

为了庆祝我们找到这样一个财大气粗的买主，我和罗以忱的中午大餐安排在辣呛成都老油火锅店。我的体重已经到了保持期，除了晚餐忌讳比较多，白天的时候，我可以适当享受一些美食了。即使如此，我还是点了一些金针菇、蔬菜之类的，还坚持只用清汤锅涮。

罗以忱点了扎啤：“陪我喝点儿吧。”我点了点头，端起酒杯：“为我们做成这笔大生意，给我们各自的财产添砖加瓦，干杯!”

我喝了一大口，罗以忱则干脆把一杯都倒进了肚子。

“为我们温馨家园卖了个好价钱干杯!”罗以忱自说自话，又将一杯扎啤倒入肚中。

“你慢点儿喝!”我劝道。下午还得跟人家归国华侨签合同呢，我们要是醉醺醺地出现在签约现场是否会涉嫌有辱国体？

“为我们成功解决了最后一笔共同财产干杯!”他说着又端起一扎，眼睛一闭倒进肚中。

三杯下肚，他打了个酒嗝，然后抬起眼睛看着我。我有些无奈地看着他，罗以忱，要告别温馨家园了，我们彼此是否都切切实实地感觉到，这一次是真的走到头了呢。

“之后你去哪儿住啊?”他问。

“新店那边忙，我先在店里住一阵，然后在附近找个房子，租也好。如果房价合适的话，可能贷款买一套。”

“也是，闻先生会帮你的，我也不用操太多心。”他又端起酒杯。我伸手按住了他的杯子：“别喝了，下午还有正事。”

他放下杯子：“以后就各过各的了，保重!”

其实，在离婚之后我哭过很多次，但只有这一次是当着罗以忱的面放肆地流泪。吵架也好，冷战也好，甚至领了离婚证出来的那个阳光灿烂的日子，罗以忱向我报备了一句，他不回家吃饭，要我不用给他留门，我都没有这样哭。

留门，多么温暖的一个词！我有些明白为什么现在这么多女孩子结婚必须要有房子，因为房门，台灯，晚餐，这几个元素结合在一起，构成了一个多么典型的“家”。温馨家园在，我们的爱情就算死了，也总还有个葬身之地，但如今物是人非，这段感情让我们无处凭吊。

直到此时，我才真真正正地感觉到，我们离婚了，我们的家散了，我们的爱死了。

喝到后来，我和罗以忱都醉了，但即使如此，当我们俩一起回到温馨家园时，我还特意把手机放在枕边，时刻准备接听中介打来的签订协议的电话。

下午三点多的时候，中介果然来电话了，但不是华侨的代言人，而是那个碎嘴小中介："马姐，我是真为您着急马姐，那两口子还是喜欢你们家房子啊马姐！我带他们看别的他们也相中了，就要签那套了，但我看得出来，他们还是更喜欢你们家房子啊马姐！我也更希望他们跟你签啊马姐，千万别错过机会啊马姐！"

"小伙子，我不跟你说了嘛，我家那位脾气倔，我也说不动他。你就让那小两口买别人房子吧，对了，替我跟他们说一声，祝他们幸福。"酒这个东西真是不能多喝，我感觉头很痛，很瞌睡，我挂掉电话，倒在沙发上继续睡。

当我再次醒来的时候，天已经快要黑了。我又闭了会儿眼睛，但忽然，我像触电似的坐了起来。

可不得了，这一觉 100 万上下，我那归国华侨怎么样了？要联系不上我可怎么办？我立刻拨通了对方中介的电话："喂？哎，哎您好，我是马姐，温馨家园那业主，我问您一下啊，那个要跟我们签合同的华侨准备好了吗？哦……哦……哦明天？行行行，好的……"

"他们怎么说？"罗以忱问道。

"哦，说那华侨很喜欢咱们那房子，但现在他手里的钱都是美金，去给咱换成人民币才能交定金啊，但今天取不出来了，按程序得明天才能签了。"我放下手机。

"这事靠谱吗？我怎么觉得哪儿不对劲啊？"罗以忱搔搔头发。

"靠谱吧？除了价高点儿，哪儿也没破绽啊？"我回忆着每一个细节，虽然对方提出了不少房子的毛病，但褒贬是买家，而且他们也确实懂房子，好像只是对价格不太了解。"管他呢，明天一早不就知道了？"

第二天一整天，我的手机都处于待机状态，又或者说，我整个人都处于待机状态，一有电话短信我就一激灵，生怕把百万级别的财神爷给吓跑，但直到晚上我才接到了中介的电话。

"请问，是马姐吗？"对方的声音有些心虚。

"是的，您是来跟我联系签合同的？"

"对不起，合同恐怕又要改期了，买方没有国内身份证，现在正把护照快递过来……"

我的心里隐隐有了一丝担心："你跟我说实话，这个华侨到底有没有诚意买这个房子？"

"很有诚意的。"

"他把护照号码填了，我不一定要看原件的，先交两万块定金，否则我这就跟别人签了。"

对方沉默了一阵，忽然说："您要是有合适的，也别耽误了，跟别人签也行。"

我的心猛地一沉，我知道，这笔生意没希望了。

当我挂掉电话再打给碎嘴小中介时，小中介一听就告诉我："马姐，你上当了马姐！他们是听说你要签约，故意搅局的。你这房子也挂这么长时间了，这个市场是什么价位你心里也应该有数，他们应该是自己找人冒充的客户，就为了让我们公司做不成这笔生意，而他们也好多一个房源机会。”

“那……那怎么办？那小两口签合同了吗？”我有些着急。

“嗯，当天就签了。说句实话马姐，那回你帮我一回我心里很感动，我就特别想把你这笔生意做成。现在本来年根儿底下就没有人会买房了，那天碰上那俩客户是真的太不容易了，我第一个就想到要帮姐姐把房卖了，可是……唉，没缘分啊！姐姐你应该再信任我一点儿，如果你那天告诉我是这样的事情，我就不会让你等他们了！”

我感觉脸上有些发烧，是的，是贪欲，也是一种不信任，我没有把实话告诉这个小中介：“小伙子，你就再帮姐费费心吧。”

“马姐，我不干了马姐。我这就回家过年了，过年后我就在老家不过来了，这边房子太贵，生活也不容易，大城市就是再好，又跟我有什么关系呢？爸妈都在老家呢，我回家就说媳妇了，陪他们在老家，就不出来了。马姐，我跟你说实话，我感觉这边人挺难处的，嘴里都没个实话，不像在我老家，个个有一说一，我还是想回去过单纯一点儿的生活……马姐，我认识你我挺开心的，其实我干中介这么长时间，跳单的我见得多了，你是唯一一个主动告诉我的。你是好人，好人会有好报的……”

挂掉小中介的电话，我脑海里出现了一句话，谁说这世道骗子太多，傻子明显不够用了？

当我确认所谓的华侨买房彻底没戏之后，罗以忱反而好像长出一口气一般，显得还挺开心。而我除了最初的时间有一些沮丧之外，很快就将这件事扔到脑后了。新店开业的事情其实并没有那么紧急，因为毕竟新年就快要到了，我之所以这样忙着新店开业的事情，也是为了排遣这个春节无法安放的寂寞。

我今年没有跟罗以忱回他的家，他却在除夕的早上告诉我他也不回家过年了。不光是今年他继母的孩子回家过年，他自己回去感觉无聊，还因为他告诉他爸今年陪我回娘家过年。

“你打算怎么过?”他问我。

“我早上先去店里，整理下客户资料，给客户打拜年电话，闻远樵跟我说晚上……”闻远樵告诉我，本来除夕当天是法定假日，但我还自觉加班，很是辛苦。我笑着跟他说，反正我也无处可去，于是闻远樵便邀请我去他家，被我婉言谢绝了。很多人，包括罗以忱，都对我说要我珍惜闻远樵，只有我知道，闻远樵对我或者有欣赏，但他一直没有对我表露出任何的爱慕之情。

罗以忱的手机响了，看到屏幕的时候，我发现他有一丝迟疑，而后他按下了接听键：“喂？嗯……嗯……嗯，也祝你新年快乐。呵呵……今天啊？行……”

罗以忱挂掉电话：“我还有事，先走了。”

从安小姐打到左女士，我按姓氏拼音顺序，打完了存在电脑里的客户资料。我抬头的时候，才发现天已经快要黑了。我关上电脑，鞭炮声在远处噼噼啪啪地响，恍若催人归家的叮咛。

我想了想，拨通了罗以忱的手机，手机中传来陈楚生清澈的声音：有没有人曾告诉你，我很爱你，有没有人曾在你日记里哭泣，有没有人曾告诉你我很在意，在意这座城市的距离……

一段副歌唱完，居然还没有人接听，我等得正要挂断的时候，一个轻柔的女声传来："喂？"

"嗯……罗以忱呢？"我确定我没有拨错那个我记得滚瓜烂熟的号码。

"他睡了。"声音低而柔美，虽然背景嘈杂，虽然她刻意压抑，但我还是听出她，是黄莹莹。"请问，有事吗？"她的语气像罗以忱理所当然的代言人。

"没有，祝他新年快乐……也祝你新年快乐。"我挂掉了电话。

在我发愣的时候，电话忽然响了起来，我按下接通键："喂？"

"喂……马小姐吗？是我，池向北。"

除夕，中国人最为重视的传统佳节，已经越来越多地沾染了大都市浮躁的气息，旧日炸丸子、蒸馒头、包饺子、阖家守岁才算过年的习俗虽然还影响深远，但越来越多的人选择在除夕夜走出家门。我并不认为这些人完全是为了赶时髦，而更多的是因为身在异乡为异客，与很多孤独的人一起狂欢，才显得自己不那么荒芜。

比如池向北，比如我。

他打给我，告诉我他今天每隔一小时拨一次我的电话，却一直占线。我告诉他那是因为我在给客户拜年，然后我祝他春节愉快，阖家欢乐。他笑着说，我一个人幸福就阖家欢乐了。

而此刻，我坐在约瑟夫大厅的一个靠窗座位，我对面坐着的是池向北。

第一次见到罗以忱在舞台上唱歌的时候，我定然想不到十年之后的除夕，我和罗以忱居然还生活在同一个城市，却分别陪在一个陌生人左右。

“我喜欢中餐，你呢?”池向北问道。

“一样。”我答，其实就像池向南说的，过年并不取决于吃什么，而取决于跟谁在一起。像我这样过年，任谁都会觉得有些空虚，有些寂寞，有些冷。

我没有想到，只有两个人，暴发户池向北却点了一堆菜，而且大部分都是南方菜。当看到满满一碗全家福端上桌的时候，我的眼睛湿润了。我想起小时候，每到过年，我妈就炸丸子、发炸肉皮之类的，年夜饭定然少不了这道全家福。那时候在奶奶家过年，男女老少 20 口人团团围坐，定然是这道全家福唱大压轴。

“我小时候每年过年吃一碗杂烩汤是一年中最开心的事情。”池向北笑得坦荡。他并不像其他有钱人般惺惺作态，反而如草原之鹰，率性潇洒，落拓不羁。比如这诸多美味汇聚的一碗，他竟然称之为杂烩汤，却没有任何暴殄天物的违和感，反而如邻家哥哥般让人觉得亲切随性。

“杂烩汤？我们家乡叫全家福。我小时候在奶奶家，全家 20 口一起过年，中间就摆着这样一碗。”其实，在广大的南方地区，大年夜是不会包饺子的，看着春节联欢晚会演的煮饺子之类的节目，我心底总会升起“被代表”的感觉。在我的家乡，过年要包汤圆，打年糕，但祭祖、祈祷粮食富足之类的传统都不会少。在我印象中，还是年少时奶奶家的春节因期待和准备而更有年的气息，而不像现在的年这般方便而苍白。

“这道汤味道不错，只是猪皮有点儿老，肉圆稍微有些硬了，菜也生了点儿，火候欠点儿。”看不出他对饮食倒颇讲究。

“有吗?”我喝了一口，只觉已经非常美味，尝不出池向北说的那么多门道，“看不出，你对吃的还蛮有研究的嘛!”

他笑了一下：“你还真说对了，我对这道菜还真格外喜欢。只是虽然我喜欢这道汤的味道，但我不喜欢全家福这个名字。我小时候过年，一共10个孩子在一起，每人发一个鸡蛋，五块糖，一把花生，一把瓜子，晚餐有一小碗红烧肉，每人一碗杂烩汤。”

“你家兄弟姐妹这么多吗?”我有些诧异，他比我大不了几岁，怎么生活在这么大的家庭里呢?

“福利院。”他看似不经意地吐出三个字，我的心轻轻一抽，他不知道，在他说出这三个字时一闪而过的蹙着眉头的样子，让人不由自主地为他心疼。“那都是很久以前的事了。对了，上次项目创意的事情，真的要多谢你。我的公司以前在南方都是做住宅项目的，这次是第一次来北方，又是第一次做商业地产，这次要不是这个点子，我都不知道要怎么收场。除了为了向你给我的项目提出的创意表示感谢，我今天还要求你帮我一件事情。”他认真地看着我，眼神里写满期待。

我的与生俱来的豪爽脾气和无法释放的天然母性光辉立刻大放异彩，我差点连听都没听他要求我帮什么忙就要点头答应了。

他之前本来一直动作挥洒大而化之，此刻却小心翼翼地掏出脖子上戴的鸡心形小金盒，轻轻一按机关，盒盖便咔嗒一声摊开了，盒子里是一张泛黄的头像，一对年轻的璧人透过重重岁月，用一双澄澈见底的眼睛望着我。

“这是我的爸爸妈妈。”池向北唤着爸爸妈妈的时候，表情有些不自然，显然这极为亲近的名词对于他来说，是非常陌生的。而他那张与池向南类似的面孔，此刻却带着让我觉得陌生的神色，池向南永远是快乐奔放的，满嘴俏皮话，而眼前的这个男人，略带野性的气息里掺了一丝不易察觉的哀伤。

“我从小在福利院长大，我的小朋友们大部分都是身有残缺或难愈疾病的小孩，几个健全的孩子又大部分是女孩，像我这样没病没灾也被抛弃的男孩子，可以说绝无仅有。有好几次，都有好心人要领养我，甚至还有条件非常优越的外国夫妇，但都被我拒绝了，就是因为这张照片。院长告诉我，这是我被送来时我的包被里夹着的一张小小的照片，这就是我的父母。我拒绝任何人的收养，是因为我认为我的父母虽然把我送去福利院，但他们定有不得已的苦衷，既然给我留下了线索，那么终有一日，他们会认我回来。我就抱着这个信念等啊，等啊，一直到我 18 岁离开福利院，一直到我 20 岁参加工作，一直到 25 岁，唯一知道是谁把我送来福利院的老院长过世……都没有人来找过我。我的心也渐渐冷了，我以为他们把我忘了，或者已经双双不在人世了。因为这许多年过去，就是当时有再大的苦衷，再大的困难，也应该渡过了，如果他们还在，如果他们还想要找回我，又怎么会等到现在？没有任何根基又心灰意冷的我，对家庭不再抱有幻想，而是把心思全部投入到工作中去。我不断进修，刻苦练习，每次别人不愿干的苦活累活麻烦活，我都欣然接受；节假日我更怕孤独，所以往往都在加班。就这样，我的工作越干越好，成家的事情却给耽搁下来了……”

池向北的声音里饱含着被岁月浸泡的苦涩，我认真地听着他的讲述，在周围的喧嚣喜悦声中，旁若无人地听着一个男人的旧故事。

他一个人生活，直到一年前才接到了福利院几经辗转才联系到他的电话——他的父亲，照片上那个儒雅的男人，来福利院找他了。

当他与父亲团聚时，父亲已是个身患绝症的老人。他才知道这许多年，姑姑隐瞒了他在福利院的事实，他们父子一直生活在同一个城市，而他的父亲一直以为他已经死了。

就这样，池向北继承了父亲的公司，却在刚刚得到父爱后不久，就再次失去了它。虽然对于地产并不在行，但池向北还是趁着政策不错在南方赚了一笔。后来住宅的调控政策日趋严厉，他想到父亲临终时告诉他，他的妈妈是江滨市人，于是对商业地产业务并不熟悉的他冒险将公司业务的重点挪到江滨，来趁此机会找找妈妈。

"我妈妈叫徐玉兰，今年56岁。父亲已经找过她很多年，都没有找到，也许是改了名字，又或者，已经不再生活在这个城市了，但我想回来碰碰运气，我还年轻，只要我找下去，总会找到的。"

"你……是一直叫池向北吗?"我总觉得他和池向南有着某种渊源。

"对。我父亲对我说，他曾经跟我母亲商量好，只要有孩子，就叫池向北，是说我父亲的心永远向着北方，向着我妈妈的方向。"

"哦……那你……有没有兄弟姐妹?"

"没有，我是我父母的独子，我父亲说，当年他跟我妈在大学相识，他爱吹长笛，我妈妈喜欢跳舞，月光下，他吹她跳，两颗心就越来越近，可是还没有毕业，他们就有了我。20世纪80年代的人思想还比较保守，但妈妈舍不得我，冒险生下我。我被爸爸送回老家，交给老家的姑姑抚养。姑姑大我爸十几岁，对我视如己出。但姑父和姑姑感情不好，赌博输了钱，竟然把我卖给了人贩子。几经辗转，颠沛流离，我才被解救出来，送进了福利院。姑姑到处找不到我，便对父亲谎称我得病死了。父亲非常伤心，把这个消息告诉了母亲，母亲痛哭了一场，跟父亲分手了。”

“池先生，我有什么可以帮你的吗？”我真心想要帮他，在听完了他的身世之后，真正感动我的不仅是属于我们父母那个年代的一段唏嘘之恋，还有池向北的坎坷。

“叫我向北吧，叫个什么先生，听着怪生分的。我想跟你打听打听，上次那个池向南小姐……是你朋友？”果然，他也注意到了池向南。

“嗯，我们俩是闺密。”算起来，我和池向南也认识小半辈子了，“我觉得你和她样貌感觉都有相似的地方，我还在想你们俩是不是亲戚呢！”

“我见到她就有种亲切的感觉，我自己也这么想过，可她姓池不姓徐，就算是亲戚，难道是我父亲的亲戚？除了我妈妈，我父亲在这边没有认识人了。”

“这样吧，改天我帮你约她出来，你们见一见，你有什么疑惑，就直接问问她。”

“好。”

我和池向北边吃边聊，直到新年的钟声敲响。

无数璀璨的烟花照亮夜空，鞭炮声连成了一片。

“马拉，新年快乐！”池向北给杯子里倒了可乐，他对我解释说从小就最爱喝可乐，总想着只要每天都有喝不完的可乐，就是最幸福的日子了。每逢开车不能喝酒的日子，他就喝可乐。我想起罗以忱对他的形容——暴发户，不禁莞尔。

“新年快乐！”我手中的杯子迎过去，叮咚轻响，我们的距离无形中拉得很近。两杯苦中带甜的可乐交相辉映，我没有告诉池向北，虽然我不是暴发户，但我也最爱喝可乐来着。

酒店的歌舞表演热闹开始，穿着华服的拜年娃娃穿梭在桌间向客人讨红包，小丑骑着独轮车为每位客人送上酒店赠送的三鲜饺子。我给爸爸妈妈打了电话，紧接着，闻远樵、池向南和不少客户打来了拜年电话，我的手机短信更是响个不停。

手脚不停地忙了半天，才算把拜年的电话、信息处理得告一段落，抬起头，池向北正若有所思地望着我。我有些抱歉地一笑："不好意思，太多人找我……"

"我很羡慕你。"他的笑容里带着几丝落寞，"有这么多人可以惦记，有这么多人惦记着你。"

我这才注意到他一直静静地看着我，他的手机跟他一样安静地躺在桌上。在这个喧闹的夜里，这个男人落寞得让人心疼。

忽然，池向北的手机响了起来，他几乎吓了一跳，他伸手按下键钮，一条短信出现在他眼前。

"新年快乐！年年快乐！"他轻声呢喃，我微笑着看着他，这是唯一能送他的新年礼物。

我的手机也响了起来，我点开一看："马拉，谢谢你！"

三十多岁的我们像孩子一般玩着这小小的把戏，彼此相视而笑，池向北的杂烩汤和可乐，深深地烙在我的心里。

池向北送我回来的时候，已经超过凌晨一点钟了。

当池向北的 Q7 停在我家楼前的时候，我看见一个人正站在楼下。

“需要我送你上去吗?”池向北的提议没有那么多绅士的成分，倒有更多的江湖义气。

“哦……不用了。”我已经认出了那个人，于是我开了车门，“你慢些开。”看着池向北朝我挥挥手，将车子开出小区，我迎着罗以忱走去。

“闻远樵吗？怎么不过来打个招呼啊?”他声音慵懒。

“怎么站这儿呢?”我打开楼宇门，我几乎能感觉到不知道在楼下站了多久的罗以忱身上的一股寒气。

“我没带钥匙。”他低声道。

“这么粗心呢，你为什么不给我打电话？你为什么不去那边的超市等啊？这天多冷啊，零下十几度……”

“你在担心我?”他拦住我的话，同时，整个人也拦在我面前，从他口中呼出含着酒精的气息。

“我……”我忽然语塞，但此时我的耳边仿佛忽然响起黄小姐如脱骨扒鸡般酥软的声音：“他睡了。请问，有事吗?”

我推开罗以忱，打开房门，屋子里黑漆漆的，我一按墙上的壁灯，温暖的光亮瞬间铺满了客厅。

见罗以忱一连打了几个喷嚏，我走进卫生间，将热水器插好，又切了几片姜，用我平日姨妈光临时喝的大枣红糖为罗以忱煮了姜糖水。

等罗以忱洗好澡出来时，我已将姜糖水放在客厅茶几上，自己回了屋。

池向北给我发来了信息，告诉我他已经安全到家，还说这是第一次跟异性单独过新年。我回忆着几个小时前发生的一切，也觉得像做梦一般。陪伴我度过一年中最重要的一个日子的，竟然不是我的前夫罗以忱，不是我的好朋友池向南，不是传说中对我有点意思的闻远樵，而是一个只匆匆见过一面并无深交的池向北！

“我从来没有过这样温暖的感觉，很亲切，谢谢你！”他的信息仿佛带着温度，隔着屏幕，我都能看到他望着我的眼神。

“马拉，睡了吗？”罗以忱在门外敲着。

“什么事？”我问。

“哦……能开门说吗？”

我打开房门，罗以忱穿着棉布格子睡衣，头发还沾着水滴，手里紧紧地抱着我给他熬的姜汤。

“我……我就想说，谢谢你。”

这些男人现在怎么都这么客气，池向北一晚上道了好几次谢，回家了罗以忱还在继续接班。

“不用客气。”我一脸“闲谈不能超过三分钟”神情，满身满脸写的都是“我不想跟你多说，请快走人”的字样。

“马拉，你现在是美女了，跟那些男人交往小心点，别吃亏。”

听了罗以忱的话，我几乎气得想大笑三声：“罗以忱，多谢你的提醒啊。可你怎么知道男人老惦记着给美女点亏吃呢？昨天跟黄小姐在一起时，你是不是就这么身体力行的？”

“你干吗把我想得那么龌龊？”

“我怎么想你？黄小姐用你的手机告诉我你睡了，有什么事情找她谈，你说我能怎么想你？算了算了，你也不用跟我说了，我对你的事情不感兴趣，大年初一，我希望咱们彼此都有个好心情。你还有别的事吗？我要休息了，天都快亮了！”

“马拉……”罗以忱挡住我要关上的门。

“又干吗！”

“初五我爸过生日，你来吗？”

事情真是一件接着一件，我蓦然想起每年初五都要去那边给老人家过生日的，我顿时有点无力：“我需要在场吗？”

“今年老爷子 60 大寿，我爸说想办大点，以琳年纪还小，希望我们提前回家操持操持。”罗以忱期期艾艾地说。

“哦，你看初几回去合适呢？”

“初三行吗？”

# 第八章　我前公公的60大寿

正月初三，我和罗以忱回了他爸家。

他爸穿着灰色羊绒衫，一副干部派头。他的现任妻子郭阿姨虽已年过半百，却依然面容姣好，身段优美。他们住的地方不算中心区，环境却相当幽雅，风堤水岸，垂柳拱桥，纵是在这寒冷的冬季，门前也不缺风景。

因为是后母当家，所以我们没有大事不登门。况且由于我们买房时他爸给了我们一些资助，所以郭阿姨一直有些介意，而他爸对于我一直没有怀孕的事情有些微词，我也就更加有些想要敬而远之了。

“马拉，你现在这么瘦这么漂亮了！这衣服挺贵的吧？一看就是好料子。”郭阿姨拉着我的手上下打量着，语气夸张地说。我笑了笑：“阿姨，我帮您做点什么？”这么多年，罗以忱一直不肯开口叫妈，于是我也嫁鸡随鸡，跟着他叫起了郭阿姨。

“哪用你们哪，我这都预备好了。”

“哎？怎么没看见以琳？还在休息吗？”

“可别提她……你爸因为她呀，心脏病都要犯了……”

正说着，门被打开了，我一回头，吓了一跳。

我瞪大眼睛仔细辨认了半天，才发现这个打扮得宛如“新一代开山怪”的女孩，正是罗以忱的妹妹，罗以琳。

罗以琳，厚厚的齐刘海遮掉大半张脸，短发烫成爆炸花，下面留着两小撮头发，细细地编着两条猪尾巴般的小辫子，夸张的黑眼影黑眼线加长睫毛让我以为她给人当了三天三夜烧火丫头，不仅缺觉还烟熏火燎的。鼻子上不知镶了个什么暗器，一喘气都一亮一亮的，仔细一看，是一粒让人看着就感觉很疼的鼻钉。两坨粉红色的脸蛋映衬着粉嫩嫩肉嘟嘟的唇彩，为配合这个唇彩，她的唇总是微微噘着像是谁欠她200块钱。此时她一身花花绿绿乍一看很打眼但浑身上下划拉划拉一共不超过200块钱的便宜衣服，脚上的鞋长得像耐克但仔细一瞅却是个倒钩，就这样华丽丽地站在了我的面前。

罗以忱他爸跟郭阿姨结婚8年老来得女，自然捧如掌上明珠。而此刻的罗以琳全身上下也正以鼻钉为代表，如明珠般地闪闪发光着。

“以琳，怎么不叫人哪！”郭阿姨念叨着。

罗以琳随口叫了声哥，然后她的目光移到了我的脸上。

“嫂子！Oh my God！Are you 嫂子?”她像一只欢快的小雀围到身边，“你真的暴瘦哎！你教人家瘦身好不好！好不好好不好嘛！”说着她已经像扭股糖似的拉着我的手，边扭身子边摇着。

“哦……”我点点头，当我擦过罗以忱身边时，我听他在嘴巴里轻轻咕哝了两个字：脑残……

与罗以忱的勤奋好学不同，罗以琳确实是有些被宠坏了。她小时候读书还不错，后来因为继承了强大的基因，在青春期开始貌美如花。于是她开始早恋，虽然在父母的干预下恋情被阻，但到底还是没有考上理想的高中，初中毕业后就进了中专。罗以忱他爸为了让她收心出钱让她读了三加二，现在看来效果了了。

“嫂子，你是怎么做到的！天哪！瘦了好多哦！”虽然出生在江滨，但她怎么说都应该算个东北人，可是以她的口音，我怎么听怎么像个台北人。

“以琳，你怎么把自己打扮成这样啊!”原来的清秀佳人几个月没见，就成了妖魔鬼怪了，我真是难以理解这代人的审美。一进以琳的屋门，我便问道。

见房门关上，罗以琳立刻换了一张脸。她在我对面坐下：“你在这个屋子里，他们就谁都不会进来，我也可以清静清静。”她从枕头下翻出一个烟盒，然后抽出两根细如牙签的烟来：“尝尝吗？寿百年。”

我摇了摇头，她仿佛恍然大悟般：“你要生孩子的，不抽也好。”

“以琳，你遇到什么事情了吗?”女人的直觉让我感受到有些什么地方不对劲。

“没。”她短短一应。混了薄荷味的烟雾在空气中弥漫，我有些想咳。罗以琳打开电脑，桌面上是她斜视45°角瞪眼嘟嘴剪刀手的照片，而后她扫码登陆了微信，点开了立刻弹出的一个弹窗：“走吧!”我注意到这个留言的时间是9:30，而现在还不到10点钟，罗以琳在弹窗中写道：“想死你了！MUA!”

说句实话，在我出嫁前，我妈听说我有俩婆婆一个小姑子的时候就跟我说过，婆婆多一个就多一层上眼皮，而有多少大姑小姑，就有多少个婆婆管着。说起来，我这都赶上千层饼的眼皮了，但和这几个人，我都还算相安无事。

我婆婆性格粗放大而化之，郭阿姨虽然对他爸资助我们买房子的事情一直不满，但大体和我们无甚交集。而这个小姑子，我和罗以忱刚谈恋爱的时候，她还是个小小的女娃，只要见面就围着我问这问那。这几年她大了，虽然感觉上疏远了些，但毕竟还算和谐相处。

“昨天晚上你可真棒！今天还能出来吗?”对方问。

“可能不行了，他们都在家管着我呢，我哥也来了。”

“哎……那我就只能隔着屏幕亲亲了……”

“你坏，人家害羞嘛……”

我没有想到罗以琳竟然毫不避讳地跟对方交谈着如此隐私的内容，我本来还在心里替她辩解，也许她是跑出去上网了，也许她只不过是在跟对方讨论一起合作打新推出的游戏。但看到这里，我再也沉不住气，伸手关掉了她的电脑屏幕：“以琳，我得跟你谈谈!”

我这个人就是这样，本来都已经跟罗以忱离婚了，他们家的事情我完全可以甩手不理，但我始终认为他是他，其他人没有招惹得罪我，能帮忙的事情我不能打退堂鼓。就像只要他开口，我依然会为他爸操持60大寿；就像我看到罗以琳，就会像自己的妹妹受了欺负一般想要管。

她抬起眼睛，却没有说话。

“这是怎么回事?”我指着电脑问。

“就是你看见的那么回事儿啊，大惊小怪。”罗以琳搔搔头发，一副不耐烦的样子。

“你昨天晚上干什么去了?”

“跟网友开房去了啊。”

“你！你怎么能这样?”

“我怎么不能？我18岁了，我已经是成年人了，我有这个自由。”

“你一个大姑娘可以这么随便地做这样的事情，还用这样满不在乎的口气谈论，你们的性观念到底是怎样的!”

“我们的性观念就是没有性观念。反正我不想像你这样只交往我哥一个人，嫁人之后一门心思伺候我哥，万一我哥在外头找了小三你还在家给他洗衣做饭，你冤不冤呢。”罗以琳的话像一记重拳砸到我的胸口，我想到黄莹莹说的“他睡了”，而在罗以忱回家之后，我依然心怀恻隐地给他煮姜茶。

“你是不是故意在跟你爸妈对着干?”现在首要矛盾是罗以琳，我差点让这小丫头给策反了。

“嫂子，我们跟你们不一样，我们的事你们不懂。”

我忽然想到我曾经跟我婆婆说的：“有些事，你不懂。”我感觉到一阵无力，这是一种衰老的无力。这是一种一代人和一代人之间难以逾越根深蒂固的鸿沟。每一个人的青春都无法避免生长痛，即使我告诉罗以琳再往前走是刀山火海，她没有自己看到、切肤体验到，她也是不会回头的。就像我妈早就预料到我的婚姻一样，不听老人言，吃亏在眼前。我无法代替她去选择，也无法代替她去痛。正如我妈看见我钻进了婚姻的圈套，最后也只能妥协，以“扶上驴送一程”作为事情的结局。如今，我离婚了，我的小姑子失身了，在我妈那一代人认为天塌地陷般的事情，就这么活生生地发生在这个小屋子里对面而处的两个女人身上。作为当事人的我虽颇感辛酸，却还能振作，我的小姑子却干脆认为这没什么大不了，甚至是一种时尚。

罗以忱的敲门声打断了我的沉思，我打开门，罗以琳则迅速地关闭了聊天窗口。罗以忱和罗以琳的关系并不近，他们没有普通兄妹的亲热，甚至还有些刻意的远离。罗以忱看到这样的罗以琳并没有指责什么，而是对我说：“马拉，聊完了吗？出来商量商量正事吧。”

罗以忱所谓的正事是给他爸爸摆一个什么规格的生日宴，请哪些人，订在哪个酒店。虽然只有我和罗以忱知道，但我已经自觉地认为我是这个家里的“外人”，我只听着他们的意见，就不多发言了。

罗以忱的爸在一家国企干了一辈子，修铁路架桥梁的工作非常辛苦，工作的这三四十年，倒有一半时间是出门在外的。50岁之前混到科级，之后就退居二线了。他虽然并没有混出多大的名堂，却有点自命不凡，又有点愤世嫉俗，相当的喜欢打官腔。他一生最要面子，虽然年轻的时候做了一些很让人替他感觉没有面子的事，但最喜欢说“想当年”。中国人死要面子活受罪的经典国民性，在罗以忱他爸身上展现得淋漓尽致。

“不能订得太过寒酸，我过去的老领导老同事都要出席的，咱们这边的老邻居副科级以上的也要请一些。老刘虽然没有级别，但下海经商干得不错，也算是对社会较有贡献，我们也通知他一下吧。”

在罗以忱他爸看来，他的寿宴邀请了谁，那个人仿佛是被授予了勋章般，该感觉三生有幸的。

“你说你这明年就正式退休了，咱们就少请些人吧，省得别人说你闲话。”郭阿姨利用一切机会影射我们的欠债，“再说了，你又没有钱，打肿脸充胖子，我可没力气给你张罗……”

“退休怎么了？我虽然是领导干部，但我没有借机大肆敛财啊。他们如果来，给一百两百的我不在乎，一桌酒席还要一两千呢，无非是弘扬一下我国尊敬长者为长者贺寿的美好民俗。以后那些小年轻结婚咱们还得还礼呢，不要把这件事情庸俗化嘛。再说也不用你张罗多少，有以忱他们嘛。”

“爸，其实我觉得吧……”罗以忱清了清嗓子，“主要不是钱的事。像我们，单位谁说个结婚什么的，我不在乎钱，但这大过年的好不容易休息一天，还得跟家里人多玩玩呢，哪有空参加您这事啊？”

“7天假期连来吃个饭的时间都没有吗？我又不办什么结婚典礼，晚上5点开饭，6点半回家，这点时间都抽不出来？我一辈子净给别人随份子了，你结婚没有办，以琳结婚又得在我退休以后了，不会有多少人来，所以这次我给自己庆祝一下难道不应该吗？你们只管照我给的名单去准备吧。”

最后的结果当然是听他爸的。他爸整理了8桌人，单位同事、邻居老友全面覆盖。面对这份名单郭阿姨撇了撇嘴，但终究过生日是要讨老爷子高兴，剩下的人也只好照办。

寿宴的地点订在一家四星级酒店的宴会大厅，有拱形的穹顶和硕大晶莹的水晶灯。5桌起订，最低消费每桌1888元。之后，我们又马不停蹄地去蛋糕房给老爷子订了一个双层祝寿蛋糕，老爷子过生日的事终于准备停当。

本来，我和罗以忱只求平安顺利地把这个60大寿给办过去，没想到一个人的出现，让我们彻底是庙台上长草——慌（荒）了神儿。就在我们订好蛋糕后准备回家的时候，一个电话打进了罗以忱的手机。

“喂，少爷啊，在家了没？来车站接我一趟……”

挂掉电话，罗以忱无助地望着我：“怎么办？我妈来了！”

我淡淡地吐出两个字：“凉拌！”

尽管已经离婚许久，在我心里她依然是婆婆。我对我婆婆的出人意表很是佩服，如果她不是在剧情发展到最不需要她出场的时候随着一声巨响出现在我们的面前，那么，她就不是我婆婆了。

比如此刻，我婆婆左手抱着俩冻酸菜，右手拎着一对长毛野鸡，后面如令箭般钻出一捆粉条，胸前还挂着两长串蘑菇。她站在火车站，一股强大的气场吸引了众多出租车司机，那些人几乎确信一个中年阿姨是无法自己将这堆东西整回家的。但他们都不知道，她行的，因为她是我婆婆。

“哎呀妈呀，可累死我了！”她把东西交到罗以忱手里，罗以忱打了个趔趄。

“哎？车里那谁啊？我告诉你少爷，我上次可都跟你说了，你也跟我保证不跟别的小妖精接触。我跟你说你可别学你爸，你可不能做对不起丫头的事……”

“哎呀，妈！”我就因为下车慢了一步，就被她抢着说了一串，“您仔细看看，我是谁！”

“哟……”我婆婆站住脚步，仔细打量着我。上一次我见她，穿着黑衣黑裤，比现在要重出半个人的分量。而此刻，我穿着浅米色呢子大衣，下身是红色格子裙，及膝的黑靴子，肩上还有一条深玫瑰色长穗围巾。她看了半天才将信将疑地唤了一声：“丫头？”

我点点头。

“哎呀妈呀丫头！”她拉过我的手，“哎呀妈呀，你这比那画上那大明星还好看呢！”

我婆婆用手一指，我回头，路边的广告牌上，迪丽热巴正在冲我微笑。我婆婆真是个好人，这话说得跟真的一样，我差一点就信了。

“妈，别站着了，怪冷的，上车说吧。”

罗以忱开车，我婆婆坐在副驾驶，我自觉地坐在了后排座位上。看似一家人其乐融融，我的心里却不停地下着决心。是时候离开了，离婚已经是上一个年头的事了，如果我永远不离开温馨家园，那么我和罗以忱就永远无法干净地分开，那么我也就永远无法真正开始新的生活。老瞒着老人家也不是个办法，也许陪他爸过完这个生日，我和罗以忱就应该把事情的真相告诉四位老人，然后潇洒分手，各自相忘于江湖。

“丫头，丫头?”我婆婆叫了我两声，我才回过神来，“跟你说话你听见了吗?”

“对不起妈，我刚才想事情呢……”

“哎呀，我就说，你看丫头现在不比那个姓黄那妖精好看多了啊?少爷你说是不是?”

“是。”罗以忱大气也不敢出。

“丫头啊，我跟你说，我一看见你我就觉得你真给妈提气你知道吗?对了，芽芽，哎哟，现在可招人稀罕了，现在都会叫爸爸妈妈了……”

“她爸妈把她领回去了?”提到芽芽，我心里就像被一把小手攥住了一般。

“唉……可怜见儿的，她妈也没结婚呢，现在她姥娘给看着呢，不知道以后咋样。”

想到芽芽明亮的眼睛和温暖柔嫩的手，我的眼睛就涩涩的。

“对了妈，您这次来有什么事儿吗?”罗以忱道。

“哎呀，有你这样当儿子的嘛！你老子60大寿你都不记得?在咱老家有老例儿你知道吧?男庆虚，女做实，60那是一个人一辈子最大的一个生日。我告诉你，你奶临死时还告诉我，等你爸60大寿时，让我一定去……”

直到此刻我终于明白，我婆婆是来给罗以忱他爸做60大寿的。

婆婆在厨房做酸菜白肉，小野鸡炖蘑菇。我在沙发边看书，罗以忱则急得像热锅上的蚂蚁。

“不然咱别告诉妈，让她不知道咱爸过生日的事，就说城里不兴过生日?”

我点点头，却没告诉他他的主意绝对算不上个好主意。

“啥？城里不兴过生日?”正好我婆婆路过，听到了罗以忱的最后一句。我暗暗好笑，罗以忱的谎话还来不及编圆，这下看他怎么办。

“嗯。”赶鸭子上架，罗以忱只好点头。

“这城里人真是没有人情味。别人不说，就那郭晓萍她都不给你爸张罗？你爸那脾气我知道，他就是自己都会给自己张罗的。”

在这一点上，我婆婆还真没说错，看来真是一日夫妻百日恩，她对他爸还是有一定的了解。

“算了，别人不张罗着给你爸办，我来给做。到时候我给弄个酸菜白肉、小鸡炖蘑，东北乱炖……”

我和罗以忱对视了一眼，罗以忱吐了吐舌头。

“你说，如果咱妈出现在咱爸的寿宴上，会不会引起什么骚乱?”罗以忱把我拉到里屋，偷偷问。

“你说呢?”反正无论我婆婆做出任何事情，我都会感觉这是正常的。

“找个办法把咱妈支走或拖住就好了，要不就不让她知道办寿宴的地方，你说我装病怎么样?”

“很好啊，你现在不就开始说胡话了吗?”我好整以暇地看着罗以忱。

“哎，我这急着哪，跟你说正事，你……”

“少爷呀……”我婆婆的声音从门外响起。

“妈，您进来吧。”罗以忱应道。

我婆婆推门进来：“你爸寿宴后天下午5点半订在白金酒楼颐寿厅，你们知道吗?”

我们俩完全愣住，不由自主地点了点头。

我婆婆关门出去，而后又推开门，对罗以忱道：“刚才你电话响，我看你屋关着门，怕打扰你们，再一看号码写的是你爸，我就接了。”

为了安全起见，我们的号码都直接存的姓名，而他爸“罗仕达”的名字是我婆婆认识得不多的几个字中的三个。罗以忱无奈地点了点头，看来，我婆婆参加寿宴的事已经是板上钉钉了。

“我爸……知道您要参加吗?”罗以忱抱着一丝希望，希望他爸早点做好准备。

“没有，我没跟他说。”我婆婆低下头去，一米七左右的高大魁梧身躯配上这副忸怩神态有些怪异，“你们也不用说，我去看看他，一起吃个饭。而且，我还有事情要跟他说。”

“您能先跟我说一下是什么事吗?”我们俩脆弱的小玻璃心完全无法揣测我婆婆大人的复杂心态。上一次的压子事件已经让我完全臣服于婆婆异于常人的思维之下。

“不是你们小孩子掺和的事，你们别问。”

我隐隐有了一种不好的预感。

正月初五，罗以忱他爸的寿宴在白金酒楼如期举行。

中午，按照习俗，我们在家里吃了长寿面。我婆婆没有来，她大概也觉得她没有什么立场到这个家来。但由于有我奶奶的尚方宝剑，所以她坚持要来参加晚宴，而且，还有一个被我预感为重磅炸弹的消息将要宣布。

可怜的罗以忱他爸完全被蒙在鼓里。他请了很多领导同事，因为是假期，所以大家都相约直接到酒店见面，虽然有一些人委婉推辞，但更多的人还是欣然前往，看来他爸平时的人缘也还不错。

下午的时候，罗以琳才回家，她穿着松松垮垮的白色针织毛衣，下身是黑色皮子热裤打底裤。郭阿姨看见她就气不打一处来："今天你爸过生日，去，换上我给你买的新衣服，把头发和脸好好洗洗再出去给我见人，别把自己弄得跟无常鬼儿似的……"

看着罗以琳的脸、发型和衣服，再想想郭阿姨惟妙惟肖的描述，我不禁一阵无奈，这真是家家有本难念的经。

见罗以琳还在那别扭，我走过去："以琳，我最近刚考下了初级化妆师，虽然手艺一般，但看见美女我就想练练。怎么样，给我当把模特?"

她看了看我，又冲她妈吐了吐舌头，终于点了点头。

我们走进罗以琳的屋子，床上摆着郭阿姨给她买的红色亮面礼服裙。看着这么淑女的衣装，罗以琳不屑地撇撇嘴："嫂子看见没？这衣裳你穿着都不显年轻。"

"但是你不得不承认，这个很暖和。"看着传统的裁剪设计和包得严严实实的衣领后背，我也感觉有些汗颜。

“我真不愿意参加这些场合，看着咱爸跟那些人吹牛应酬，没劲不没劲啊。”她虽然这么说，但也不敢在她爸这么重视的日子公开拆台，还是换上了那件红色礼服。

说句实话，如果只看罗以琳婀娜的身材，配这件衣服虽然成熟了些，但并不难看。关键是她的脸和发型，怎么看怎么像个“无常鬼儿”。

“我穿这行吗?”她站在镜子前，有些烦躁地转悠着。

“行，你现在去把脸给洗了，我给你化妆。”我心里已经有了底。

罗以琳洗完脸和头发，素颜出现在我面前。素白的饱满的脸蛋，金色披肩的长发，一股难以抑制的青春气息扑面而来，让我忆起曾经的年少。无声的岁月不经意间便满面沧桑，我顿时有些羡慕起面前这个妙龄女孩。

我让她坐下，打开我包里的化妆品袋。罗以琳的化妆品我已经看过了，全部是些高铅高汞的便宜货。我先给她打了角质膏，让她冲净后，再帮她涂了爽肤水和面霜。还没有打粉底，罗以琳的神色已经有些熠熠了。

“嫂子，这什么保养品啊？挺舒服的。”

我一笑，这可不是她这个年龄消费得起的。我帮她打了柔亮液体粉底，而后修了眉毛，扫了眉粉，紧贴着眼睑化了细而眼尾轻翘的眼线；然后搭配她的红裙子，选了一款玫红略紫的眼影，刷过睫毛膏后，一双美目立刻顾盼生辉。

“原来眼线应该这么化啊……”谁说罗以琳审美扭曲？她也知道这样的一双看不出浓妆的眼睛好过她那烧火妞妆很多。

我帮她打了柔珠色腮红。这款腮红有种若隐若现的感觉，越是有灯光照射，就越是亮眼。唇彩我选了活泼俏丽的粉红色，配上她好看的唇形，有点裸妆却水灵灵的清纯感。

我把她的金发重新夹出大卷儿，而后将前发扭转了几圈别在脑后，罗以琳立刻成为一个纯美清丽的公主。她看着镜子里一身典雅红裙、淡妆宜人的自己，满意地直点头。

当我领着罗以琳走出屋门的时候，郭阿姨几乎惊叫起来："哎呀闺女，快让妈看看!"她拉着罗以琳的手，上看下看左看右看地看不够，"他爸！你快来看看咱闺女!"

罗以忱他爸念叨着："她又惹什么祸了？告诉她坚持坚持，明天再惹祸，把今天给我顺顺当当过去……"他边说边急忙忙地走过来，在他看到罗以琳的刹那，眼睛也大睁了一下，"这是……这是你嫂子给化的?"

罗以忱也走了过来，他看看罗以琳，又看看我。罗以琳一搂我的肩膀："怎么样？有什么感想？是不是觉得我们是姐妹花?"

罗以忱点点头："还行，闹半天你长这样啊？我今天才算是看清了。"

以琳攥了粉拳揍了她哥一下。

郭阿姨把我拉到一边："马拉啊，看不出你这手艺还真好。我听以忱说你现在开美容院呢?"

"是啊，就在雪莲路，叫如柳。您有空就上我店里去，我给您做个体验。"

"那个……马拉啊，你看今天人挺多的，我这自己又不会化妆，你看你能不能……"

"啊，没问题的。"我看出了郭阿姨期期艾艾的意思，便一口应了下来。

郭阿姨今天要穿的是一件宝蓝色小衫，白色裤子。我先帮她化了一款微冷色系的面妆，又特意帮她选了一条小丝巾。为了学这些课程，我可是狠下了一番功夫的，能有这样的一个机会实习，也让我颇为珍惜。

"头发盘起来吧，显得雍容高贵些。"我跟她建议道。

"嗯！你弄吧，手真巧！"郭阿姨看着镜子，"马拉啊，你干这个挺赚钱的吧？"

"还行。"我敷衍道。

"我一看你们俩这小日子过得就不错。"她的笑容在皮里肉外。

"郭阿姨，这我心里都明白的。你看我们买房的时候，你跟爸给我们拿了不少钱，我们手头一直不宽裕，也没日子还您……"

"哎哟，马拉你这可是多心，我可没有催你们的意思……不过你看，我和你爸这岁数也大了，以琳也需要用钱……"

"郭阿姨，大概用不了多久，我和罗以忱就能把钱还给你们了。"我心里道，只要卖掉温馨家园，罗以忱还钱的日子就来了。

"是嘛……哎哟我就知道我这儿子儿媳有本事呢，将来老了就要指着你们两个……"

说话间，我已经把郭阿姨的发型给弄好了，她对着镜子照了半天："你还别说，经你这么一打扮啊，还真好看。这参加聚会要是没有好衣服，打扮得不好看都不愿意参加呢……"她这话还真是说到我心缝里了，想到以前一身臃肿一脸疲惫一肚子委屈还要打点精神接受别人的怜悯慰问刺探的尴尬场面，我就感觉后脊梁阵阵发冷。

等把她们都打扮完，罗以忱就通知大家准备出发了。趁没人时他把我叫到一边："我先把你们送到酒店，然后我回家去接妈。"

"行不行啊？"我有些担心地看着他。

"走一步算一步吧。"罗以忱听天由命了。

我本来把这当成留在罗家的最后一场庆典，但这场庆典留给我的印象之深刻，让我这戴隐形眼镜的人都大跌了一回眼镜。

我们几个人到达白金酒楼时，已经有些客人先到了。我和郭阿姨、罗以琳，像三朵可以自由行走的花似的迎接着客人。不时有人祝福罗以忱他爸，赞美我和以琳相貌漂亮，称赞郭阿姨气质出众。这个父慈子孝妻贤女美的场面没有维持多久，我婆婆的到来，打破了这一切平衡。

当我婆婆的大身板沿着上楼的扶梯出现的时候，大家的眼神都被吸引过去，罗以忱他爸仿佛看着什么史前巨兽从地平线缓缓地浮现在他眼前。

罗以忱陪着我婆婆走到他爸面前："爸，我妈说她必须来参加您的 60 大寿，这是老例儿……"

郭阿姨走过来："这位是大姐吧？看过你的照片。"

我婆婆问罗以忱："这谁呀？"

"这位是我爸的现任夫人，郭阿姨。"罗以忱礼貌地说。

"哦，哦，我知道，我听以忱跟我说过。哎呀，我们家以忱在这上学的那些个日子都麻烦你啦。还有他们俩买房子，你也给添了钱，你这是替我分忧哪，你的这些好我都记着哪。"我婆婆的脸上笑得皱纹一堆，看起来和郭阿姨像是两代人。

听我婆婆说得客气，脸色又好看，郭阿姨也就热络起来："来，别站着啦，大姐来上座!"

我婆婆也不客气，走到主人桌旁。

"这是我女儿以琳，以琳，叫阿姨。"郭阿姨推推罗以琳。

罗以琳上下打量着我婆婆，没出声。我婆婆又岂是省油的灯，她立刻看出了以琳对她的不太欢迎："哟，这怎么能叫阿姨呢，你妈也不会排辈，怪不得孩子不叫，这得叫大娘!"

罗以忱他爸垂着眼睛不看我婆婆，我婆婆也没理他，一屁股坐在罗以忱身边。瞬间，以他爸为首的一家三口，和以我婆婆为首的一家三口，形成了两大对垒。

因为是主人席，他爸特意将他的四位老领导请来凑成一桌，那四位早已坐在那里等待开席的老人家不明所以，还欠身询问："老罗啊，这是你嫂子啊?"

他爸想打个马虎眼，顾左右而言他，但我婆婆却接口道："那啥，我是他老家的。"我婆婆的意思是她是他爸在老家的媳妇，他爸赶紧说："对对对，老家人，老家人。"

"老罗你这办得够大的，老家还来人了呢。"

"那个以忱啊，马拉，快把蛋糕拿过来!"罗以忱他爸唯恐他们再问下去露馅，急忙叫我们拿来了蛋糕。

我和罗以忱把一个双层祝寿蛋糕摆在旋转桌的当中，酒店的工作人员配合我们放起了《祝你生日快乐》的乐曲。罗以忱点燃了蜡烛，然后示意工作人员关掉了大灯，只留了一圈朦胧的小射灯。

郭阿姨起身道："请大家静一下，现在我宣布，我先生罗仕达 60

寿辰庆典，现在开始!”大家全部鼓起掌来，他爸站起来，微笑着朝大家挥手致意。

我婆婆在我耳边小声问：“这是要干啥啊?”

“吹蜡烛，吃蛋糕。”

“这不扯呢吗？这不吹灯拔蜡么？你们城里人这玩意看着真丧气。”她一脸不屑地撇撇嘴。

除我婆婆外，我们一桌人在大家的生日歌伴唱下，一起吹灭了蜡烛。大厅的灯光重新亮起，罗以忱他爸开始切蛋糕。

他先将蛋糕切给几位领导，口中说着客气话。旁边桌的几个小年轻起哄：“罗科，今天场面办得这么热闹，您还不向老伴表表感谢?”他爸切了一块带寿星婆婆的蛋糕，递给了郭阿姨。

“整两句，整两句!”几个小年轻连拍巴掌带起哄。

他爸双手向下压了压，示意他要做报告了，小年轻们都笑着噤了声。

“今天，我们在这里欢聚一堂，我首先要向大家的光临表示感谢!”又是一阵起哄鼓掌。“感谢几位老领导在百忙之中的赏光，感谢年轻同事放弃休假时间来参加我的寿宴，希望大家今天吃好喝好，玩得尽兴。我尤其还要感谢的是我的夫人，感谢她为我带大一双儿女，感谢她为我持家操劳。在这里，我敬我夫人一杯酒，希望我们老两口都更加健康长寿!”

我婆婆的拳头攥了起来，我轻轻拍了拍她：“妈，您没事儿吧?”

我婆婆使劲喘了一口气，就在郭阿姨含着娇羞站起来还没跟他爸碰杯的时候，我婆婆也噌地站起来，将杯子里的酒一口喝干。

我婆婆喝完后就坐了下来，他爸和郭阿姨都吓了一跳。他爸道：

“那个……大家随意随意……”大家都以为这个老家人没什么见识，也就没有被这个小插曲给惊到。开桌之后，大家立刻热闹起来，也就没人再关注我婆婆了。

他爸好像长出了一口大气，以为寿宴就能顺利地进行，也就有心思有一搭无一搭地跟几个老头聊了起来。

现在老人家最时髦的话题大概就是养生，几个老人在一起交流谁的身体好，谁的精神好，最后的一致结论竟然是，在座的老人家当中，我婆婆是最为健康的一个。她有些骄傲地更加挺直了她的大身板，接受着众人的羡慕。

“要说身子骨硬朗，我可真是没挑，浑身哪哪都不难受。现在到种地的时辰，还是拔腿就走，顶星星去，顶星星回。”

“日出而作，日落而息，这就是顺应天时的生活方式啊，怪不得人家身体好。”

“人家农村空气也好，不像城里这么多污染。吃的也都是有机绿色食品。”

“就是就是，人家农民现在种地都是专门给自家地上农家肥，卖的地里才洒化肥农药呢……”

凭我的直觉，我婆婆再次不爽了。果然，她把酒杯往桌上一放：“我们身子骨好那是劳动的结果，锻炼的结果。我们不像你们冬天有暖气，夏天有空调，出门就坐车，进门就上床，我们得苦扒苦做才能有口饭吃。那农药化肥不是大风刮来的，那不得用钱买呀？用农家肥养出来的玩意又瘦又短又不直溜，你们城里人能要啊？要我说呀，你们城里人买东西就跟挑媳妇一样，净稀罕那卖相好看又不中用的，到时候还说的我们农民好像都没有好心眼子似的……”

我婆婆这个人就是这样，她不需要有文化，但她的每一句话都像打在蛇的七寸一样让对手哑口无言。所有的书本道理到我婆婆那里一概无效，朴素的人生居然也能彪悍无比。

罗以忱他爸有些坐不住了，他急忙示意罗以忱给几位领导倒酒，看着桌上的气氛凝重起来，没人再说话了。我婆婆站起身来："老罗，我今天特意赶过来，是有一件重要的事情跟你商量。"对于我婆婆，我不知道他爸是出于什么心态，大抵还是有些愧疚或者畏惧的，因此他没有说话。我婆婆继续道："依咱老家的规矩，60 岁就开始算老年了，有些事情要提前预备。咱俩坟茔地的事都安排妥了，你得抽时间跟我回去一趟，提前看看地方。以忱和马拉也得回去，以后我们老了得把我和你爸并骨……"

郭阿姨已经脸色惨白。一贯和父母作对的罗以琳此刻却第一个站出来维护她的母亲："你谁啊？哪来的啊？还我爸跟你并骨，我爸跟我妈是合法夫妻，生同衾，死同穴，跟你有什么关系啊！"看不出罗以琳，说起古文来还一套一套的。

"哟，挺大的闺女不害臊，还同亲，亲什么亲？死同学，你同学招你们惹你们了？你妈按旧社会说她是给我做小的，我怎么说也给他老罗家生了儿子。你一个小姑娘，将来总是人家的人，我不跟你个小黄毛丫头计较。罗仕达，你说你死了以后是不是得葬到老家！"

本来开开心心地庆祝 60 大寿，却被罗以忱他妈生生死死地问候了半晌。他爸显然是有些怒了："你不要太过分！我出来了自然就按城里的规矩办……"

"按城里的规矩？那连咱娘的话你都不听啦？"我婆婆难以置信地看着他爸，他正安抚独自垂泪的郭阿姨。

“罗仕达，你不是说你跟她除了儿子，没有任何瓜葛了吗？现在这是怎么回事！”郭阿姨边哭边问，可惜了我给她精心描画的妆容。

“本来就是，我们根本就没有瓜葛了，我也不知道她跑到这里闹个什么劲。”大冬天的，他爸的头上全是汗。

“罗仕达！”我婆婆怒喝一声，“你怎么有脸说出这句话的？我可是你八抬大轿明媒正娶的老婆。你这儿子，老罗家唯一的孙子，是谁给你生出来养大的？你爹眼睛不好使，你娘瘫在床上8年半，都是谁给你伺候得妥妥帖帖送走的？你上学读书没有钱，你那学费是我从鸡屁股里掏的。现在你说你跟我没有瓜葛，你拍拍良心想一想，还是你那良心都被狗吃了！”我婆婆没有哭，也许这许多年来，她的心早已围着铜墙铁壁，百毒不侵了。

“你搞搞清楚，我们当年根本就没有扯结婚证！”

这句话一出，不惟我婆婆，连我和罗以忱都愣住了。原来，这个女人的一生所托，根本就是一场空。她以为八抬大轿明媒正娶就必须为他生儿育女，为他含辛茹苦，为他侍奉双亲，即使此生无法与他相守，只图死后跟他合葬，却未料连这点小小的祈求都难以达到。

“那……那七爷爷写的聘书也不算吗？20人的吹鼓手也不算吗？八抬大轿也不算吗？给天给地给爹娘磕的头也不算吗！”我婆婆几乎是喊了起来，她的声音里第一次带着哭音。她之所以能纵被抛弃也一直如此慷慨激昂，是因为她在心底虽然苦着，却依旧如她自己所说，把自己当成了大房。现在她才知道，她多年来聊以自慰的一切，不过是镜花水月。什么七爷爷吹鼓手八抬大轿全部是没有任何作用的东西，那薄薄的一纸婚书，才是命定的一切。

我婆婆仿佛一下苍老了几岁，她不再有立场颐指气使地要求任何人，她跌坐在椅子里。我站在她宽阔依然却颓了下去的肩膀之后，忽然感觉这个女人，并没有看起来那般粗犷，那般强悍。

我婆婆回到我们家后，就生病了。而就在这时，郭阿姨也没好气地打电话给罗以忱说，一贯好面子的他爸，这次丢脸丢到了姥姥家，一气一急，也一病不起。

“马拉，我去看看爸，你在家帮我照顾咱妈。”罗以忱的脸上有没有刮净的胡茬，眼睛里还带着血丝。

“凭什么?”我问他。

“啊?”他愣住了，他大概没想到一贯好脾气好心地好好先生的我会这样反问他那自以为理所当然的问题。

“我已经不是你的妻子了，照顾你妈的事情，你应该自己来做。”

“好马拉，我这都急死了，你就别刁难我了！帮我这一次吧！郭阿姨说我爸得的是脑出血，这种病对于老人家很危险。帮我这一次了，好马拉!”他涎着脸，露出哀求的神色。

“受苦受累的时候就想起我，喝酒寻欢的时候怀里抱的却是别人!”

“我没有啊马拉……”

我们俩站在桌子的两边，如同隔着楚河汉界。罗以忱的脸上各种复杂和纠结，我则一脸的慷慨激愤。

“你看着我罗以忱，我不再是那个没有你连房租都赚不出的马拉了，我不再是那个臃肿恶心没有男人愿意多看我一眼的马拉了，我不再是那个每天只想着给你配衣服给你做家务给你生个娃的马拉了！你也应该学着，承担起你自己的人生。”我骄傲地看着罗以忱，他则焦头烂额，无言以对。

“我还告诉你，妈我会照顾的，但不是看着你的面子，而是因为我真心心疼她。而且罗以忱，找个恰当的时候，你跟你父母说一下，我们已经离婚的事实吧。”说完，我走进厨房，关上了房门。

当我端着给我婆婆做的鸡蛋面出来的时候，我在茶几上看见了罗以忱的字条：“马拉，很多事情我们误会太深，但现在一切来不及解释，容我日后再跟你详谈吧。妈就拜托你了，跪谢!”虽然他没说太多，但最后的两个字却让我心情有些改善，我脑中仿佛出现了罗以忱非常颓废地跪在墙角阴影里如同蘑菇的搞笑场面，心里很有点解气。

我进门的时候，我婆婆好像正在轻声抽泣，听见我的声音，她急忙起身道：“感冒真是难受，你看，我这鼻子都擤红了。”

“妈，您要是心里难受，就跟我们说，不要憋在心里。”我看着她将滚烫的鸡蛋面塞进口中食不甘味的样子，说道。

她终于停下手里的筷子，哭了起来，所有的委屈和不甘都从她的眼泪中奔涌而出。

她哭了许久，我也陪她坐了许久。终于，她停了下来。

“妈，你还好吗?”我问。

“我真没想到，他是这么个忘恩负义的混蛋，居然说跟我没有关系……”她如此委屈，我却不知该如何对她进行安慰。她又哭了许久，我问她好些了没，是不是应该吃些东西。她摇了摇头，连饭也不吃，看来这件事在她心中真的足够沉重了。

比起我只是有些头疼脑热的婆婆，他爸那边的情况显然要麻烦些。罗以忱回来后跟我说他爸生气着急造成轻微脑出血，郭阿姨和罗以琳都在医院，一时可能还不能出院，需要排班。

“明天假期就结束了，我今天就得值班去。家里的事情，就拜托你了，马拉!”他认真地望着我的眼睛。我心里有些无奈。看来，想要甩脱罗以忱，还得假以时日才行。

# 第九章　罗以忱全家都不消停

我再次见到池向南，是在开始工作的第二天。

她大模大样地走进我的办公室，然后一屁股坐在属于我的转椅上。

“行啊马拉，这办公室不错啊！”她拍拍我的办公桌，“去，给你老板倒杯咖啡去！”她颐指气使地命令着。

“遵命！”我应着。而后拿起速溶咖啡，去饮水机接水冲泡。

“哎，你这应该弄个咖啡壶，这才有情调有气氛，高端客户一来，小咖啡一煮，多熨帖。”她跷起二郎腿，她在我面前就是这样，从来不拿自己当外人。

“你怎么样？过年这几天是不是全面撒网相亲？”我边搅着咖啡边问。

“我已经不参加任何形式的相亲活动了。”她接过咖啡继续搅拌。

“哟？改邪归正啦？找着你的真命天子了？”

“反正我心里有喜欢的人了。”

“那还不趁热打铁赶紧把自己打发出去？”

“唉……我是喜欢人家，但人家心里没我。”

我第一次看见这么消极的池向南：“你别告诉我你胡子都一大把了还跟我这玩暗恋啊？人家心里没你不怕，只要他心里没别人，只要他没结婚，你就尽情表现努力争取啊！”

池向南看了我一眼，喝了口咖啡：“你真是咸吃萝卜淡操心啊……”她总是善于用一句非常简洁的话把我的热情打入谷底。

“哎，别说我了，你这个年过得怎么样?”她知道我失婚，每逢佳节倍思亲，于是曾邀请我去她家跟她和母亲一起过年，被我婉拒了。

“别提了。”我脑中立刻出现了黄莹莹那句骚气扑鼻催人尿下的“他睡了”，和我婆婆要跟罗以忱他爸同修墓穴的伟大提议。

听我说完这一切，池向南问：“那现在呢？罗以忱他妈还住你那里呢?”

“嗯，他晚上去照顾他爸，我就在家照顾他妈。”

“马拉，我想送你一句话。水至清则无鱼，知道后半句是什么吗?”

“人至察则无徒啊?”

“人至贱则无敌!”她戳戳我的鼻尖，我倒吸了一口冷气。

原来在我心里认为助人为乐老吾老以及人之老的高尚行为，在其他人眼中竟然是这样的嘴脸，果然好人跟贱人只有毫厘之差。

被池向南点醒，静下来想想，我跟我婆婆也真是同病相怜。在我同情她的时候我并没有意识到，其实我们本质上并没有什么不同。她是无证驾驶多年，我是换证尚未离岗，却还都在为一个不属于自己的男人的事情，忙碌着。

我也反对没有爱情的婚姻，但我更讨厌那些明明没有爱情甚至没有婚姻了，还继续利用对方的爱来达到某种目的的人！为什么罗以忱他爸不在他没出生的时候告诉他妈这场婚姻不算数？为什么不在他跑出来上学没有学费的时候告诉他妈这场婚姻不算数？为什么不在他爷爷眼睛盲了奶奶瘫在床上的时候告诉他妈这场婚姻不算数？为什么不在他爷爷奶奶过世的时候告诉他妈这场婚姻不算数！现在孩子都养大了，老人也都伺候送走了，他大方地说出这场婚姻其实不算数了，这算什么？

而罗以忱呢？他又跟他爸区别很大吗？为什么嫌弃我难看带不出手的时候不亲口告诉我爱情没有了？为什么嫌弃我要孩子妨碍了他的好“性致”时不亲口告诉我爱情没有了？为什么在我挥汗如雨地洗衣服拖地板刷马桶的时候不告诉我爱情没有了？为什么需要人帮他接待他妈来访操办他爸生日时不亲口告诉我爱情没有了？为什么陪在黄莹莹身边喝酒睡觉回来不亲口告诉我爱情没有了？

而我却还在忍不住同情他，忍不住为他冻得冰凉的小手心疼，忍不住为他脸上的胡茬心动，忍不住为他的哀求心软，终于答应了他的软磨硬泡。事实证明，对敌人的同情就是对自己的残忍，很多事，真的是时候做个了断了！我咬了咬嘴唇。

“你干嘛哪？”池向南拍拍我的肩，“这又是皱眉又是运气的，练的哪门子功夫？”

“向南，我决定了，我要离开罗以忱。罗家的事，我再也不会管了。”

池向南做出一副孺子可教的神情，拍了拍我的肩膀。

我想起约她来的正事：“向南，问你个事啊，你妈贵姓？”

“你跟我这演《大话西游》呢？”她笑起来。

“哎呀，我没说清楚，你妈是不是姓徐的？”

“我妈姓池，池雨痕。”她的口中吐出了一个充满诗意的名字。

“哦……那……那你妈有没有跟你说过，你有什么失散多年的哥哥或者遗落他乡的弟弟什么的？”

“马拉我跟你说，你给闻大哥打工就好好给他干，不许想别的!”

“我想什么了?”

“你难道不是想给肥皂剧写剧本赚外快?”她翻着白眼看着我，一脸鄙夷。

我被她打败了，决定单刀直入：“喂，你还记得池向北吗?”

“池向北？谁取名这么欠揍啊？他生来是为了专门跟我对着干的吗?”池向南像得了失忆症，仿佛从来就没见过池向北这个人似的。

“你忘啦？上次庆典上，给你引见的，你跟闻总一起过来见的那个……”我笃定池向南应该有所印象。

“不记得，上次闻大哥带我见了很多人，我哪能一个个都记住?”

“别管你记不记得了，反正你看你哪天没事了，跟我去见见他。”

“干吗?”她一脸戒备，“我不跟你说了我不相亲了吗?”

“没让你相亲，我是让你去见见他，他有事情要问你！今天怎么样?”择日不如撞日。

“我最近忙着呢。闻大哥说你过来了，把老店的人气都带走了，准备让我在老店撑撑场子，等过了这一段再说。”我忽然发现一个问题，在池向南的谈话中，闻远樵出现的频率未免太高了一点。在一个大龄未婚女青年的口中不断重复一位优质离异男的名字，这大概是某种过于明朗的暗示。难道是上次与池向北相见的时候也是因为跟闻远樵在一起有点魂不守舍，所以根本没把自己跟池向北的诸多巧合放在心上?

受人之托忠人之事，虽然池向南的回答让我感觉有些无奈，但为了池向北，我还是继续追问道：“那个……你什么时候有空呢?”

见我一定要问出个子丑寅卯，池向南道：“真的要去啊？果然要去啊？一定要去啊？”

在连续得到我肯定的答复后，池向南点点头：“被你打败了！不过这个月确实是太忙了，等下个月吧。”

“行，今天是15号，那就定下个月1号……”我迅速地在日志上画了个圆圈。

“这人有多大道行啊？让我们马拉这么精心？我倒有点想去看看了。”池向南有些玩味地说。

我从小就被教育道：忠臣孝子人人敬，佞臣奸贼留骂名。因此，我对孝顺的男人特别有好感。

而久病床前无孝子的说法也证明，父母生病是考验儿女是否孝顺的一大神器。

罗以忱虽然平日很少言及父母老家儿——这大抵是因为他的家庭比较复杂——但如今父母这一病，他还真是很有点孝子做派，每天下班后给他妈买好晚饭，而后马不停蹄赶到医院，连夜值班伺候他爸。十来天下来，就是铁打的人也受不了这样的折腾。眼见着他迅速地憔悴下来，我却依旧忍耐着胸膛里这颗怦怦跳动的圣母之心，没有太过于帮他。

说是没帮忙，但我们住在同一个屋檐下，该他的值日我自然一力承担。老太太依旧住在我家，洗洗涮涮、偶尔做饭也是难以避免，即使如此，我已经算是做到我“残忍”的极限了，直到那个消息如炸弹般丢进了我略显愧疚的心中。

那天我正在如柳的雪莲路店整理客户资料，新签约的客户特别多，月底时分，我需要将资料整理归类，报给总店。就在我忙得不亦乐乎的时候，我接到了那个电话："你是罗以忱的家属吗？他出车祸了……"

这一刻我在之后的任何时候想起来，大脑中都是一片空白。我根本不知道自己是如何在零下10度的春天里穿着一件小毛衫飞到人民医院的，我不知道我是如何毅然决然地穿着高跟鞋爬上了7楼，我甚至不知道，当那个满身血迹满口方言的医生站在手术室门口大声唤"61床家属……"的时候，我是如何鬼使神差地听成了"罗以忱家属"而扑过去猛地抱住了他的手的。

"你似（是）家属啊？"他诧异地看着我。

"大夫，他怎么样了？怎么出了这么多血……"我的声音颤抖得要命，仿佛通了电一般。

"刚才是有点大出血，不过你放心，已经止住啦，现在母子平安……"

我在下一秒被一个壮汉拍飞出去，他抢过大夫的手："我有儿子啦，我有儿子啦……大夫，你让俺全家咋感谢你……"

终于找到罗以忱所在的手术室时，我看到我婆婆正孤单地坐在椅子上。她原本庞大的身影缩成一个球，短短半个多月时间，她已经接连遭受了两次沉重的打击。

手术室的门开了，罗以忱被推了出来。他挂着吊瓶，头上缠着纱布，昏迷不醒，英俊的脸上血色全无，浑身都被白布覆盖，只露出一只脚，脚上也缠满了渗血的纱布，看起来从头到脚都是伤。

"少爷……"我婆婆一下扑过去，抱住罗以忱，"哎呀，这咋都包上了呢？这得是多重的伤啊，少爷啊，你醒醒看看妈，你睁眼看看你妈妈呀……”我婆婆的哭喊让走廊上的人纷纷侧目，护士从屋子里探出头来：“注意素质啊，这是医院。赶紧把病人推病房去……”

凭我婆婆以往彪悍的人生，一定会冲过去把小护士从头数落到脚。但这一次，她没有，只是默默地擦了擦鼻涕眼泪，推过担架车，将罗以忱送回了病房。

护工帮忙把罗以忱从担架车上移到病床上，我看到他的脸明显地抽搐了一下。很疼吗？到底伤在哪里，严重程度怎样呢？我开始莫名地想起婚礼上的誓言，无论贫穷疾病都要不离不弃，我开始担心他再也不会醒来。

“马……拉……”他的声音气若游丝。

“我在。”我走过去，离婚这么久以来，我第一次握住了他的手。他的皮肤细腻白皙，骨节分明，一看就是没干过多少家务活的。此刻他像捞到救命稻草一般，用这双看似斯文的手紧紧握住了我的手。

“疼……脑袋特晕……”他撒娇似的皱起眉头。我在他手上拍了拍，“我的腿……我的腿还在吗？我怎么感觉不到……”

完了，这人是不是高位截瘫了？我婆婆开始哭了起来。

“马拉，是我对不起你，我现在又成了这个样子，以后……”

“以忱，你别说了，先好好养伤……”看着他虚弱地吐出我的名字，我再也控制不住，眼泪落在我们紧紧交握的手上。

“大夫！大夫你告诉我他怎么样了，严不严重？”查房大夫进门时，我和我婆婆几乎同时扑了过去。

“你们是他家属啊？你是他妈？你呢？他媳妇啊？”在面对这样的

询问时，我只好点头，不仅现在绝对不是暴露我们俩离婚的最好时机，也因为如果我不是他媳妇，大概没有什么立场和资格站在这里号啕。

“你来给我签个字。”大夫指着一份病历，“他大脚趾趾甲掀了，我们已经给上过药了，处理好了。然后有点轻微脑震荡，挂完这瓶，就可以回家了。回家之后静养，可能会有恶心呕吐什么的，不出现昏迷症状就不用来医院了。”

“哎呀，那大夫，你是说我儿没啥事儿呗!”我婆婆一把拉住大夫的手。

“基本上算是没什么事，不过回家还是得观察，休息。”大夫好不容易才挣脱了我婆婆的束缚。我听他出去的时候兀自嘟囔：“现在这人都这么邪乎呢，那么大小伙子掀片趾甲还要死要活的。”

“少爷，你听见没，你没啥事儿!”我婆婆激动地在罗以忱身上一拍。

“妈，晕着呢!”罗以忱大声抗议。

“那个……你们这脱离生命危险了吧?”一个男人的声音响起。

我回过头，见一个身穿警察制服的人期期艾艾地看着我们：“你们谁跟我去把这肇事司机撞坏那消防栓罚款交了?”

而后他一脸郁闷地看着刚上演完鹣鲽情深抱头痛哭的我和罗以忱听到罚款的消息，立刻用手指着对方的嘴脸。

最终，罚款还是我去给罗以忱交的，但我拿的是他的银行卡。

罗以忱出院了。

我婆婆的病似乎立刻好了起来。她不唯不再每天坐着发呆，偶尔还泪眼迷离一把，反而买菜做饭格外来劲。即使罗以忱抗议说光躺着不运动，喝骨头汤啃肘子都长肉了，我婆婆也丝毫不以为意，继续给她儿子大补。

她对我说罗以忱出事给她的震动很大，什么罗仕达郭晓萍，本来就是跟她没有一毛钱关系的人。用我婆婆的话说："既然罗仕达说他跟我没关系，那我就跟他彻底没关系了。这两天我也想明白了，我之前做的那些，就当是冲老人冲孩子的面子，而之后我跟罗仕达，就他走他的阳关道，我过我的独木桥。我好好把我儿子媳妇照顾好，将来再给我添个孙子，比什么都强!"

我婆婆真是个女中丈夫，这当然不仅是说她的外表，我没有想到她能以如此豁达的心态来面对她无奈的一生。而她也终于知道，一直游离于她生活之外的我的公公，即使不与她同穴而葬其实对她也构不成什么实质性的伤害，儿子的生命和健康，才是她后半生的幸福和希望。

而罗以忱的伤需要隔天换药，稀里糊涂地就成了我的活儿。第一次，罗以忱似乎不好意思麻烦我，而找了个借口让他妈给换一下，然后我就听到了杀猪般的惨号。我以为老太太失手把他脚扭断了，等我过去看的时候，罗以忱似乎疼得眼泪汪汪地坐在床上。

"以后还是你帮我换吧。"他可怜兮兮地哀求道。

"至于吗？不就是个趾甲吗？你自己弄不就得了？"我一边数落一边抱着他的脚给他上药。

"喂，马拉女士，我现在正忍受着剧痛，你就有点同情心嘛马拉……"

"你这是因为破坏公共财产，你还有脸叫？"

“反正我自己看着自己的伤口下不去手，我妈我是再也不会让她碰我伤口一下了!”罗以忱一副标准的无赖嘴脸。

“不然这样吧，我给黄莹莹打电话?”我站在床边看着罗以忱。

“马拉，你能不能不提她?”罗以忱的神色立刻垮了下来。

其实罗以忱出车祸的时候，他爸已经出院了。虽然罗以琳不方便每天侍奉父亲，但好在还有心不甘情不愿的郭阿姨，即使罗以忱不能每天前去，即使郭阿姨对罗以忱他爸一定充满了怨怼，但也不至于太过担忧。

后天就是我约池向南和池向北见面的日子。早上一到单位，我就给池向北打了电话。池向北非常开心，他把地点还定在约瑟夫的单间，还说下班后来店里接我们。

我正要联系池向南，一个陌生的号码打进了我的手机，我立刻接起来。

“嫂子……救救我……”

“以琳？是以琳吗？你在哪里?”

“我在……”

5分钟后，我又一次穿着高跟鞋飞出了会所。

我见到罗以琳的时候，她正蹲在派出所的地上，长发胡乱地披在肩上，眼圈早哭得跟功夫熊猫似的。警察叔叔说罗以琳虽然没有参与贩卖和吸食K粉，但与她同居的男子是个小头目。鉴于罗以琳未满18岁，便让家长监护人带回去照顾。她跟警察说她父母身体不好，而我是她姐姐，所以让我把她领回家。

“好好教育教育你妹妹，还没成年就跟快40岁的老男人鬼混，再这么下去，一辈子不就毁了吗?”那警察语重心长地说。

“是是是，一定一定。”我鸡啄米一般点头。

“还有，告诉你老公开车注意点消防栓。”

我抬起头来，怪不得这警察那么眼熟，这不是那天让我们赔消防栓的同志吗?天，我一世良民，却在几天时间里就来个二进宫，在这个警察眼里我不是教育失当就是遇人不淑，真是冤死我了。

领出罗以琳，我拉着她的手：“先上我店里，换件衣裳，我把你送回家。”

“我不回家!”她的声音空洞而冷漠。

“不回家哪成啊?总不能上我们家吧?我婆婆在我们家哪，你哥还是伤员……”

“嫂子……我怀孕了……”她吐出这几个字，我顿时如遭雷击般愣在当场。

我呆呆地看着罗以琳，又看看她暂时还很平整的小腹。她还不到18岁，已经有一个幼小的生命蛰伏在她的体内，等待着无法预知的命运。而我呢?30岁的老女人，吃尽苦药看遍名医也没法让一个小小的受精卵住进我闲置已久的子宫，我不禁有点埋怨那个受精卵不会投胎。但当务之急是解决这个小姑奶奶的问题：“你赶紧回家，跟你妈商量这个孩子的解决事宜。”这么大的事情我可做不了主。

“嫂子!”她蹲下来，抓住我的腿，“不要告诉我妈，我妈会伤心死的!”

看着眼前哭泣不止的女孩子，我的圣母意识又开始作祟。我打了一辆车，看着女孩将哭脏的小脸儿靠在我肩膀抽泣着睡着的时候，我无奈地想，还说要一刀两断呢，现在可倒好，越沾越多了。

我把罗以琳带到了如柳，让她在我办公室的隔间躺着休息。其实雪莲路这边的条件要好过总店，闻远樵说要打造成高端店的，所以装修颇为高档，环境也好。罗以琳在店里绕了一圈，还说了“嫂子你这里真气派”之类的话，才跑去隔间睡了。我心里想：她心可真宽。

罗以琳显然没有搞清楚状况，又或者说对于堕胎，她根本没有什么概念。她想到的是她会不会疼，她妈妈会不会知道，她有没有足够的钱来处理这个事情。至于其他，比如她是不是会因为这个手术患上妇科病甚至不孕，都完全没有在她的考虑之中。

终于，我跟她经过详细的沟通才确定了下一步的行动目标——当然，这基本是以我全部妥协为解决方案。我带她去找家靠谱点的医院打掉胎儿，如果有什么异常，那么立刻通知她爸妈来解决，代价是罗以琳以后好好读书，不再瞎混。我也不知道这个条件她能执行多长时间，以及她所能执行的程度。

医院的妇科有不少来做人流的女孩，旁边的生育科又有不少来看不孕不育的怨妇。等候大厅里的LED屏反复播放着无痛人流和不孕专科的广告。让人诧异的是来做人流的有很多是罗以琳这样不谙世事的女孩和陪伴她们前来的肇事者，而我从那一张张年轻而又无所敬畏的脸上，仿佛看到了他们多年后在不孕不育科排队时愁眉苦脸的样子。婚前做人流，婚后治不孕，仿佛成为这个浮躁时代的畸形“时尚”。

我把罗以琳送进手术室的时候，她满脸紧张害怕。我告诉她我替她交了费，预约的是无痛的手术，就是广告中那种“今天做人流，明天就上班”的手术。她依然颇为惴惴，用一双略为失神的大眼睛望着我。

其实在大医院，人流只是门诊手术。果然，过了没有多长时间，我就听到有人叫家属，以琳的手术成功做完了。

半个小时以后，以琳醒了过来，她眨巴眨巴大眼睛：“嫂子，做了吗？”

“已经做完了。”我告诉她。

“真的呀！”她仿佛一下子恢复了精力满格状态，“一点都没感觉就做完了，这广告真没骗人！”

看着她的样子，我有些泄气。看来，这些科技还是发展得慢些比较好，让这些不懂事的孩子也好多点教训。像现在这样，流产比流感还简单，她们又怎么能知道自己的身上到底发生了一些什么呢？以琳见我发愣，问我道：“嫂子，我能不能先住你那里啊？”

“你想住哪里啊？我婆婆住一间，还有你哥那个伤员，我家哪有你住的地方啊？”

“我就住你店里吧，顺便跟你学学化妆！”她兴奋地说。

我看着眼前的这个女孩子，她丝毫没有想到就在刚才她的梦中，她的亲骨肉被绞碎吸出，她满脑子想着都是她自己怎么玩怎么高兴，杀掉亲生孩子的事情却没有在她心里引起任何波澜。以琳啊以琳，10年后你若如我般四处求子的时候，你又会不会为你现在的年少荒唐而心痛愧悔呢？

罗以琳我可以代为照顾，但她的手术费和营养费我是一定要向罗以忱讨的。虽然现在我并不缺钱，我也知道再这样下去我会在罗以忱眼里成为一个女葛朗台，但我现在唯一能跟他划清界限的，也只有钱了。

单位的事和家里的事让我天天一个头急成两个大，当池向北的车停到我门外时，我才想起来今天的约会。糟糕，我这时才发现，情急之下，我竟然都忘记通知池向南。

当我给池向南打电话的时候，这厮居然告诉我她忘记这件事了，即使立刻洗澡化妆飞奔而来也需要一个半小时。没办法，我只好和池向北去饭店等她了。

正要出门，罗以琳叫住我："嫂子，我在店里待得很无聊的，你带我一起去嘛。"

坐上池向北的 Q7，罗以琳开心地问这问那，还一定要叫池向北大叔，弄得我相当汗颜，不住检讨："我妹还小不懂事……"

"不会啊，很可爱。"他明显的一句敷衍，却让两朵红云飞上了罗以琳的脸颊。

"大叔你也很萌啊，我可是标准的大叔控哎！"

"什么控啊？"

他的问题让罗以琳发出少女银铃般的笑声："大叔，你有点 Out Man 哦！"

听着他们代沟深深的谈话，我感到一阵无力："池先生啊，一会儿你跟向南谈正事，我就带我妹妹回避了啊。"

"没事，她就一未成年人，我不在意。"池向北道。

“谁是小孩啊，大叔你歧视我!”罗以琳娇憨地噘起嘴来。

“马拉，你事先跟那个池向南说了我的情况吗?”池向北趁罗以琳噘起嘴巴没空说话的空档赶紧问句正事。

“我只是透了一点，但她好像不认识你要找的人。”我把池向南的妈妈叫池雨痕的事告诉给池向北听。池向北听了点点头：“虽然不是我要找的人，但我也很谢谢你为我们牵线搭桥。今晚不管怎么说，咱四个人好好吃顿大餐，交个朋友也好。”

罗以琳是第一次到约瑟夫来吃饭，站在气派的大门口，罗以琳点点头：“大叔，你够酷的啊!”

池向北做了个邀请的姿势：“女士们，里面请!”

约瑟夫的菜牌做得相当漂亮精美，池向北示意服务生听我们点菜，罗以琳不客气地拿起来：“这个冰淇淋好漂亮哦！这个糕点也好精致……”

我抱歉地看看池向北，他笑笑说：“想吃什么，敬请随意。”

罗以琳乱七八糟地点了些东西后，服务生礼貌地说了声请稍等。

池向北交代说人还没有到齐，先上冰淇淋和饮料。不一会儿工夫漂亮的花色冰淇淋就端上了桌。

罗以琳尝了一口自己的，而后又在我的那一杯里舀了一勺：“这个芒果布丁好吃哦。大叔啊，你那个蓝莓雪球怎么样啊?”

池向北示意罗以琳可以继续尝自己的，我登时想起相声里坐在刚果布拉柴维尔31种口味冰淇淋店的偏见小姐，一勺一勺吃完了桌对面的那份冰淇淋，我不禁有些尴尬又有些好笑。

“以琳，你不可以吃太多凉的!”我制止道。按常理说，流产和生产是一样的，都需要坐月子的。所不同的是，流产需要坐的时间短一点，大概 15 天左右。以琳按理说还在月子中，是不能吃这些冷饮的。这话我当然不方便让池向北知道，也只好隐晦地提醒提醒她。

以琳勉强地放下了勺子，伸手抓了一把瓜子。

“这瓜子是硬的，不要吃，对牙齿不好。”这些道理我也是听老人家说的，坐月子骨缝会开，不能吃冷硬的东西，否则伤牙；不能流泪，会伤眼睛。

罗以琳放下了瓜子，委屈地看着我。这一次，连池向北都发话了：“马拉，真看不出，你这么疼妹妹。不过你也有点太夸张了吧？她虽然是一未成年人，但她是 17 岁，就算是 7 岁，吃点瓜子也没什么的吧？”

“不是……”我尴尬极了，既不能纵容罗以琳乱吃东西，也不能跟池向北讲实话。

池向北望向我：“马拉你给我说说，以琳还有什么不能吃的东西？我们一会儿不点就是了。”

“不能吃凉的，不能吃硬的，不能吃辣的，不能吃酸的，所有口味重、刺激性强的都要避免……”

我正说得起劲，池向北笑了起来：“马拉，你这个样子真的……很慈祥……”

“就是就是！比我妈还唠叨！”罗以琳也大声抗议起来了。

“我这还不都是为你好！”我大声道，这罗以琳害我如此丢人，还这般理直气壮。以琳有点赌气地去了卫生间，我还坐在座位上郁闷。

“马拉，真生气了？”池向北问道。

“你还笑！”我把气撒到他头上。

“你刚才照顾妹妹的样子，很可爱，很温暖。”他认真地看着我的眼睛。

这个男人他实在是太缺爱了，我心里想。

“你就像一团火焰，让你周围的人都感觉温暖又亲切。好像你不由自主地要去照顾别人，关心别人，哪怕是八竿子都打不着的人希望得到你的帮助，你都会挺身而出。”

池向北难道是个算命的？才见我两次就知道我这滥好人的个性了？我还真的是一团火来着，燃烧了自己，把罗以忱家一户口本的人都照得雪亮。

“哎，我有时候都讨厌自己这种性格，很多事我应该硬下心肠不管的！”我有些懊恼，比如说我婆婆的小感冒，罗以忱他爸的脑出血，罗以忱的脚趾甲，罗以琳的受精卵，这都跟我有什么关系！

“不，不要改马拉！”池向北用深邃的目光看着我，“这是你身上闪闪发亮的东西。让一个人闪闪发亮的，不是钻石和珍珠，而是一颗温暖的、会发光的心，你就恰好有这样的一颗心。连我这样一个只有一面之缘的朋友，连我这样一个用冷漠的壳子包裹自己的男人，都可以自然地对你卸下防备，都可以身世相托，可见你的温暖是多动人呢。所以不要改，让我一直都可以感受到你的温暖……”

说到温暖的时候，他的手轻轻覆住了我的手。我吓了一跳，心跳也立刻加快了。

“马拉！”池向南的声音响起来。

我立刻抽回手站起来。池向北的眼睛望过去，他的浓眉微蹙了一下，随后也站了起来。

"向南，这就是我跟你说的池向北池先生。向北，这就是池向南。"既然池向南说她把池向北忘得干干净净，我就只好再给他们介绍一遍。

"你好。"池向北伸出手，池向南却用有些敌意的目光看了看他，没有碰他伸出的手。池向南一下坐在我旁边，我急忙说："你坐对面吧。"此时她也注意到了桌上的一切，问道："还有谁?"

"我……我带以琳来的。"我几乎有些嗫嚅，因为我已经猜到此言一出，池向南会立刻对我进行一番轰炸。

果然，她对我立刻怒目而视了。

我示意了半天我好不容易才有的仰慕者池向北还在身边，"我要去卫生间!"她气呼呼地说。

"啊？去呗。"

"我不认识路，你陪我!"池向南对我一贯毫不客气。

"好吧……"我只好起身，抱歉地对池向北点了点头。

"马拉!"池向南把我拉到一根柱子后头，开口就数落道："你怎么着啊？最近你跟他越走越近了啊？你是不是想跟他和好啊？你知不知道你这样做，是很伤人的!"

"我也是没办法嘛，再说，我伤谁了?"

"你现在大美女一枚，真是左右逢源了啊？这边跟罗以忱藕断丝连，那边又跟我那个对头打得火热!"

"你对头?"

"啊，我叫向南他向北，不是我对头是什么？看到他看你的眼神了吗？他那对眼睛……"

"眼睛？挺好看的呀。"池向北眼神深邃不见底，像一泓凛冽的潭水。

“他看你的眼神分明是喜欢你，想追你！你这样……你这样对得起闻大哥嘛！”

看着池向南，我终于释然。原来她的生气不是没来由的，而是把自己当成了闻远樵的代言人，帮他监视我来了。

我拍拍池向南：“先去跟向北吃个饭，闻远樵的事情回头我跟你慢慢谈。”

我们回来的时候，大概是见自己原来的座位上放了池向南的包包，罗以琳已经坐在了池向北的身边。

“大叔，可以开动了吧？以琳好饿！”罗以琳的说话带着一股颇为明显的言情风，让我以为我们在拍琼瑶阿姨的大片。

“我不吃了。那个谁，你有什么事啊？快跟我说，说完我还有事要办呢。”池向南没好气地看着池向北。

“哇，嫂子，你这个朋友好厉害哦！”

“嫂子？”刚想跟池向南痛说革命家史的池向北被这一声嫂子给雷住了。

“拜托！是前嫂子好不好！马拉跟你哥早就离婚了！”池向南毫不留情地说道。

“什么？”罗以琳的脸色大变，“嫂子，这种事她也能乱讲，她这不是诅咒你嘛！”

“你也知道这种事不能乱说的！马拉你没什么好怕的，凭什么啊？离婚了还要为他们家操碎了心，别瞒着了，你告诉她真相！”

我从没想过事情要在这样的情况下被捅漏，看着一脸茫然的池向北和泫然欲泣的罗以琳，我的心却慢慢平静下来。早晚会有这样一天的，我心里在怕什么，又在期待着什么呢？我终于望向以琳，朝她点了点头："没错，我和你哥早就离婚了。"

"你……你骗人！"罗以琳一跺脚，转身要走。

"你要去哪里？"我问她。她没有说话，我叹了口气："我希望你回家去，让你妈妈好好照顾你。但其实你现在应该知道，无论你去哪里，跟我没什么关系，所以请你不要再任性了，最好乖乖回家。"

罗以琳诧异地转过头来，我没有再去苦口婆心，没有怕她跑进黑夜，只是淡定地坐在那里，看着她耍大小姐脾气。她其实和她哥还颇有点相似之处的，我想，他们都有些天之骄子的自觉，认为我一定会理睬他们的任性，包容他们的错误，当我一旦不理睬不包容时，他们的委屈便溢于言表。终于，罗以琳没有再跟我们任何人说话，转身走出了饭店。池向南耸耸肩："马拉，适当的时候，拿出点力度来。"

池向北道："今天大家心情都不太好，不然就不说了吧，我们吃饭？"

"我是吃不下了，马拉，你走不走？"池向南问我道。

"我和马拉还有话说。"池向北寸步不让。

见我依然坐在桌边发愣，池向南起身道了声失陪，便将我和池向北扔在了桌边。

"向北，真不好意思，把你的事情搞成这样。"我感觉相当抱歉。

"没什么，倒是你……心里一定不好受吧。"他的善解人意让我心里一动，我抬起眼睛看着他。他却苦笑了一下："没有人失去家庭心里还能舒服的，家庭是一个人最重要的生活部分了，不是吗？"

罗以忱，那个我爱了10年的男人，那个与我共建了一个家，让我想为他生儿育女的男人，却从没有跟我说过家庭是一个人最重要的生活部分。这个家给他的感觉，我对家庭的所有付出，都让他越发觉得我婆婆妈妈没有追求。用池向北的话来说，我越温暖越亲切，罗以忱就越是想要逃离。

而今晚的此时，这个男人，当我再次为我年久失修的爱情伤神不已，他却告诉我，我的温暖和亲切让他有家的温馨之感，而家在他的心中，是一个人最为重要的生活部分。

池向北，他那深邃的眼睛里闪着一种渴望，此时此刻，他是那么想要一个人来爱他。

我回去的时候，已然有些微醺。池向北照旧将我送到楼下，我下车的时候，他却拉住了我的手。

“马拉，还难过吗?”他的声音低沉浑厚。

“已经很久了，我以为都习惯了。”

“但其实想起来，还是会有一点难过吧。”池向北道，“就像我偶尔还是会想起从前的事情一样。”

沉默。我们并不很熟悉，却在太过有限的几次交往中，了解了彼此心灵深处的秘密，这么轻易地成了知己。

“向北，谢谢你。”我在他有力的手上一握，“今晚麻烦你了。”

“非常荣幸。”他微笑着点点头，“以后如果有什么事，也欢迎你随时来麻烦我。”

告别池向北，我上了楼。当我的钥匙刚要插进锁孔，门便被打开了。

我婆婆站在门口，罗以忱站在她身后。

“马拉，你怎么这么晚才回来。”罗以忱轻声问。

我路过我婆婆身边时，她使劲吸了吸鼻子，她和罗以忱对视了一下，罗以忱问道：“你喝酒了?”

“是啊，你有什么意见吗?”我站住脚步，问罗以忱。

“我……我只是担心你。”他声音低了下去。

“谢谢你的担心，池向北送我回来的。”

“你……你怎么跟他又……”罗以忱看看他妈，硬是把后面的话咽了回去。

“丫头啊，这可就是你的不对了。你怎么能这么晚出去跟男的喝酒，还让人家给你送家来呢？咱家少爷一直坐立不安的，他这脚还有伤，老是往窗口跑，盼着你回来……”

我看向罗以忱，他有些尴尬地咬了咬唇。

“阿姨。”我终于唤出声来，我婆婆吓了一跳：“你叫谁呢?”

“阿姨，对不起，我不能再叫您妈了。很抱歉我没有及时告诉您事情的真相，我和以忱已经在去年离婚了。”

“马拉!”罗以忱还想阻拦，可是我的话已经出口，与其等罗以琳来将这件事向罗家宣布，还不如我自己来说。

我婆婆跌坐在沙发上，罗以忱也抱住了头。我无力地笑了一下：“我也不知道我们俩将错就错地在一起凑合了那么久，不过说穿了也好。今晚，我们不用再一个睡床，一个睡地板了。”

月初的时候，店里总是说不上多忙，我也终于把客户资料整理成册，要去总店找闻远樵核对。

近日我和他见面少了，不仅因为我一直在新店忙活，而他也一直在管理生意越来越好的总店，而且我们都发现，在我们俩之间有一股让人说不出来的气流在氤氲酝酿，总觉得有什么事情应该在我们之间发生，也许我们也都在对这件事情抱有期待。

不论池向南怎么向我强力推荐闻远樵，不论罗以忱如何怀疑我和闻远樵有暧昧的情愫，但我始终认为，我跟闻远樵之间差了那么一点点。也许就差在他太绅士，而我太慢热，我们就像两杯半开的水，永远不热烈，不激情，不缠绵，不沸腾，也不够爱情。

交割完客户资料，闻远樵起身："再喝点咖啡吗？"他问。

"好啊。"我轻声答道。

他将一杯略加了点奶的咖啡送到我手中，却不料一粒扣子从袖处脱落，掉进了我面前的杯子里。

"哦……对不起……"他急忙将杯子端走，清秀的脸上有些尴尬，"太失礼了。"

我笑着看着他："你真的需要个人照顾你了。"相处久了，除了工作时我们一丝不苟之外，闲谈时我已经俨然将他当成了朋友。

"嗯……"他应了一声，若有所思地看着我。

"有什么话要跟我讲吗？"我也看着他。

"其实……我心里有一个人。"

"哦？那是好事情呀。"我啜了一口咖啡。

"只是……我一个离婚的男人，还带着个孩子，只怕配不上人家。"

这是我第一次看闻远樵露出这样惴惴的神色。我的心忽然一动，怎么，他要向我表白吗？他真的爱一个人的时候，也会这样面色微红，双眸炯炯吗？我不禁想到他为池向北做提案时的情景，原来这个男人不是不会，只是不够而已。当他面对他在意的人、在意的事，他也会感情丰沛溢于言表，现在，是他向我表白的时候了吗？

“是你教会我勇敢，是你教会我去做更好的自己，是你教会我战胜自卑和怯懦去努力改变，现在我把这些勇气和力量也送给你。”我看着他的眼睛，认真地说。

“马拉，谢谢你，不过我还是希望……希望能跟你一起……”

跟我一起？他在向我表白吗？看着他的眼神，我正在犹豫，却听他说出了后面的话：“希望能跟你一起去找向南，你说是我给了你改变，你也带给了我生命里的第二个春天。所以，如果向南能接受我的感情，我希望你能跟我们分享这份幸福，也希望你能幸福，我们仨永远是好朋友！”

向南？他是说池向南？闻远樵心里的那个人是池向南？我的心里像忽然推开了两扇门，他们原来早已芳心暗许，却都在徘徊犹疑猜测试探……那我呢？我和闻远樵本来就不合适吧……可是为什么心里有一丝极淡极细难以言说的失落？

Crazy Candy，我们三个人的据点。

池向南到来的时候，我和闻远樵已经各自喝了一杯东西了，柳子乖乖地坐在我身边喝着奶昔。

“怎么，有什么事儿？”她大咧咧地一搭我们俩的肩膀。我看着她说：“今天，远樵跟我表白了他的心迹。”

我明显感觉她搭在我肩上的胳膊一僵，但随后，她在我肩上捶了一拳：“我真的为你高兴。”

“远樵说我们仨永远是好朋友，所以希望我们可以一起见证他的幸福。”我故意逗弄着池向南，这个损友对我一贯欺压，今天我可要一并讨回。

池向南点点头，将一杯朗姆酒一饮而尽，她的眼圈微红：“闻大哥，马拉是我最好的姐妹，你以后要好好照顾她，可不能欺负她，否则，我是不会放过你的！”

闻远樵微笑着垂下眼睛。此时，酒吧里一曲歌毕，主持人走上舞台：“今天，有一位闻先生想要跟自己喜欢的女士表白，现在我们就请他到台上来！”

闻远樵向我们点点头，然后起身走向舞台中央。

“那位女士，你好。”闻远樵的开场白颇为拘谨，台下的大家都起哄般地笑了起来。

“嗯……我们这个年纪的人，可能都不善于表达，用我自己的感觉来形容，就是茧一样的人。纵然外表有一层厚厚的壳子包裹，但心里却是软的，热的，渴望自由和飞翔。你是一个让我有飞翔感的女人，总是开朗，总是快乐，像一束光照亮了我黯淡的蛹。如果可以，我希望你可以一直陪在我身边，一起笑一起闹，一起把每一个天亮打扮成一个节日。”

他殷殷的目光看过来，池向南也痴痴地望着他。闻远樵微笑起来：“我不太会说话，但我希望能在未来努力给你看。我对未来的每一个构想里，都有你。我很认真地对待这份感情，我希望我们有个家，哦，我女儿也很欢迎你。如果你不嫌弃我所有的过去，我和我的女儿一起向你发出邀请，希望我们能组成一个美满的家。”

柳子听话地走上台去，闻远樵爱怜地蹲下来问道：“柳子，你同意爸爸给你找一个新妈妈么？”

柳子摇了摇头：“不同意！除非……”她看了看台下。

“除非什么？”闻远樵追问道。

“除非是马拉阿姨或者向南阿姨！”柳子朝我们指过来。

“哦？那这两个阿姨哪个更漂亮呢？”

“马拉阿姨！”

“那这两个阿姨哪个更温柔呢？”

“马拉阿姨！”

“那你更想要哪个做你的妈妈，我们一起下去把她的手牵上来好吗？”

闻远樵领着闻柳子，一起朝我们走来。池向南小声道：“马拉，感动吧？我都要流泪了！”我轻笑了一下，直到他们走到我们面前。

一大一小两只手，一起直直地伸向了池向南。

池向南惊讶地看着他们，直到我拍拍她的手：“嘿，别给我丢人啊，快拉着啊！”

池向南确定自己没有看错后，终于伸出了手。他们一家三口，在大家的掌声中走回了舞台，此时不仅音响师放起了音乐，还有闻远樵事先安排的人放出了喷花。我不禁暗笑，这场面搞得跟结婚似的，闻远樵真是个焖烧锅（闷骚哥）。池向南接过话筒，我发现她的声音都有些抖了：“我……我现在还感觉像做梦一样，没有想到你选的人会是我……那个……柳子，你刚刚不是明明说我不如你马拉阿姨漂亮不如你马拉阿姨温柔吗？原来你是骗我的呀……”

“向南阿姨，我没有骗你啊，你确实不如马拉阿姨漂亮，不如她温柔啊！”闻柳子是从来不会给池向南面子的。

“那……那你干吗还选我？”池向南有些懊丧地看着这个即将成为她女儿的女孩。

“因为……因为我妈妈也不够漂亮不够温柔，但她够爱我！”柳子说着张开双手，池向南伸手将闻柳子抱进怀里。

柳子对着她爸爸递过来的话筒问：“向南阿姨，你能接受我爸爸和我吗？”

看着台下看热闹不嫌事大的人不断地起哄，天不怕地不怕的池向南脸红了，她终于羞涩地点了点头。

我看着闻远樵，看着池向南。

池向南，可以说是我最珍视的一位朋友，如今找到这么美满的一份姻缘，我也替她高兴。可就在那个华彩炫丽的晚上，在闻远樵和池向南成功牵手的瞬间，我的心中忽然涌起一丝酸涩，那大概是我对于自身命运的一点怨叹。

有那么一些时候，还以为这个男人心里是有我的，虽然不热烈，不激情，不缠绵，不沸腾，也不够爱情，但过日子又哪有那么多热烈激情缠绵沸腾和爱情呢？两羽失伴的孤雁凑在一起，难道不是理所当然的事吗？但我显然是错了，让我酸涩的不是那个根本不属于我的男人做出了早在意料之中的选择，而是因为我作为一个短婚女在婚恋市场的尴尬地位。“前有追兵，后有堵截”，不仅如闻远樵般条件不错的二手男尚有众多剩女翘首盼望，连罗以忱彼时还在婚姻中就有努力的年轻小三来拆我家这座小庙了。

我浅浅地啜饮了一口手中的番茄汁，望着我最好的朋友和我的老板有情人终成眷属，心里想的却是，我的归宿，又在哪儿呢？

## 第十章　与其等死，不如作死

我从没想过有那么一天，我有幸接到黄莹莹小姐亲自打来的电话，以至于当我感觉到“骚气袭人”之时，虽然直觉判断是罗以忱在外招惹的小妖精，却有些恍惚，不敢确定。我无法想象，一个人可以无耻成这个样子，因为她找我的目的居然是：兴师问罪！

我承认，我已经跟罗以忱离异了很久了，我现在已经是一个无拘无束的单身人士。但不知为何，在面对黄莹莹小姐时，我的“大房综合征”就会莫名其妙地跳将出来，浑身立刻跟打了鸡血针一样昂扬。

我打开衣橱，挑了一件Versace连衣裙。手感绵密的裙料，黑白的复古渐变色彩，玫红的蝶形纹饰，性感的背部合身设计，都恰到好处地衬托出一位30岁女人的优雅和精致。而后，我用从未有过的耐心给自己化了一个偏冷色系的妆面，虽然内心的包子气息有时无法遮掩，但最起码看起来要霸气外露一些。

我套上米色羊绒短大衣，围上千鸟格围巾，及膝的高靴让我看起来挺拔了许多。我理了理染成棕栗色的卷发，对着镜子里虽然不年轻但依然打不死的女人挥了挥拳头，告诉自己要加油！

这是我第一次独自面对黄莹莹。来到她选的年轻风尚咖啡厅，我远远就看到了坐在窗边摆弄手机的黄莹莹。

她穿着全身的Only款，年轻有余，档次不足。大概是还在下意识地寻找半年前遇见过的肥婆，所以直到我走到她眼前，她依然目光迷离地向外张望。

“黄小姐，我们又见面了。”我走到她面前，伸出手来。来之前特意让店里的小姐姐帮我做了手护和美甲，虽然因为做家务太多，手的底子差了点，但总算是粗粮细作，猛一看还确实不错。

我明显地看到了她眼里的惊愕甚至恐惧，而后立刻浮现出了一种虚张声势的骄傲。她并没有站起来，而是坐着在我手上捏了捏。她的小手冰凉，如同她此刻刻意板起的小脸儿。

“黄小姐，你家没有人教过你，不管你有多讨厌对方，握手也是需要站起来的吗？还有，你的手很凉，没事去看看中医吧，大概有些宫寒。”

“你……”她气得翻了翻眼睛，“你自己不孕就以为别人都跟你一样吗？”

如果是原来，我会被她的话羞得无地自容。但现在的我，已经不是昔日的马拉了：“对，我是久病成医。不过，你如何证明你和我不同呢？难道你怀上过了？”

见她恶狠狠地瞪着我，我一笑，拿过菜单：“我先看看菜，我一般都去花墙之类的地方吃饭，这家我还没来过呢，不过我听说这家店老是做一折餐团购。黄小姐，你有没有确认短信？不然我可不敢点东西。要不，我们AA制？”

知道我在笑这家店不上档次，黄莹莹果然沉不住气了：“我约你来的，自然是我买单，更何况，罗总会给我报销的。”

“哦。”我点点头，那我自然就更不用跟她客气，什么扒皇鹅肝鳕鱼蜗牛，尽管给我往上招呼。

“马拉，我昨天才知道，原来你早就跟罗总离婚了！”终于，她先开口质问道。

“是啊，你有什么意见吗？”

“你既然早就跟罗总离婚了，为什么还要跟他住在一起？”

“不然呢？让给你去陪他住？”

“你这个险恶的女人分明就是在勾引罗总，拖住罗总，就算是离了婚还不放开罗总。既然你现在有了别的男人，为什么不搬出去？为什么还要赖着罗总？”

“哎黄小姐我问你个事？”

“什么？”

“你跟罗以忱很熟吗？”

“什么意思？”

“有多熟？”

她被我问愣了，我继续自说自话：“只怕再熟也没有我跟他熟吧。再说，你还叫他罗总呢，又能有多熟呢？我是一成年人，目前单身无孩，你就算是我妈也管不着我勾引谁拖着谁进谁的门上谁的床吧？”

“你说这话真是个贱人！”她开始口不择言。

“在这一点上，真是承让！”我不动声色地回敬过去。

“马拉，我实话跟你说，我就是喜欢罗以忱。现在你和他已经离婚了，你必须搬出罗以忱的家，别再缠着他了！”

“温馨家园是我和罗以忱的共同财产，离婚是因为他的出轨导致的。他是过错方，要搬也是他净身出户才对吧？”

“他没有出轨，我和他是清白的！”黄小姐一副欲求不满的遗憾表情。

“哦?”这我倒是没想到，为了争这个房子，罗以忱被黄莹莹描述成柳下惠了。

见自己说漏了嘴，黄莹莹似乎也有些后悔：“反正你不觉得离婚以后还住在一起，是一件不要脸的事吗?”

“觉得了。”

她愣了，她大概没料到我会坦然承认。

“所以我现在都沦落到跟插足的小三坐而论道的地步了，你说这是不是物以类聚?”

“你真是一又刻薄又阴险的老女人，真不知道以忱看上你哪了!”听我的提醒，她才把罗总换成了以忱，来掩盖他们也许并不亲密的关系。“你就在以忱的房子里赖着吧！不过我提醒你，以后看到我和以忱恩爱有加的样子，不要气出心脏病!”她说着就要起身，我急忙拦住她：“黄小姐，结账!”

一顿饭我一个人悄无声息地吃了小一千块，看着黄莹莹脸如其名的样子，我心里却一点也高兴不起来。待她离开，我一个人跑到卫生间，刚吃进去的一堆乱七八糟就都吐了出来。

这场对阵，黄莹莹是输了，但我也绝对没有赢。一个女人被小三找上门来这件事本身，已经是一种极大的耻辱。

罗以忱，我们不是已经离婚了吗？我们不是已经分开很久了吗？为什么心还是会痛呢？我看着镜子里的女人，妆容有些凌乱，眼睛也浮肿发红，这一丝狼狈让我想起了自己的曾经。

当我拖着脚步回到温馨家园时，我发现门是虚掩着的。我婆婆经常这样，下去扔垃圾就不知道把门带上。而也正是这个失误，让我听到了罗以忱正在讲电话。

“我知道的，爸，您放心吧……我不会让您的钱受损失的，您当年给我们的钱不是有转账记录吗……”

我手中的钥匙落在了地上，罗以忱回过头来，手忙脚乱地扣掉了电话。

“我爸身体不好，我也就是哄他一下!”罗以忱急急忙忙地解释道。

我叹了一声，捡起地上的钥匙，交到罗以忱手中：“我先去宿舍住了。”如果池向南知道又该笑我包子了吧，明明是自己的房子，明明是自己的财产，却又一次地先行退让了。但我实在不想再待在这样的家里了，我为他所做的一切，为他的家人所做的一切，又是为了什么呢？知道我们离婚的消息，他爸竟然还只惦记着钱不要被我这个没有子嗣的儿媳拐走太多。我忙前忙后地为他准备寿宴，我带着他女儿去堕胎，我照顾受伤的罗以忱，照顾生病的婆婆……我又算什么？池向南说得真对，好人跟贱人之间，果然只有一线之差。

“马拉，你听我说……我爸脑出血，他的病经不住刺激，他已经为我们的事差点再次犯病了。他这次看病花了不少钱……不过，我不会麻烦你的……马拉，马拉……”

我木然地拿了几件衣服，准备离开的时候，我婆婆从门外走进来。

“丫头，你回来了？晚上在家吃吧？我买了你最爱吃的武昌鱼，一会儿烧给你吃!”她眼睛红红的，看来我和罗以忱离婚的事情，她是真心难过了。

“不了阿姨，我单位忙，先走了。”

“丫头!”她唤了一声，我停住脚步，“离婚的事可要想好啊，没男人的女人，苦啊……”

我回过头：“阿姨，您是我们俩离婚以后，第一个站在我的角度考虑这件事情的罗家人。不管怎样，我都会永远感谢您对我的照顾和关心的……”

“马拉……不是你想的那样的!”罗以忱一瘸一拐地冲过来追我，身后响起一阵扑通声和我婆婆咋咋呼呼的大嗓门。大概是他跌倒了吧，有多可笑，即使是这样的时候，我还想回头看看他。

我像逃命似的跑出了温馨家园。

在这场婚姻中，我和罗以忱如同故事里的那两尾鱼。

在一潭黯淡的死水中苟延残喘，抑或搁浅在无望的沙滩。我用尽力气去爱，能给他的也不过是些微的滋润，哪里比得上外面大江大河的自由和诱惑。

相濡以沫，不如相忘于江湖。

雪莲路如柳的生意慢慢走上了正轨。比起刚离婚那一阵的昏天暗地，我已经恢复了很多元气，每天有更多的时间去研究和学习美容、化妆、美体、保养，有更多的时间去跟顾客交流。用心多，生意好也是自然。搬出来之后，罗以忱来找过我几次，但我都没有理他。后来他就没来了。一段时间之后，他通过微信转过来一笔数量可观的钱，我没有收。他又把这笔钱转进了我的银行卡，还特意附言说是给我的安家费，不在离婚财产之内。

池向南和闻远樵的关系一旦挑明，立刻就稳步升级。5 月的一天，池向南邀请我去她家，说是闻远樵要见家长了。虽然说闻远樵的外形和事业都不错，但毕竟离过婚，她有点怕她妈不满意给闻远樵难堪，所以让我也一起去。我本来还迟疑了一下，但随后就答应了，因为，我想到了一个人。

拨通电话后，一个颇具磁性的嗓音传来："喂，马拉吗？"

我跟池向北说了池向南要请我去她家的事，并问他想不想去亲自见见她妈妈。池向北的笑声仿佛就在我耳边，让我心突然有一种痒痒的感觉。

"好啊，我非常想去，但我以什么身份出现呢？"

这一点我倒是没想过，我正犹疑着，池向北的声音已经再次响起："不然我就扮作你男朋友跟你一起去吧。"

池向南的家在一栋普通的居民楼里，位置不在市中心，小区环境也一般，我们绕了半天才找到地方停放池向北的 Q7。我和池向北买了不少礼物带给老人家。就在我把礼物都交给池向北，准备敲门时，池向北却拉住了我的手："等等。"

"怎么了？"我望着他。

"我这个样子的打扮还好吗？"

一般一个男人除非到非常重要的场合，否则是不会太介意自己的打扮的，而且他们也不会随便问一个女人他们的着装品位。他问我这个问题说明两点，第一是他非常重视他即将要见的那个人，第二，他非常重视我的意见。

我打量了他一下，浅色 T 恤，深色裤子，有点猎装意味的鹿皮鞋，一看就是随意休闲的打扮，但每一样东西都透着昂贵的气息。

"不错，只不过你的打扮和现在的这个环境有点不相称。"他这身打扮，应该是背靠路虎越野眼神迷离地点上一根烟，优质红妆便立刻斜斜地依在他身边等他狩猎，而不是站在贴满乌七八糟小广告的楼道里，在转个身都能碰到的狭小地方等待检阅。

“太正式了吗?”他有些惴惴。

“是不太亲民。”我笑了一下，告诉他不用紧张，他点点头。

来开门的是池向南，当她看到池向北的时候显然愣了一下。我向她介绍说这是我的新男友，她才坏笑着点着我的脑门：“你真开窍啦?上次就看出你们有奸情……”

“去去去，说得那么难听。”说着话，我们已经走到了屋里，我第一次看见了池向南的妈妈——池雨痕阿姨。她穿着一般，却甚是干净整洁，看年纪也不过五十余岁，头发却过早地变得全白。

“阿姨好!”我把东西交给她，她微笑起来：“你就是马拉吧？老是听向南提起你。”

“阿姨，我早就应该来看您了。可是池向南啊，她老说我结婚太早给她压力，您看了我肯定就更加念叨她，所以一直拦着不让我来看您。”我拉着池阿姨温暖的手，像拉着我妈妈的手一样。

“哦，那丫头就是调皮，不过这次终于领回了意中人。我呀，也算了了一桩心事。”

“怎么样？对这女婿还满意吗?”我看了一眼意气风发的闻远樵，估计事情已经成了八分。

“嗯。远樵这孩子也不容易，自己带个女儿又当爹又当妈的。本来我还担心向南孩子气太重，后妈又难当。但我今天一看见柳子就感觉特别有缘，这孩子姥姥长姥姥短的，叫得我这心哪都敞亮了。”

我看向闻柳子，那小东西冲我挤了挤眼睛，看来她已经替她爸爸把老人家哄住了。

“哦，对了，阿姨，这是我男朋友池向北。”我望向池向北，却见他呆呆地看着池阿姨。

“向北……”我唤了他一声，却见池阿姨的眉头明显一皱：“孩子，你叫什么？”

“我叫池向北。”他的声音有些颤抖，而后他轻声问道，“您认识徐玉兰吗？”

老人家踉跄着往后退了一步：“你……你……”她的神色复杂，说不出是喜悦还是惊讶，又或者有点难以置信，忽然她手捂着胸口，身体朝后倒了下去……

“妈！妈！我妈有严重的心脏病，不能受刺激！”池向南哭喊起来。

“喂？120急救中心吗……”闻远樵立刻打电话叫了救护车。

池向北看着眼前的一切，呆若木鸡。

抢救室门外，闻远樵紧紧拉着池向南的手，柳子安静地坐在爸爸的腿上，大气都不敢出。池向北低头不语，额头上冷汗淋漓，他紧紧地咬着嘴唇，拳头攥得骨节发白。

不知过了多久，抢救室的门终于打开了，池向南急忙扑过去：“大夫，我妈怎么样了？”

“老人得的是急性大面积心肌梗死，我们已经尽了全力……”

池向南软倒下来，闻远樵一把抱住了她。这时大夫急忙说：“现在老太太还有意识，你们儿女可以进去告个别。”

“向南！向南振作点，进去听听妈妈的嘱咐！”闻远樵的声音颤抖不已，柳子也大哭起来。池向北忽然站起来，走进了抢救室。

我扶着池向南走进病房，呼吸机等设备已经撤了。池阿姨的眼睛半睁着，想着两个小时前她还拉着我的手嘘寒问暖，我的眼泪也滑落下来。

“向南……”

“我在……”池向南握住老人伸过来的手。

“我一直以来，就惦记着你找对象的事，现在你终于托付了不错的人，以后你们俩要好好过日子，不要让我放心不下……”

池向南哭得不能自已。闻远樵柔声道：“妈，您放心，我一定好好照顾向南！”

老太太点了点头，微笑着说：“那就好，这样我也能安心去地下见你妈了。”

“妈，您说什么呀！”池向南以为老太太犯了糊涂。

池阿姨的喘息有些费力，但她终于还是喘匀了一口气：“向南哪，妈根本都没结婚，哪来的女儿啊？我是你的小姨，你妈妈是我的亲姐姐。我们一家姐妹俩都是苦命的人哪，你妈去得早，你爸又不着调，我才一直抚养你长大。你不要怪妈妈，现在才告诉你事情的真相……”

见池向南呆呆地站在那里，老太太叹了一声，接着颤声唤了一句：“向北……”

池向北走过去，拉住她的手：“向北啊，你爸爸说你没了，就因为这件事，我恨了他一辈子。现在，你去告诉他，我原谅他了。”

“我爸爸得癌症去世了……而且……他也没有结婚。”

“哦……”池阿姨闭上了眼睛，“孩子，我们对不起你啊……把我和你爸爸……葬在一起……”

池阿姨头忽然一歪。

“妈……”他不知等了多久才叫出了这一声妈，可谁知这第一声妈，也就成了最后一声。

我是在池阿姨的葬礼上，再次见到罗以忱的。又或者，我该叫她徐阿姨才对。

池雨痕，池余恨，她纵使遗恨终生却还是念着她的爱人的姓氏，还是记得他说过的，如果有孩子就叫他（她）向北，那是向往着她的故乡。而她给过继的女儿取名向南，是不是也在向往着那个男人所在的地方？

他和她的故事，随着最后一缕青烟的升腾，成了谜一样的历史。

池向南哭得非常厉害，虽然老太太在生命的最后一刻甩给她一个残忍的真相，但她仍旧是池向南唯一的亲人。虽然还没有领证，没有典礼，但闻远樵还是以女婿的身份来接应招待，连柳子也为这个只有一面之缘的姥姥戴了孝。

葬礼的所有费用都是池向北出的，但他本人却像一个提线木偶般没有生机。他再一次成为孤身一人了，如果说之前的寻找让他仍旧抱有一丝希望，那么这一次相逢就是断绝了所有的念头。

在池阿姨这件事情上，我非常恨自己。如果不是我多事，那么池阿姨现在还好好地活着，等着参加女儿的婚礼；池向南则是个开心的待嫁新娘，准备迎接期待已久的喜事；闻远樵也可以高高兴兴地准备典礼婚宴，而不是在这个时候迎来一个葬礼。但我心里却觉得，我最对不起的人是池向北。如果我没有通知他，他虽然没有和他的母亲相逢，却也还抱有着能支撑他活下去、找下去的希望，但现在，我残忍地将一个人的精神支柱给拔掉了。

我的眼睛始终不由自主地看着池向北，看着他麻木地被人指挥着做这做那，看着他跪在池阿姨的跟前，向来宾行礼，看着他深陷的眼窝和凌乱的胡茬，还有仿佛一夜之间斑白的两鬓。

我就这样看着他，看着他，直到一个声音呼唤我的名字："马拉……"

我回过头，是一身黑衣，手执一朵白色菊花的罗以忱。

我们仿佛已经很久没有见面了。我忽然觉得这个男人有些陌生，他曾经跟我相爱了10年啊，感觉那些蜜里调油，那些同床共枕，甚至是那些争吵冷战，都像上辈子的事了。

"你也来了。"我淡淡地招呼道。

"嗯，我听到阿姨的事，就过来看看，怎么说我跟向南也是朋友。"他顿了顿，望向我，"马拉，你又瘦了。"

"不好吗?"我故作轻松地挤出一丝笑容。

"别太操劳了。"罗以忱低声道，"对了，我后来才知道，黄莹莹她居然去找你谈话？她真是太荒唐了，你不要跟她一般见识。"

"能做出当小三这么荒唐事情的女人，说出什么荒唐话我都会认为是正常的，你不必为她道歉。"

"我爸上次也就那么一说，你也别太计较了。"

"你爸我就不评论了。"我对那个抛弃妻子一心钻营的老头很不感冒，但碍于他怎么说也是罗以忱的爹，所以我还是给彼此留了面子。

"那就是说，你都不介意了?"

我点点头，我本来就跟这俩人没什么太多关系。又或者说，他罗以忱身边的人，跟我都没有太多关系。

他长出了一口气："那就好，那你什么时候搬回去?"

"什么？搬回去?"我有些诧异，我为什么要搬回去啊?

"是啊，咱妈现在已经回老家了，你可以搬回来了啊。"他说得是那么理所当然。

"罗以忱，你认为我搬出去是因为咱妈吗?"

"不光是因为咱妈啊，不是还有黄莹莹和咱爸吗?"他的结论是如此无辜。

我无语地点点头："现在我没心情跟你说这些，等我陪向南处理完池阿姨的事情，我会回去办这件事的。"我在家里还有很多私用的东西需要拿走的。

罗以忱如释重负地点了点头，脸上甚至露出了一丝微笑："好，我等你。"

漫长的三天终于过完了，走出殡仪馆的大门，人总会有一种恍如隔世的感觉。白色的纸花和缥缈的飞灰，让人大彻大悟又提醒人怜取眼前。

我终于走到池向南跟前："向南，我知道说什么也难以抚平你心里的哀伤，但我真的还是要跟你说一声，对不起。"

池向南抬起眼眸，摇了摇头："这不怪你马拉，我相信我妈妈临走的时候一定是了无遗憾的。我记得我曾对你们讲过我恨我爸爸，因为妈妈一直以来都郁郁寡欢，她也曾说过爸爸害死了她的孩子，我以为爸爸抛弃了我们俩。而我并不知道，我不是妈妈的孩子，妈妈以为爸爸害死的，是她唯一的儿子。于是我刻意让自己变得油嘴滑舌无所用心，其实是想给妈妈更多快乐。妈妈的头发很早就白尽了，身体也一直不好，我知道她有很重的心事。而现在，我大哥的出现终于让我妈释怀了。”

她伸手在我肩上拍了拍：“马拉，我这一辈子怎么老是赶不上你啊？本来以为终于追上你的老板，从此之后就是你的老板娘，没想到这老板娘的位置还没有坐热，你就成了我大嫂了……”

“不不不，向南，你不要误会，我跟向北……”

“马拉，姐们儿求你，帮帮我哥，给他点温暖吧，现在能帮他的，大概只有你了。”

池向北穿着一袭黑衣，几天的时间就变得沧桑而清瘦。我想起罗以琳对他的称呼，他确乎像个大叔了。

作为长子，他存放好池阿姨的骨灰，最后一个走出殡仪馆的大门。阳光刺痛了他流泪太多的眼睛，他不由自主地用手一遮。

我走过去，不知该对他说些什么——是道歉还是安慰，又或者这两样对于他来说，都是相当无用的东西。

池向北看着我，我们中间隔着一条湍急的河流，我暗下决心，即使他不为我修桥，我也可以为他涉水。

“向北，去我店里吧，我给你做点东西吃。”这是我第一次主动邀请池向北，他微微点了点头：“上车吧。”

路过超市的时候，我提议说去超市买点东西。他把车停好，我们推了一辆购物车，一起默默朝超市里走。

“你喜欢吃什么？”我问。

“你会做什么就买什么吧。”他显然对我的手艺没抱什么信心。

我灵机一动，心里有了主意。

我买了饺子粉和肉馅虾仁儿，又买了一掐鲜灵灵的韭菜。店里经常有人做饭，所以其他调料倒是不缺。池向北只是木然地帮我推着车，目光迷离又涣散。

说不清自己是有心还是无意，我买了一瓶红酒。

因为池阿姨的事，我们店休三天。当我打开门，来到空荡荡的店里时，池向北跟在我身后，发出一声几不可闻的叹息。

我把饺子粉用温水和好饧着，接着将韭菜洗好切好，鲜虾仁切成段，与肉馅和在一起。即使是在我和罗以忱吵得最厉害的时候，罗以忱对我的厨艺也是心服口服的。但这也充分说明所谓想要抓住男人的心要先抓住男人的胃这种狗屁说法，实在是没有什么必然性的，因为每个男人都有胃，但并不是每个都有心。

酱油，香油，盐，鸡精，而后我将饺子馅往一个方向搅拌。我喜欢做饭，喜欢厨房，喜欢锅碗瓢盆五味调和百味香。在我是一个少女的时候，我也曾十指不沾阳春水，但当我嫁与罗以忱为妻后，我就为伊洗手做羹汤，成了一个称职的厨娘。辣为君主，酸为谗臣，甜为宠妃，苦为隐士，盐为百姓，当男人在商场官场左右逢源时，他们身后的女人在锅台灶边精心烹饪。这不过是一种顺天应人的社会分工，但很多男人却把这区分出高低贵贱。

“需要我帮你吗?”池向北走过来，以往我们在家，罗以忱从来没有问过这样的话。

“你会吗?”我熟练地将馅挑进皮内，然后两手一挤，一个元宝般的饺子就成功了。

池向北拿过擀面杖，快速地擀起皮来："我原来在福利院的时候，有个阿姨是北方人，她最会做三鲜饺子……"

我的手蓦地一抖，几乎捏不住手中的饺子。我怎么会忘了，我和池向北都是南方人啊，我们的故乡，是很少做这样的面食的，而一看吃饺子就乐得拍手的人，是罗以忱啊……

我是到江滨之后，才学会包饺子的，而罗以忱所在的东北，经常会吃饺子。他曾对我说过，越是冷得伸不出手的季节，我婆婆越是喜欢包上一盖帘饺子，娘俩煮熟了就在炕上吃，那种温暖无法形容。

我只想到了这种食物可以给人带来的温暖，却忘记了我的对手是池向北而不是罗以忱……

"你怎么了?"池向北问。

"哦……没什么，只是……我非常愧疚，觉得自己不该带你去见池阿姨。"

"这不怪你的，我还要谢谢你，让我能跟我妈妈相见。妈妈的事，大概是我自己……是我的命，也许我就是天煞孤星，不能与父母见面的。"

想到他爸爸也是找到他不久便离开人世，这种残忍还不如他们从不相逢，让他满怀希望地生活，也好过甫一相认便生离死别。

"从此，我还是安生点，一个人孤独终老比较好吧。"他垂下长睫，擀皮的手却没有慢下来。

"向北，不要这么想，我就从来都不相信命运。比如我自己，10年的感情一朝逝去，我却依然还相信自己只要活着，就有希望再次遇到更好的爱情。"

他抬起眸子，眼中转动着星星："还以为，你会嫌弃我呢。"他的声音低沉而好听。

“我为什么会嫌弃你啊？”我有些莫名其妙。

“我可能特别招人嫌弃吧。从小我就是在别人的嫌弃中长大的。跟我爸爸相认后，爸爸就过世了；终于找到了妈妈，却害得向南没了无忧无虑的生活，还让你心里觉得愧疚，难道我不是个让人嫌弃的人吗？”

我的心里微然一酸，这个男人，从小在缺乏爱的环境中长大，明明是这些人亏欠了他，又或者是与他毫不相干的事情，他也会习惯性地认为是他的错误造成的。我伸出手，压住了他正在擀面的手：“向北，不要这样说。这些事情不怪你的，你没有做错任何事。爸爸妈妈认下你，一定是开心和没有遗憾的；向南多了你这个哥哥的照顾，以后就算闻远樵欺负她也有娘家人给她撑腰了；至于我……我从来没有嫌弃你，从前不会，现在不会，以后也不会。”

滚水在电磁炉上沸腾，见水开了，我往水中加了一点盐。

“这个汤也需要调味吗？”很多南方人吃饺子是连汤一起喝的。

“不是的，这样煮饺子不容易破。”我答道，而后熟练地将盖帘上的饺子滑进锅里。

“你还真是个厨艺达人。”他称赞道。罗以忱从来便觉得君子远庖厨，没觉得当个厨艺达人有什么值得称赞的，仿佛饭来张口衣来伸手，是他理所当然的生活方式。

“关于饺子我还听过一个挺好玩的传说，说是有一年过年煮饺子的时候，饺子开锅后一掀锅盖，煮好的饺子全部都不见了。”

“一听就是瞎编的。”池向北说着，唇角却弯成一个好看的弧度。

“不是的！这是我婆婆亲身经历的！”这是罗以忱亲口讲给我的故

事，配上他惟妙惟肖的表情，曾让我听得脊背发冷，一下扎到他怀里。

“哦……”池向北唇角的弧度消失了。

我这是怎么了？我为什么不停地想到罗以忱？我垂下头不再说话，屋子里是那么安静，只有锅里的饺子发出犹如微笑般的沸腾声音。

终于，我们的晚饭准备好了。水晶皮，三鲜馅，晶莹透出翡翠色的饺子，让人看着就垂涎欲滴。

池向北为我斟上红酒，我举起杯：“向北，为我们的相识。”杯子叮咚相碰，我浅浅啜了一口，池向北则喝干了杯中酒。

“喝过酒就不要开车了。”我随口提醒道，自从罗以忱买了车，我就已经习惯于这样的提醒，每当他喝了第一口酒后，我就再不让他碰方向盘。

池向北却突然像个孩子似的涨红了脸：“不了，但我……晚上还是要回去的。”

我愣了一下，随后也感觉脸上发烧。我是实实在在地提醒他注意遵守交通规则，他却将这句话理解为“开不了车就留下来别走”这样带着诱惑的邀请。虽然尴尬，但我却忽然感觉到了这个中年男人的“纯真”，他大概还没有机会学会老辣，因此还带着这个年纪的男人所难得的腼腆。

饺子就酒，越喝越有。我们就这样，喝了一杯又一杯。

我们在一起谈童年，谈故乡，谈我的瘦身店，他的酒吧街。觥筹交错中，我们从郁郁寡欢谈到情意绵绵，我面色发红，他目光闪闪。

直到时钟敲响了10下，池向北看了看表："马拉，我该走了。谢谢你对我的盛情款待。"

"不用谢，只要能让你心情好些，我非常乐意效劳。"

他站起身来："不知你有没有时间，我想邀请你到我家去，尝尝我的手艺。"

"哦？好啊，非常乐意品尝！"我有些顽皮地笑了笑。

"嗯，那好，下次店休时我来接你。"他朝我挥挥手。

"你也早点休息。"我就是那种随口一说都会关心别人的滥好人，但池向北却好像若有所思般地停下了脚步，回过头来认真点了点头。

如果说之前的我太过于注重家庭和生孩子之类婆婆妈妈的事情，那么现在我则要提醒自己不要太过投入事业中，而变成一个什么"女强人"了。

雪莲路如柳的生意在开业半年之后成功超越总店，闻远樵和池向南也正式将店名改成"如柳女子会所荔枝姐店"。

我不仅将心思用在维护客户上，还不时怀念起自己在如柳瘦身时的感慨万千，于是在我不做文案很多年后，终于精心制作了自己在如柳的第一份提案：王中王瘦身大赛。

我对闻远樵说我这个所谓"代言人"现在刺激性不够，需要让更多的顾客参与其中。这次的瘦身大赛所有参赛会员机会均等，大家都可以在咱们的网页上撰写日志上传视频，全程直播瘦身历程。设立人气最高、减重最多等单项奖，也让活动过程更加有参与性和趣味性。最终我们要选出的，是一位外观变化最大、瘦身后形象气质都趋于完美的新一届"瘦身代言人"，也为我们店面的继续扩张储备人才。

这份提案很快就被闻远樵认可。我们选择了几份比较主流的媒体，又在网络上大张旗鼓地宣传，并在我们工作中对来店的老顾客宣传，参与瘦身大赛可以享受打折价，王中王瘦身大赛于是就轰轰烈烈地开展起来了。

不仅是我，整个如柳都对这个活动相当重视，闻远樵也将之定为今年最重要的一个公关活动。于是我亲自联系广告公司，跟平面设计一点一点地抠海报和报广，忙得连和池向北的约会都差点忘了。

这天，我手里抱着一堆海报，想要去一个提前联系好的影楼张贴宣传时，池向北的出现才让我知道，今天是我半月一次的店休。

“正好你有车，送我去一趟时代大厦吧。”虽然有点抱歉自己的疏忽，但池向北此时的出现，就像想瞌睡就来了个枕头，正好可以带我前去。

池向北看看我：“你已经习惯每天都武装到牙齿了？”我知道他在说我今天穿得略显隆重，我有些无奈地摇摇头：“那家影楼是我们的赞助商，财大气粗的，给我们所有上传视频的参赛选手免费拍写真，还提供10万元美容产品赞助。这样豪爽的金主爸爸伤不起啊，我当然得穿得正式点。”

“很不错，非常好看。”这样直白的称赞从池向北的嘴巴里说出来很真诚，居然一点都不肉麻，我心里却硬是有了一点酥酥的感觉。

坐上他的Q7，我笑道：“这次可是比以往打车有面子多了。”

池向北偏头看看我，微笑了一下。

走进宝贝薇安婚纱摄影所在的时代大厦时，我有些抱歉地对池向北道：“真不好意思啊，让你穿着Ferre为我当跟班。”

“当跟班和穿什么没关系，要看为谁效劳。”池向北的气色已经好了很多，我很高兴看到池阿姨过世的阴影在慢慢消散。

我们把海报贴在宝贝薇安一进门非常醒目的位置，还没贴好就已经有前来咨询拍照的新娘问我瘦身会所的事了。我耐心地给她们做了解答，池向北就站在旁边，安静地看着我。

门市毛毛给池向北倒了一杯水，示意他坐下等我，并给池向北拿了一堆影楼的样册。当我解答完一个新娘的咨询后，才发现池向北已经跟门市聊起来了。我走过去，坐到池向北身边：“毛毛，你这生意经可是念得好，我带个朋友来你们这儿做广告，你倒见缝插针地推销起来了。”

“马姐，这是您先生吗？气质太好了，怪不得能追到我们这么优秀的马姐！”门市的小女孩都像嘴巴抹了蜜一样。

“你就是把他夸成阿兰德龙他也不会从你这订照片的。”我笑着对毛毛道。

“怎么不行！您先生都答应我了，如果你们结婚就从我这订个最大套的！”毛毛骄傲地指着报价表最后一页，那个被形容成什么钻石至尊 VIP 之类的套系。我看着标价栏里数字“8”排成一排，数了数，居然有 5 个之多，我叹了一声：“毛毛啊毛毛，你们老板这次给我们赞助写真费是真不死心啊，都要从我一个人身上赚回去呀！”

而后我看着好整以暇的池向北：“你还笑，什么最大套的，你当买煎饼果子啊！好啦好啦，正事办完了，咱们走吧！”

我和池向北走出宝贝薇安，正要一起去取车，迎面咖啡厅跑出一个泪奔的女孩，差点撞到我身上。我只觉得似乎在哪里见过这个女孩，池向北下意识地将我一拉，便将走神的我拉进他宽厚的怀抱。

我落入池向北怀中，这一幕也落进随后从咖啡厅走出来的男人的眼中。

“没事吧?”池向北问道。这姿势尴尬而暧昧，但在那个人面前，我没想改变现状，因为我迟钝的大脑已经反应过来，刚才从我身边洒泪而去的女人是黄莹莹，而眼前的男人正是罗以忱。

罗以忱的脸色是那么难看，看着我一身华衣和另一个身着名牌的男人一起走出我们城市里最高档的婚纱影楼，而后在即将登上一辆Q7之前深情相拥。这如此恶俗而又浅薄得瑟的浪漫虽然在这个城市里每天都在上演，但让他动容的是，女主角换成了我。当我感觉到脚痛的时候，我已经在池向北的怀里靠了十几秒钟。我和池向南果然同属“穿高跟鞋会死星人”，无法穿着高跟鞋叫嚣乎东西，隳突乎南北。

“怎么了?”看着我脚下一软，池向北立刻扶住我的胳膊。我看到罗以忱走过来，拳头握得死紧。

“池总，好久不见了。”在葬礼上，罗以忱一定已经知道了池向北和池向南的关系，但我和池向北如此“肌肤相亲”的场面他可是第一次看到。

池向北朝罗以忱礼貌地点了点头：“马拉，我先扶你上车吧。”同样的，虽然葬礼上的池向北失魂落魄，但他一定也知道了罗以忱是我的前夫。

“马拉，我有话跟你说!”罗以忱叫住想要离开的我们，我想了想，对池向北说：“我没事，一会儿去找你。”

见池向北走了，罗以忱走到我身边：“没扭到吧?”

“还好，有话快说吧。”

“你跟他什么关系?”他怒指着池向北的方向。

“我没必要跟你解释。”

“你怎么能跟池向北那种人搅在一起!”

“池向北是哪种人呢?”

“那些有钱人没有真感情的，更何况你还是一离婚女人，别上当吃亏!”罗以忱的语气中带着明显的羡慕嫉妒恨。

“谢谢你的提醒，但没钱人上一小班开一帕萨特娶一一手媳妇也照样有找小三的。”我不冷不热地回敬过去。

“我没有找过小三!”他的语气像赌咒发誓。

“怎么? 刚才跑走的那个难道是你豢养的田螺姑娘?”

“刚才我是来跟她做个了断的!”

“没有开始又谈何了断!”我不想再跟他纠缠，转身想走的时候，罗以忱叫住我:“马拉!”

我顿住了，但之后我毅然走向了池向北的Q7。

池向北的家坐落在城郊，那是一套并不高调的洋房，与我想象中张扬霸气的独栋别墅，竟然有着这么大的差别。

甫一进屋，落地窗射进来的阳光便让人眼前一亮。简洁到略显单调的装饰，素雅色彩的风格，让这套房子显得干净而安和，没有任何的侵略性。

“一个人住，又没有人气，所以就因陋就简了。”他说着打开晒台的门，一片小院子出现在我的眼前，“以前在福利院的时候，我就喜欢侍弄些花花草草。现在自己有了条件，却还是放不下这点爱好，总觉得这些东西和人不同，不会欺骗，不会伤害，总是静静地等在那里，你可以向它们倾诉所有的秘密。”

“怪不得别人叫你大叔啊!”看他挺拔地站在一片白色单瓣雏菊间，我的眼前仿佛出现了五彩缤纷的泡泡，那真是一番美好的景象。

“听点音乐吧。”在这个时代，居然还有人用如此古董的唱机，这个男人仿佛被时间遗忘了，他的容颜，他的心绪，都如此单纯而干净。他放的是波士顿室内乐团演奏的德彪西小提琴奏鸣曲，池向北开始为我准备晚餐。

“准备做什么啊?”我凑过去。

“全家福。”

“不会吧！你这么厉害啊，还会做这个?”据我所知，全家福可不容易做，要处理各种水发海鲜，还要处理炸猪皮，要慢火炖出，才能充分散发各种食材的鲜美滋味。

“嗯，我小时候有个理想，所有我爱吃的东西我都要学会自己做。因为又没有人给我做，也就逼得我自己照顾自己。于是后来，我就去学了厨师。”池向北处之淡然。

“啊? 你学过厨师?”我惊讶得差点掉了下巴。

“是啊，你来帮我做肉圆，就上次你调馅的手艺，我觉得做这个应该不错。”

我放好调料，用力将肉圆打上劲儿，一边看着池向北，他正认真地将玉兰片、火腿等切成方丁。下厨的男人真性感，我在心里叹道。

看着他潇洒的姿态，精湛的刀工，我忽然又忆起那一日，罗以忱为我熬乌鸡汤的场景。虽然他们俩的厨艺不能相提并论，但这两个男人都是为着我而用心烹调，我想，也都是含着某种情愫的吧。

晚餐的主菜是全家福，池向北又做了两个凉菜和两荤两素四个热菜。看着这桌我们俩一起忙活出来的丰盛晚宴，我忽然有种家的感觉。

这许多时日，我都是独自在店里，买一点外卖或者下点面条。而真正这样正儿八经很有排场地吃上一顿正餐，仿佛已经很久没有过了。我的体重已经趋于稳定，晚餐我可以吃上个六七分饱而不会影响第二天的体重，所以这样的一顿美餐对我来说，也有了可以享用的余地。

池向北拿出一个精致的酒瓶："来尝尝我珍藏的罗曼尼·康帝。"

石榴红的光晕闪耀于杯中，玫瑰的芬芳夹杂着颇有挑战的甜椒和皮革香气，只轻浅一啜，如柔丝般的质感便在口中氤氲开来。

"马拉，尝尝这个。"池向北夹给我的是一个鸡翅根，他将鸡骨头抽出，然后用玉兰条火腿条和萝卜条重新塞好，先蒸后炸而成，看起来赏心悦目，闻起来香气扑鼻。

我咬了一口鸡肉，汁水充盈，又香又嫩："手艺很不错嘛！"同样是鸡，池向北做的和罗以忱做的，差别咋就那么大呢？

"多谢夸奖。"他笑起来，我忽然感觉如沐春风。

"等一下，我还有样东西要给你。"

说着他起身走向厨房，不一会儿就如变魔术般从雪柜里拿出一个生日蛋糕！那是个漂亮至极的雪色芝士蛋糕，白巧克力屑犹如雪地，朗姆酒凝成冰珠，一对莹润剔透的天鹅惟妙惟肖，仿佛正在湖面舞蹈。

"马拉，祝你生日快乐！"

我一惊："你怎么知道今天是我生日？"

“上次在你办公室的登记表上看到的，就记住了，所以才特意约了今天。”他的体贴让我心头一暖，虽然今天是我的公历生日，我往年都是过阴历的，但这个男人对我是那么用心，我感觉有暖暖的东西润湿了眼睛。

“点蜡烛吧。”池向北关上灯，将蜡烛燃起，我闭上眼睛许了个心愿。虽然我对许愿这东西颇不以为然，因为我连续许多年许愿说让我明年成功当上妈妈，但都没有实现。可是我依然想要再试一次，我许愿在明年我能重新拥有一个温暖的家。

我们一起吹熄了蜡烛，池向北将蛋糕上的一只天鹅切到小碟子中，递给我。

“哎呀，雕得太漂亮了，就这么吃了真是暴殄天物。”

“没关系，只要你喜欢，我以后经常做给你吃。”

“什么!”我惊叫起来，“这……这是你做的?!”

“是啊，忘了告诉你，在遇到我爸爸之前，我已经做了 15 年厨师，从打杂工一直熬到星级酒店行政总厨，我可是有国家职业资格证书的哟!”谈起厨艺，他竟然显得比当个房地产开发商还要自豪。

可人的男子和浪漫的晚餐，正当我沉浸在这种感官享受中时，一通扰民的电话赶来破坏我的兴致了。

“喂?”我接通了电话。

“马拉，我想跟你谈谈。”罗以忱阴魂不散。

“我现在在忙呢……”听见我的应付，池向北放下了筷子。

“你在哪里?”罗以忱的声音警觉起来，“是不是跟池向北在一起?”

"是，又怎样?"

沉默。

良久，罗以忱的声音才再次传来："我想跟你谈谈。"

"好。但现在我没有时间。"

我们约定了时间，我想很多事终究也要解决，跟他谈谈也是有必要的。而说到最后，罗以忱竟然再次提醒我不要被池向北骗了。

当我正准备挂掉电话时，罗以忱忽然说："马拉，生日快乐!"我轻声说了谢谢，我以为他会忘了。

挂掉电话，池向北问道："跟你说什么了?"

"说让我当心别被你这样的有钱人给骗了，更何况我还是一离婚女人。"

"怎么，我的样子很像骗子吗?离婚女人怎么了?我还要感谢你离婚了呢。"

"啊?"

"你不离婚，哪里轮得到我啊?"他的声音有些魅惑。

我忽然感觉心情不错。

"喂，快吃蛋糕吧，都要化了。"他笑着指了指碟子里的天鹅。

我点点头，咬上一口，忽然感觉齿间的香甜软糯中，有一个硬硬的东西。我伸手一拿，见是一个用硬巧克力包裹的球体，碎裂的部位闪闪发光，里面竟然嵌了一枚钻戒!

"马拉，我是真心喜欢你的，希望你能接受我……"

他的手握住了我的，我耳边仿佛响起动人的音乐，周围升腾起五彩的云朵。我们是两个孤单的人，在这个城市乍暖还寒的傍晚，这个男人在向我表白。

他英俊而多金，有一条也许未来会是这个城市名片的“酒吧街”，有一辆随意代步的Q7，一套随时可以升级的花园洋房，有一家经营不错的房地产公司，有一手能做满汉全席外带烤蛋糕的绝技，是一位能满足女人所有虚荣心的“有车有房，父母双亡”的钻石王老五。

这样的男人对我说他是真心喜欢我的，说我的心里不躁动是假的。因为跟罗以忱在一起时，是我主动追的他，而如池向北般浪漫的场景我长这么大是第一次遇见。被他握住的手在微微出汗，这时，他的唇凑了过来……

带有侵略感的雄性气息离我越来越近，我忽然意识到如果我再不躲开可能就会有某种不可控制的事情发生，我下意识地将头偏了一下，池向北的动作顿住了。他坐直身体：“我会给你时间考虑的。”

他的离开竟然让我的心有片刻失落，我将戒指取出来：“为我戴上吧。”

他有些惊喜地看看我，点了点头，将那枚钻戒戴上了我的左手中指。

“我在对面那栋还有一套房子，你可以住过来，我们见面也方便些。”

果然是出手不凡的大老板，才确定关系，便想着送我房子住了，这比苦熬苦拽了这么多年才买个掰不开的90平方米高层的罗以忱可强多了，怪不得不少女孩子哪怕哭着也要坐宝马住别墅呢。

“我考虑考虑吧。”我不想随意接受他那么慷慨的馈赠，但既然我已经答应了他的表白，那么我就必须抽时间了断和罗以忱的最后联系。温馨家园房子的事情对于此时已经接近财大气粗的我，仿佛已经不那么在意了，随便他罗以忱去卖吧，什么时候给我钱，给我多少钱，我都有点无所谓了。

再次回到温馨家园，颇有点名不副实的感觉，温馨固然谈不上，这里也全然不再是我们的家园了。

罗以忱在沙发上正襟危坐，看得出，他有些紧张。再次见面，我们都感觉有点恍如隔世。很多爱情以结婚为“目的”，而事实证明，很多婚姻也成功地成为爱情的“墓地”。比如我和罗以忱，此刻正用如丧考妣的面目和神态，坐下来商量我们那惨死的爱情留下的唯一一点遗产的继承。

“罗以忱，想跟我说什么就说吧。”我们隔着茶几，礼貌得像在进行一场商务谈判。

“我想要把这些日子发生的所有事情都跟你解释清楚。”他的语气无比坦诚认真，“黄莹莹只是我的一个下属，刚进我们单位实习不久。不得不承认，开始的时候，我是认为她很漂亮，很时尚，很活泼，很热情，爱打扮，也很上进，跟你很不同。”我静静地听着罗以忱的这一长串形容词，分析着彼时的自己在他心中的状态，很丑陋，很土鳖，很窝囊，很冷淡，很不修边幅，很不思进取，跟黄莹莹很不同。

见我认真听着他的解释，罗以忱继续道：“那次我们去杭州出差，因为事情难办，没有人愿意去，我压力也大，非常想拿下这个方案。当时只有黄莹莹自告奋勇，我就带她去了杭州。在酒店的时候，她不小心扭伤了脚。我们单位只去了我们两个人，没有人能帮她，举手之劳，我才帮她铺床的，我那时候根本都不知道她在偷偷喜欢我。”

“那你们什么时候在一起的？”

“我们从来没有在一起啊！”

“除夕那天是怎么回事?”想到过年的那天黄莹莹那声“他睡了”,彻底击碎了我对罗以忱的最后一丝期冀。

“那天根本就是个误会。那时的我看着你越来越美,越来越好,我看到了你的毅力和能力。同时,我也感受到了自己的无能,别说别的,就连最基本的家务也做不好。原来是我的拖累让你失去了美丽的舞台,原来没有你的帮助我什么都不是。而你认识了闻远樵,想到你可能要和其他男人共度新年,我没有勇气,不好意思约你,心里非常难受。正好黄莹莹与几个我们单位同在外地过年的小年轻约了我出去喝酒,我就喝醉了。但我发誓,我真的只是在酒吧喝醉的,大概她趁我睡着的机会拿我的手机偷偷接了你的电话。而我睡醒后,就跟他们告辞了。打车到楼下,我才发现自己没带钥匙。那天我在冰天雪地里等着你,也下定决心要跟你表白,但我看到的却是一个男人开着豪车送你回家……”他睁着亮晶晶的眼睛看着我,眼神中满是哀伤。

“你离开家后,以琳去我们单位找过我,问我跟你是怎么回事。而就是这一次,黄莹莹知道我们离婚了,她便认为她有了机会和立场,于是就自作主张去找你谈判,我真的都不知道。你告诉我之后,我就立刻去跟她说清楚了。我罗以忱虽然不是多高尚的人,但我怎么也算个爷们儿,要是真喜欢她,我会跟你断干净再去跟她开始,而不是吃着碗里的,惦记着锅里的。”罗以忱的脸上浮现出骄傲的神色,当初就是他年少的脸庞上那份骄傲挺拔让我心动。不得不承认,就算在此时,即使他落寞,憔悴,当他的脸上重新露出骄傲时,我依然会有片刻失神。

“马拉,我承认是我的大男子主义让我失去了太多挽回你的机会。现在,我认真向你道歉!是我不好,一直以为你闹够了、出气了,就会回来了。我以为你在外面混不下去了，被人欺负了，就会重新想起我的好，回到这个家。虽然……虽然我们离婚了，但是我从来都没想过会失去你……”

我被他逗笑了，那笑容一定很惨：“罗以忱，你凭什么这么自信啊？你凭什么以为我只是跟你闹啊？又凭什么以为我离开你会活不下去啊?”

“因为……”

“因为我爱你是吧？从我看见你的第一眼起，我就爱你。恋爱时给你应援，给你熬汤，结婚后给你洗衣做饭，任劳任怨。可你凭什么觉得，这样的爱可以永远不用加油，不用充电，永远用不完啊?”

“对不起……”他低下头，随后他抬起头，用坚毅的眼神望着我，“马拉，从前是我不好，现在我想清楚了，也受到教训了！我不能再犹豫了，再等下去，我就会真的失去你了！什么尊严面子，跟你相比，都不值一提！我要重新追你一次，希望你原谅我的疏忽和自大，可以再给我一次机会……”他的手缠上我的，却忽然触电般地弹开。

我的手指上，戴着池向北送我的戒指。

“你……你已经……”

我点点头：“是的，我已经答应他了。”30 岁，我亲手埋葬了珍视 10 年的爱情，准备重新上路。

罗以忱的脸色忽然发白，像是失去了所有的血液。

我默默地走进曾经属于我们的小屋，开始整理我的行装。过去的一些衣服我都装在一个大袋子里准备捐赠，因为我不想再给自己留变回过去的任何机会，这其中也包括这段失落的婚姻。

罗以忱走过来，呆呆地站在门口。我也无意驱赶他，反正就要分别，以后就各回各家，各找各妈了。

婚纱照，成对公仔，试纸，备孕表格……原来在这个房子的角角落落，还有那么多随时都能唤起回忆的东西。我开始庆幸自己的决定，如果不下定决心彻底离开这个家，那么我与眼前这个叫罗以忱的男人之间的纠缠将永远处于剪不断理还乱的纠结境地。

大部分充满回忆的东西我都没有拿，这不唯是为了表现自己的决绝，也是不想在以后某个不经意的时刻，看了伤心。行装打理完毕，我拎起皮箱，走到罗以忱面前："保重。"

我即将离开这个曾经属于我们的家，把我们曾经的相濡以沫，后来的吵吵闹闹，和最后的无言以对都扔在了那个家里。出门之前的一秒，罗以忱一把拉住我的手："马拉！"

我回头望着他。

他仿佛鼓起很大的勇气问道："你……你爱他吗？"

我爱他吗？可能从我离开罗以忱开始，我的爱情就已经死了。

"你……你不要为了跟我赌气，去嫁个不爱的人。"他的声音抖得厉害，我听出了害怕甚至哀求。罗以忱，他好像快要哭出来了。

我抬起头望着他，知道自己此刻的笑容也不比他好看多少："你太自以为是了。事到如今，你还认为我在跟你赌气？"

他摇摇头："我只是不想看你受委屈！"

我甩开他的手："我怎么会受委屈？只要不再跟你在一起，我就不会受委屈了。你知道池向北住什么房子吗？你知道他开什么车吗？你知道他有多少钱吗？"

罗以忱又抓住我手："我知道！但我也知道，你根本不看重那些!”

我心里很难受，可我脸上还带着讽刺的微笑。我不知道到底是在讽刺罗以忱，还是在讽刺我这么多年的付出：“我不看重。我凭什么不看重？我凭什么不喜欢钱？我凭什么就要苦熬苦拽苦着自己，难道我就是天生丫头命吗？我以前看重所谓的爱情，又怎么样了呢？罗以忱，我用了10年等你长大，现在，我不想再等了。”

我再次甩开他的手，转身朝门外走去。

“马拉……怎么也要吃顿散伙饭吧……”这句话瞬间击中我的心。毕业时我们曾经要分手，那一次闹得非常厉害，我们都以为走不下去了的时候，他也对我说过这句话。也正是那顿散伙饭，让我下定决心排除万难也要嫁给罗以忱。彼时我们都以为那是我们人生中的最后一顿散伙饭，却未想分别竟然来得如此之快。

我从没想过7年后，我们会在同一地点再次以同一主题聚会。

背后的校园依然不染风霜，我们却已然历经沧桑。

罗以忱开了一个半小时车，穿越城市将我载到我们母校的门口，现在我们正坐在以前经常光顾的烧烤摊。让我唏嘘的是，这许多年过去，烧烤摊老板竟然还认识我们。

他先是大声地叫罗以忱“你不是那个弹吉他唱摇滚特帅的小伙子吗”，然后问“那个老跟着你的小姑娘你们结婚了吗”……

我走过去，跟他打招呼。他大声寒暄着：“你比那时候还漂亮呢!”一边帮我们拿来了菜单。点完吃的，我们坐在露天的桌子边等，罗以忱回过头去，望着校园门口进进出出的学生。晚上8点，有洗完澡的女生一身清凉地挽着手臂，边说笑边回宿舍；有上完自习的学子插着耳机，逍遥地骑着单车；更有对对校园情侣，耳鬓厮磨地说着话，慢慢走进又走出我们的视线。我的眼睛有些酸涩，泡桐树沙沙作响，唱着我们读书的时候就不断重复的歌。

“一来到这里，就好像回到我们年轻的时候一样。”罗以忱笑起来，细碎的皱纹在眼角悄然弥漫。

“那时候你可是风云人物，弹吉他什么的，最招小女生喜欢了。”我不敢回首，原来我已经和罗以忱爱了10年，却如此惨淡收场。那些青春生涩而疼痛，如同长在心口的一个小结。

“但我最终还是选择了你。还记得那年冬天，你借口打水约我出来散步，我们走啊走啊，走了好几个小时，回去的时候，水壶里的水都冻结冰了!”罗以忱说。

我们都笑起来，那些陈年旧事依然是我心里最珍贵的宝物，哪怕我此刻手上戴着别人赠送的戒指。

“还记得那年有狮子座流星雨，我们大半夜不睡觉，跟老多同学跑到操场等着看吗?”罗以忱问道。

我又如何会不记得？那年的流星雨之夜我送给罗以忱一个石头记的小坠子，当年，那可是最流行的饰品。

就在那一夜，我们交换了彼此的初吻。漫天的星光作证，我们说好了要拼尽全力给彼此幸福。

而如今，我们每人怀揣一本离婚证，桌子两边，是两个渐行渐远的世界。

老板将烤得喷香的肉串鸡翅送到我们桌前，我习惯性地挑了几个他喜欢的，送到他面前的盘子里。做完之后，我们彼此才都有些愕然。

“要是时间能倒流，多好。”他的话语里满是感慨。

我喝了一口酒，声音有些发颤：“这烟火太大了，燎得人要流泪了。”

我们曾经以为无往不利的爱情，最终输给了琐碎，输给了现实，输给了平淡，输给了时间。

那一夜，我们一直喝到很晚。老板过来给我们说他非常欢迎我们回来看看，但他现在要打烊了。我和罗以忱都醉了，醉到他无法开车，而要打一辆出租车回市里。

午夜的风从车窗吹进来，电台正放着筷子兄弟的《老男孩》：那时陪伴我的人啊，你们如今在何方，我曾经爱过的人啊，现在是什么模样？青春如同奔流的江河，一去不回来不及道别，只剩下麻木的我没有了当年的热血……

罗以忱把头埋进双臂，无声却剧烈地哭了。

后来无论我如何努力，我都记不起那晚罗以忱说了什么，我都记不起我们做过什么。大概我们都醉了都哭了都歇斯底里，而这懵懂的一切也成了永久的秘密。

当我再次醒来的时候，我正躺在温馨家园那张我以为我再也不会躺上去的床上，而我身边躺着的是我以为我再也不会躺在他身边的人。暖暖的阳光照在我的脸上，我感觉眼皮很沉，像是哭了太久满脸发肿。我闭了一下眼睛，却在感觉到手指上的异物后猛地坐了起来。

我的手指上，还戴着池向北送的定情戒指，但我身边躺着的却是罗以忱。以我们如此袒裎相见的样子，用脚趾头都能想出曾经发生了什么。就在我抓着被角运气的时候，我的“一夜情”对象也醒了过来。

“早……”他柔软的乱发搭在额前，一副人畜无害的样子，向我温柔地打着招呼，我却恨不得一记天马流星拳将他击出银河系。

见我眼都不眨地望着他，罗以忱坐起来，理了理头发：“饿了吧，想吃什么，我去买。”

“罗以忱。”我叫住一脸暗爽的他，“我们都是成年人，我想这大概是个意外。所以，昨天晚上的那件事，就让它过去吧，我们就当作没有发生过。”

“怎么可能当作没有发生呢？你都不知道昨天你有多棒！”罗以忱无辜的表情让人恨得牙根发痒，让我都不由得怀疑自己是不是禁欲太久而过于饥渴原形毕露。

“请你出去，我要换上衣服走了！”再跟这个中山狼相处一室，还指不定发生什么事呢。

“马拉！”罗以忱的声音里染上了紧张，“既然事情已经发生了，你就再考虑一下好吗？”

我愣住了：“你说什么？什么事情已经发生了？难道这是你早就设计好的？”

“不不不……”罗以忱急忙否认，“我不是这个意思，我真的只是希望你能认真地考虑一下跟我复婚的事。也许这是老天看我可怜，给我们的机会呢？”

我敛了敛心神，不能被罗以忱的卖萌装可怜打动，随后正色道：“这件事我也有责任，我不会怪你的。只是你若想以此来要挟我什么，那你就打错算盘了。”

“马拉，我们毕竟已经在一起10年了，难道10年的感情还比不过你跟池向北的几个月?”

我点点头:“罗以忱,是,我们认识的时间比较久,但池向北这几个月为我做的事情,几乎比你10年为我做的还要多。”

“他能为你做什么,我也能!”罗以忱急忙表态。

“那你现在让我走吧。”

罗以忱的眼神黯淡下去,良久,他才用低沉的声音说:“马拉,即使你不跟我在一起,也要跟真正爱的人在一起。”

“被你说的我好像个花痴一样……”我在心里暗骂,手忙脚乱地穿好衣服,逃也似的跑出了家门。

晚上下班的时候,池向北说要来接我约会,但我一整天脑子里想的都是昨夜发生的糗事,我不知道该用什么样的心情去面对他。于是我跟他说店里太忙,要加班,他说要来陪我,被我以影响工作效率为由拒绝了。

我无数次地告诉自己,这只是一个意外,是两个成年已久的未婚男女酒后乱性,池向北不会介意我跟罗以忱的事。因为在此之前,我和罗以忱保持稳定到乏味的夫妻关系,已经长达10年之久,多一次少一次又有什么不同?

但理智告诉我,这次是不一样的。在这之前我们即使上过无数次床都是合理合法的,但这一次,是在我答应池向北交往的请求之后,这绝对是一种背叛。多少次我甚至一厢情愿地怀疑那个晚上我们究竟有没有发生什么事情,那会不会是罗以忱布下的一个局,就像那些狗血电视剧中写的一样,我们都已经醉成那样了,也许只是抱着睡了一觉。

我大概真的是个道貌岸然的女人，因为一点捕风捉影的暧昧就毅然跟前夫离了婚。现在这样的事情发生在我身上，我有些过不了心里的那道关。我现在需要冷静一下，暂时冷冻跟池向北的关系。

我现在算是领略到中国古人的智慧了，他们总是能用最简短的语言概括最尴尬的境地，比如“冤家路窄”，比如“是福不是祸，是祸躲不过”。

下班时，下起了雨。开始是淅淅沥沥，绵绵如丝，后来渐大了，我只得点了个外卖，窝在店里整理客户资料。

不一会儿，敲门声响，我以为是外卖小哥儿，打开门一看，池向北正拎着一包食物站在门口。

“怕你一个人忙工作吃不好，做了些东西送给你。”

我连忙请他进来，心里发虚得像装了只小兔子。

不同于外卖的快餐盒，池向北连打包来的用具都堪称美器。精致的菜品和点心，丝毫不输大饭店的品相，可我却没有任何食欲。

池向北坐在我对面，把一枚虾饺夹到我面前的盘子里：“来，尝尝。”

一生一世，三餐两宿，能和相爱之人相对相伴，这曾经就是我心里的幸福。我低下头咬了一口，很鲜美，不知怎的，却哽在喉中咽不下。

“向北，我……”可能我就是这种扶不起的穷命吧，坐个高级车都会晕到吐，又有什么福气嫁给池向北这样的高富帅？我实在是做不到隐瞒，如果我背叛了他还要当作什么都没发生一样地在一起，我可能会被这个秘密困扰，再也笑不出来。

这时，敲门声又响起来，这次大概是外卖到了。虽然有人送了晚餐，但雨夜送餐不容易，我也就没有取消，想着留下做明天的早餐。

打开门，门外站着的竟是罗以忱。

“雨下这么大，不让我进去吗?”他额上脸上还淌着雨水。我不禁怀疑自己上辈子是不是对罗以忱犯下了什么不可饶恕的罪行，不然这个人为什么始终阴魂不散，使尽浑身解数破坏我的幸福?

“你有什么事儿就在这儿说。”我垂下眼睛不看他。

“我回去想了，你和那个土豪不合适……”

我简直要被他气死，猛地把门一关，没想却被他撑住：“马拉!为什么你不问问自己的心!”

见我迟迟不归，池向北从店里走出来，见到眼前的一幕，他攥了攥拳头，来到我身边。他一把将我拉到身后，挡在我和罗以忱中间。

罗以忱挑衅地望向池向北：“我在跟马拉说话，你让开。”

“该让开是你吧？马拉是我女朋友，你以后离她远一点。”

“你给不了她幸福的!”面对池向北冷笑的脸，罗以忱大概也觉得理亏，补了一句，“我指的不是钱!”

“我能给的也不只是钱！她是我唯一的爱人、家人，是我最重要的人，是我在世上绝无仅有的亲人、知己，我能给她的是我的整个人生！当然，还有我所有的钱。”

“马拉她爱的不是你!”

“是你？就算曾经是你，那又怎么样？谁让你不珍惜？她现在爱的是我!”

“马拉！问问你自己的心，你到底想要什么!”平日伶牙俐齿的罗以忱步步落败，他转而求助于我。

“罗以忱，放手吧，我们回不去了。”

“不是的马拉，你那天……”

做贼心虚的我听他提起“那天”，心猛地下沉。

但万幸的是，他似乎是想到了什么，硬生生地把后面的话吞了下去。随后，他的眼神也慢慢黯淡了，良久他才说：“我回去等你，等你想明白了，再来找我。”

看着他离去的背影，池向北重重地关上了门。

他走过来，抱住我，我的头无力地靠在他的肩膀上。

我的脑中盘旋着他的话：“她是我唯一的爱人、家人，是我最重要的人，是我在世上绝无仅有的亲人、知己，我能给她的是我的整个人生……”

他身上的气息温暖好闻，我贪婪地呼吸了两口，只怕以后也没有这个机会了。

“向北，我有话要跟你说。”我没有隐瞒，那天晚上在温馨家园发生的一切，我都向他坦白了。也许这个决定会亲手葬送我的幸福，但我又怎能忍心去欺骗这么好的他……

果然，他浑身都僵住了。他没有动，但我能感受到怒气在他的周身聚集。我开始庆幸让罗以忱先走了，否则只怕此时他已血溅三尺。

良久，他终于开口了，他的声音有些颤抖，能听得出他在努力克制着情绪：“如果只是意外，那……就再不要提了。”

“你不怪我？”

“我怎么能不怪你！这儿……”他抓起我的手按在他的胸口，“疼得都喘不过气！可是……我能怎么样啊？骂你，打你，舍不得，难道还能舍得不要你了吗？”

“对不起……”我终于哭倒在他的怀里。

为了弥补我的过失，也为了避免任何“意外”再次发生，我搬到了池向北之前说过的那所房子里。每天下班我们一起吃饭，看电影，他教我做烘焙。昨日种种，宛如昨日死。和他在一起的每一天都那么开心，除了白天上班夜里睡觉，我们恨不能每时每刻都黏在一起，我也在认真考虑和他的将来。

王中王瘦身比赛进行得如火如荼，上百位在我们店里瘦身的爱美女孩参加了活动，还有些略有些年纪，不大会上网的女士拜托我们店员来帮忙上传日记和视频。这次活动的点击率参与率都比我当年单打独斗的时候要高得多了。

现在，我一般不会亲自去带她们瘦身了，更多的时候我要做集团客户开发和资料维护的工作。在我的努力下，已经成功地签了几个团单，一些女性员工为主的工作单位已经将我们的服务作为一种员工福利分发下去，荔枝姐店的生意让我有些应接不暇。

大概是这些日子太过疲劳，我觉得自己有些吃不消了。经常容易腰酸背痛不说，就连已经恢复正常已久的内分泌也再次紊乱起来。

这天，我刚刚经历了一场艰苦的谈判，签了个大单，忽然感到一阵翻江倒海般的难受。我扶住身边的墙忍了过去，跟同事说了一下，提前离开了店里。

走出店门，池向北还没有到，我正想叫个网约车，这时，又感觉到了那种特殊的难受，我扶住路边的树，干呕起来。

“马拉……”一个熟悉的声音出来，一个人扶住了我。

我本来都已经平复的难受，在看清他的脸后又泛上来：“你能不能别再缠着我了！”

“我刚好路过。”他胡乱解释着。

“就这么巧吗?”我毫不留情地戳穿他。

“是！我放不下你，专程来看你的！行了吧？走，送你去医院。”说罢，他拉起我就要走。

我甩开他的手：“不用！如果需要去，我自己会去的。”

“马拉……”

我回过头：“罗以忱，到底要怎样才能让你不缠着我呢?”

“我不是要纠缠你，我是怕以后，你会后悔！记不记得我问你，爱不爱他，你一直也没有说爱，真正爱一个人不是这样的!”

“你够了!”我大声喊着，我知道罗以忱完了，因为池向北已经站在了他的身后。

“你知不知道，那天晚上你一直哭着在叫我的名字，我才……”罗以忱的话还没有说完，已经被池向北一拳打了个踉跄，跌倒在路旁。

池向北走过去，拎起罗以忱的领子：“别再让我看见你!”

罗以忱吐出口中的血沫。

池向北甩开罗以忱，走到我身边，拉住我的手：“我们走。”

我不由自主地回头看了一眼罗以忱，池向北愤怒地低吼了一声：“马拉!”

回到家里，池向北的怒气依然未消，他像冰山一样坐在沙发上。我只觉一阵阵的眩晕，心中不断咒骂着罗以忱，如果我和池向北因此分手了，我就去吊死在他家门口!

“这个事，不能再这样下去了。”池向北终于说话了。

“向北，我没有搭理他，是他……”

“我知道，我没有生你的气，我只是在气我自己，不能时时刻刻保护你。”

我垂下头。

池向北用不容置疑的口气跟我说：“马拉，我想好了，只有这样才能让你彻底不被他骚扰，辞职吧。”

我惊讶地抬起头：“辞职？”

“我可以养你，或者你去我手下任何一个公司，我都可以给你安排一个工作。哦……如果你就是想开美容院，我也可以投资给你开一个。干吗一定要在别人手下打工呢？到时候都是自己人，随时能保护你。”

“向北，我没有这么脆弱，我也不怕他。他有千条妙计，我有一定之规，左右我不搭理他就是了。”

“不是这样的！你知不知道，每一次一看到他纠缠你，我的心都在滴血！”

“可再怎么样，我也不能耽误工作。”

“哪怕让我难受吗？哪怕我每天过得像油煎火烹，遭受凌迟，你也要去上那个班吗？”

“让你难受的是罗以忱，不是我的工作啊！”

“所以呢！他可以随时去那个地方找你，去跟你回顾你们万千的过去，像个幽灵一样飘在我们的生活里，你有没有考虑过我的感受？”

“我保证不再见他，不再跟他说话，删掉他的所有联系方式，就算他再来找我，我也不会理他的！”我急忙赌咒发誓地说。

“马拉，就不能不去吗？你一个女人，干吗让自己过得那么辛苦呢？我有多希望每天进门有人等，然后我们一起吃饭一起说话，那样的感觉才是一个家！马拉，我们结婚后，可以去做财产公证，这套房子可以转到你的名下。我希望你跟着我安心当个阔太太，我会把我最好的一切都给你！”

我看着眼前的池向北，他那么真诚，又那么陌生。他不知道，我用了多大力气和勇气才从自己的舒适区走出来，他自以为是地要给我“最好”的一切，但他不知道那正是我所惧怕的。

“向北……”我的声音有些干涩，“你知道，我是如柳的‘荔枝姐’吧？我是如柳的招牌，在我最难的时候，是如柳给了我新生，这里是我梦开始的地方。如柳雪莲路店就像我的孩子一样，是我一单一单努力的结果，我又怎么能离开呢？我用了一年时间，不知流了多少汗，才找回了我自己。我不是心里没有你，我只是不想再把好不容易找回来的自己弄丢了。”我的情绪有些激动，忽然一阵眩晕，池向北急忙扶住了我。

“怎么样？”他紧张地问。

我摇摇头：“没事，这些日子准备比赛太累了，休息一下就好了。”

“我不希望看到你这么累，这么疲惫，你也真的没必要这么辛苦，工作差不多就行了。我年纪不小了，结婚以后，我希望能很快就能生个宝宝。到时候我出去工作，你就在家里相夫教子，这就是我理想中的生活……”

听着他依然的碎碎念，我感觉自己一点力气也没有了。我看着他，他那么好，温和、稳重、厚道、善良，他也很爱我，只可惜，他不懂我。他说的都是心里话，他需要一个甘愿在他身后相夫教子的女人，而恰好，我不是。每个人都有一双翅膀，一只用来飞翔，一只用来拥抱。我和他每人都只有一只翅膀，但我们不能拥抱，因为我们的那只翅膀，都是用来飞翔的。

“向北，我给你讲一个故事吧。从前有一个国王叫亚瑟，在一场战争中被俘虏，将要判处死刑。对方国王给他一个活下去的机会，但要答出一个问题：女人真正想要的是什么。亚瑟到处去请教，却没有得出结论。有人告诉亚瑟，郊外的老女巫知道答案，亚瑟急忙前去请教。女巫长得丑陋恶心，但她自称知道问题的答案，只要亚瑟的挚友——英俊高贵的加温武士娶她为妻。为了国家和朋友，加温答应娶女巫为妻。女巫随后说出了一条伟大的真理，亚瑟得救了，加温也必须迎娶女巫。婚礼上，女巫的表现让人咋舌，但加温宽厚谦和如常。晚上加温回到新房，却看到一个绝色美女躺在床上。美女说她有一半的时间是丑陋的女巫，一半的时间是倾国的美人，她问加温希望她是白天美还是晚上美。加温给出了答案，女巫从此消失了，美女一直陪伴在他的身旁。你知道他说了什么吗？”

池向北疑惑地看着我，摇了摇头。

“女巫告诉亚瑟，女人真正想要的，是主宰自己的命运。加温记住了这句话，他也给出了同样的答案。既然女人真正想要的，是主宰自己的命运，那么他就让美女自己选择什么时间当美人，什么时间当女巫。美女的选择是一直美下去，加温抱得美人归，因为他真的尊重对方。向北，很遗憾，我要的爱，可能不是你想要给我的那种，所以……”

池向北忽然紧张起来：“对不起马拉……在我的人生里，我一次次地被抛下，一次次地经历失去。我是真的很没有把握，很害怕被抛下的感觉。我的人生只有你了，不要再丢下我……”

他紧紧地握住我的手，我感觉到他的手在剧烈地抖着。在那一刻我瞬间感到，我变成了罗以忱，池向北变成了原来的我。无论是情感还是生活，依附的那一个真是可怜，而被依附的感觉，好累啊。我也只有一副肩膀，他的爱太重了，让我飞不动了。

“向北，我想……搬回雪莲路去住。”犹豫良久，我还是说了出来。

他的脸上瞬间就写满了惊惧：“你……要走?”

沉默。

“是我哪里做错了吗？我不该吃醋吗？我不该心疼、不该难过吗?”他的声音里含满了委屈，甚至有了微微的哽咽。

“没有……你是很好、很好的人，我再没见过比你更好的人了。”泪水不自觉地涌了上来，“只是……可能是我太自私了，你的爱对于我来说，太沉重了。向北，现在的我可能还不适合做谁的妻子，我没有想过很快生孩子，我也没有想过再在谁的身后相夫教子。对不起，是我让你失望了，你这么爱我，可我……我只想做我自己……”我哭了。我想起生日时许的那个愿望：我想要有个家。是的，我想有个家，但不是我只能有个家，离不开，出不去，关在里面团团转。这样的家我曾经有过一个，但现在我感觉那不是家，那是一个牢笼。我好不容易从牢笼里出来，现在，我不想再回去了。

他的手无声地滑下去，我听到有什么东西碎裂了，那是他的，或者是我的心。

第二天，我搬回了雪莲路店里。我和池向北约好，给彼此一段时间冷静一下。很快，店里忙碌的生活就冲淡了失恋的痛苦，我再次把精力转到瘦身大赛上。

还有一件事让我担心，那就是过期已久的“好事儿”。这几天我几乎严阵以待，恭候着大姨妈她老人家的大驾光临。我每天只穿红色和黑色的衣服，小包也拎在手上，随时准备冲向卫生间。但 10 天过去了，这位亲戚依然没有如约而至。

“你说我这好朋友怎么又不正常了啊?”我看着正在给我号脉的小桃，她是我们这儿的营养调理师，对中医略懂。

她看了看我，面露难色:“马姐，我建议你还是去医院看看。”

“怎么了? 我得了病吗?”我问。

“不是不是，只是我懂的都是皮毛，真正有什么还是去医院看看，别耽误了。”

看着她的表情，我的心向下一沉，她那样子基本可以猜到她从我的脉象中看出了什么她不方便告诉我的内容。

“等比赛完，我就去看。”我对小桃笑了笑。

“那个……马姐，你还是尽早去看看吧。”

我这次确定，有什么不同寻常的事情发生了。

人民医院，妇科。

这曾经是我战斗很久的地方。我在这里监测，通水，调周期，验激素，多少次满怀希望而来，满心失望而去。

在刚结婚的时候，我根本没想过要孩子。我们每次都有措施，生怕有漏网之鱼逃出生天。因为在我所受的教育中，只有教育女孩子千万不能怀孕的，从来没有人教过我，怎样才能顺利地怀上孩子。

在我们结婚两年后，同龄人有少半已经有了或准备拥有孩子。我也觉得只有两个人的家略显寂寞，我应该要个宝宝来让我们更为圆满。我无知地认为卵子每天都等在子宫里，只要撤掉保护措施，立刻就会怀孕的。因为所有的电视剧里一旦两口子躺在床上拉上窗帘拍拍月亮，那个女人过后就会呕吐起来。所以撤掉保护措施的那天之后，我就开心地把自己当一个准妈妈看待了。

二十多天后，当我再次与不受欢迎的大姨妈相遇时，我竟然以为自己流产了。我妈和我婆婆都不在身边，我们都找不到一个合适的人去询问，以至于我一个二十五六岁的女人，因为一次正常的月经而就医。幸亏那个医生没有讽刺我，而让我多多学习，并教我使用试纸。

从那次起，我就踏上了备孕这条不归路。我不断地上网学习关于温度、时机、甚至姿势的事，用罗以忱的话说，我逐渐走火入魔。我本人久病成良医，除了不知道怀孕这件事本身是个什么滋味之外，我掌握了几乎所有关于怀孕的正方偏方神方邪方。

无数次如科学家般看着试纸寻找那并不存在的水印，有几次居然动用意念的神力隐约看到了中队长，但若隐若现的水印最终也没有能清晰起来。我与我的卵子一起望眼欲穿地等待了几年，也没能等到一次美丽的相遇。

如今当我说完我的症状时，那位跟我都熟到快称兄道弟了的大夫给我开了张闭经待查的单子，让我先去化验。

“大夫，我没什么事吧?”

“化验了才能知道啊。”她笑着对我说。

我在花了 6 块钱后，虔诚地将小杯子递进化验窗口，却看见化验的大夫掏出一个网上卖 5 毛钱的试纸扔进了化验杯里。

我瞬间理解了我们单位营养师小桃的欲言又止，因为神奇的事情随后发生了，试纸上立刻清晰地出现了两道已经略为发紫的粉红，那是无论我如何动用意念，也无法忽视的粉红。

“恭喜你啊，终于达成夙愿了。”那大夫深知我备孕的不易，都快替我热泪盈眶了。

我咧了咧嘴，心里说，大夫啊，原谅我最近忙，只让你知道我怀孕了，却没有来得及将我已经离婚的喜讯一并告诉你。

“原来我的判断没有错，你是有些高雄激素血症，你的肥胖缓解后激素水平也下降了，体内的环境就趋于健康，自然就迎来属于你的宝宝了。末次月经第一天是几号?”

我轻声地回答了医生，她立刻拿出小转盘：“现在已经42天了，预产期在明年2月，现在就补充叶酸，注意营养，等满3个月后到社区医院建卡……”

我麻木地拿着我的病历本和检查单走出了医院的大门，我现在终于相信那天晚上是真的发生了什么的。我下意识地摸了摸自己的肚子，那里住着的是在一场意外的比赛中获得了第一名的选手，但我却不知道是否该给他颁发这次比赛获胜的奖品——一条能成功呱呱坠地的生命。

如果是以往，遇到这样的事情，我第一个就会找池向南。尽管可以预料会将我骂到臭头，但最后还是会像狗头军师似的帮我出谋划策。但现在，我不能跟她联系，不仅因为此时她是我老板的女朋友，还因为她是池向北的妹妹。在我还没有确定这个孩子的去留之前，我必须暂时向池向南保密。

除了她我想不到还有谁能倾诉，我的眼前出现了一张英俊但让我想狠狠将他丢出银河系外的脸——罗以忱。他是我肚子里的孩子他爹，出了这样的事情，我当然必须也只能找他商量。

接到我的电话，罗以忱的声音仿佛镀了阳光："马拉?"

我尽量让我的声音保持平静："罗以忱，30分钟后在花墙咖啡，我要见你。"

30分钟后，罗以忱气喘吁吁地出现在花墙咖啡的门口。他坐到我对面的花藤摇椅上时，还在呼呼地喘着气，见我面前摆着一杯心不在焉的白开水，他端起来，一饮而尽。

"这路真够堵的，我的车扔在上两个路口了，我跑过来的。"为了不迟到，他竟然这样奔命，"想吃点什么?"他打开菜单，递到我面前。

说心里话，我现在想把他嚼碎，咽进肚子里。但服务生走到我旁边的时候我还是尽力牵了牵嘴角，不让别人看出我的异样。

午后的阳光透过玻璃窗洒在我面前的桌子上，把我的思绪照得无所遁形。

罗以忱见我不动，便点了几样饮料点心，直到服务员走远，我才将检查单递到罗以忱面前。

"马拉，HCG阳性……什么意思啊?"罗以忱忽然抓住我的手，一脸要哭出来的表情，"这是什么? 马拉? 这是什么? 你生病了吗?"

呸呸呸! 这怪我生他的气吗? 我要死要活地备孕了这么多年，罗以忱却连HCG阳性是什么意思都不明白。

我抽出被他攥得发疼的手："我怀孕了。"

下一秒，我们大眼瞪小眼地看着彼此，直到罗以忱颤巍巍地伸出一根手指指着自己的鼻子："我的?"

我真想一个耳光扇过去，除了他，谁还能做出这么令人发指的事情，我点点头。罗以忱的脸色竟然忽地比阳光还要灿烂："服务生，给我来个比萨!"

"先生您好，请问您要什么口味和尺寸的?"

"最大的，肉最多的那种!"

旁边的食客纷纷侧目，大家都想看看我们这两个没吃过肉的饭桶长什么模样。

"我说罗以忱你神经病啊？这种时候你还能吃得下去?"我无奈地看着眼前这个男人。

"激动，我激动，我吃不下去啊我，我点了也不是自己吃的我，我是给我儿子吃的我……"他语无伦次地碎碎念着。

我幻想过无数次将自己怀孕的消息告诉罗以忱时的场景，但我没想到我竟然是在这样的情况下与他分享这个消息的。而我也没想到，罗以忱面对自己要当爸爸的消息时，竟激动得如此抓耳挠腮坐立不宁。

当罗以忱点的食物七七八八地摆满了桌子时，我才问罗以忱："你不觉得这件事有点不合适吗?"

"啊？哦对对对，你放心，明天我就拿户口本，咱俩上民政局复婚去。好像还得办准生证之类的东西吧，你那要是没人懂，我们单位有负责这个的大姐，我给你问问去……"

"罗以忱！我说过我打算跟你复婚把孩子生下来了吗?"我认真地

看着他的眼睛。

“啊?”这一次轮到罗以忱发愣了。

在他的印象中，我马拉是个孩子迷，吃了千辛万苦就为了要个孩子。而现在，孩子终于来了，我应该谢天谢地大笑三声，等他罗以忱恩赐我复婚，辞掉工作安心养胎，十月怀胎一朝分娩，而后含在嘴里怕化了，捧在手心怕摔了……

“你……你可别开这种玩笑，你不会是打算不要这个孩子吧。”

“我为什么一定要生下这个孩子啊?我……是你的谁啊?”我一字一顿地问。

罗以忱像个泄了气的皮球一般垂头而坐，我继续道：“找个你方便的时间，陪我去医院吧。”

“你要打掉这个孩子!”他惊讶地抬起头来，“马拉，你已经过了30岁，还一直不容易怀孕，孩子是无辜的，即使不为孩子想，你也得为你自己想一想!”

我的心猛地一痛，我当然知道这个孩子有多么珍贵，但无论如何，我也不想在这样被动的境地生下这个孩子。如果不能给他一个完整的家，如果不能给他一个靠谱的爹，那我为什么一定要让他生下来过不安宁的生活呢?在我的人生都前途未卜之前，我又拿什么来保证他的人生?

“马拉，我求你，所有的错，我都会改的，我会像你一样变成更好的自己，让我有资格跟你重新站在一起。孩子的事情你不要急于做决定，给他一个机会，给我一个机会，也给你自己一个机会!”

# 第十一章　孩子啊孩子

与罗以忱的谈话基本上可以用“未果”两个字来形容，而我肚子里的孩子却在一天天长大，我必须尽快做一个决断。

我约了池向北，听得出他很惊喜。还没下班，他的Q7已经等在了我们会所门口。

“马姐，你男朋友来了。”见我回来后不动声色，唯一知道我秘密的小桃便以为我跟池向北已经有了逾越的关系。

我有些头疼，但很多事，该来的总是要来的。

当我收拾好东西走出会所大门，见池向北正依着车门看着我微笑，他的手里捧着一大束鸢尾爱丽丝，虽然那是表达倾慕的最好方式，却也在冥冥之中有着游离的宿命和破碎之意。这精致美丽却易碎易逝的爱啊！

池向北带我来到一家餐馆，说：“想吃什么，听你的。”

我想有什么事也要吃了饭再说，于是便自顾自地点起菜来：“凉菜要炒红果、老醋花生，热菜来个酸菜鱼、西红柿牛腩，再来个素菜腌豆角……饮料……乌梅汤吧……”

直到服务员离开，池向北舔了舔嘴唇：“好家伙，马拉，闹半天你喜欢吃山西料理，你点这几道菜，听得我牙都倒了，口水都要流出来了……”

我一凝神，才发现自己点了一堆酸不拉几的东西，急忙掩饰道：

“大概我想喝水了，下意识地望梅止渴吧。”生命真是神奇，我肚子里那个小到现在还基本看不见的人儿已经开始发挥他强大的意志，来指挥控制我的选择了。我不禁想到几天前还跟池向北立 flag 说不想要孩子，我这老脸总是让命运扇得啪啪作响。

“最近还是很忙很累吧？”池向北体贴地为我倒了一杯茶，“看你脸色不太好。”

“嗯。”我点点头，心里涌起难以言表的伤心。眼前的这个男人是那么完美而又令人心疼，可惜他命中注定与我无缘。

不一会儿，热腾腾的酸菜鱼端上了桌，池向北为我捞了一块鱼肉：“尝尝看，味道怎么样。”

我用筷子挑起一点鱼肉，甫一入口，一股浓烈的腥味便让我不堪承受，我像遭遇情变的琼瑶片女主角般捂着嘴巴冲向卫生间。一通狂吐之后，我知道我的妊娠反应开始了。

当我走回桌边的时候，池向北正诧异地看着我：“怎么了？”

我坐下来，认真地看着池向北的眼睛，说：“向北，我怀孕了。”

他的眉头一蹙，一阵无法言说的云翳飘过他深邃的眼眸，良久，他才呢喃出三个字：“罗以忱……”那感觉仿佛是要把罗以忱嚼碎了。

池向北呆呆地看着眼前的锅仔，酸菜鱼咕嘟咕嘟地冒着泡泡，像我们俩翻腾不息的心事。大概过了 3 分钟，他仿佛下定了决心般地对我说：“我曾经对你说过，不管发生什么事，我都希望和你一起面对，你能坦白地告诉我，我很欣慰。记得你教过我，女人真正想要的，是主宰自己的命运。关于孩子的事情，我尊重你的意见。等你想好了，就告诉我。而我想告诉你的是，无论怎样，你要留下这个孩子还是拿掉，只要你最后选择的那个人是我，我都会好好珍惜我们的感情。”

隔着锅仔的热气，我看见他轻雾弥漫的眼睛，有那么一个瞬间，我忽然有些希望肚子里的孩子是属于眼前这个男人的。

“向北，对不起……”我终于忍不住，向他道歉。

他苦笑了一下，那是我认识他以后，他脸上最多的表情：“不用。虽然我很难过，但我会试着去理解你。有什么需要我帮忙的，就跟我说。”

在那一刻，他给我的温暖感觉不仅仅是恋人，更像是兄长甚至父亲。

当第一次妊娠反应之后，我的孩子以一波强于一波的更大反应无时无刻不在向我宣告着他的存在，我工作的时候想吐，吃饭的时候想吐，不管干什么都想吐。每到做饭的时间，闻着被放大了无数倍的葱花味油烟味，我就会觉得整个小区都在跟我作对，以前的美味佳肴都成了让我恶心的垃圾。慢慢地，我的同事都看出了我的不同，但她们只是偷偷议论着，却没有人敢公开地说。

池向北没有再约我了，但他却每天打电话给我一个问候。当我听着他的声音越来越低沉，我知道我必须做一个决断。

我打电话给罗以忱，告诉他我想好了，我希望打掉孩子开始新的生活，电话那头的罗以忱沉默了好久，接着，我听到了他的抽泣。他说他现在在外地出差，周末的时候才能回来，等他回来以后，就带我去做手术。我轻声说好，而后就是尴尬的沉默。我们彼此都想再说点什么，但竟然相对无言。挂掉电话，我又是一阵想吐，一阵狂风骤雨般的呕吐过后，我虚脱一样地坐在地上，抱着马桶哭了起来。

我不知道自己在地上哭了多久，迷迷糊糊中，我忽然感觉一股热流冲出我的身体，我的头脑一下清醒了，整个人都呆住了。

当同事们把我送进医院的时候，我的头脑已经一片混乱，医生为我开了B超单，探头在我依然平滑的小腹上滚动的时候，一个爆炸性的消息从医生口中说出。

“孕56天，双孕囊，左边的5.9*3.3，右边的3.8*2.1，胎心胎芽可见……你这个是双胞胎，目前一切正常，如果有出血需要随诊。”

“什么？双胞胎？”我的双手变得冰冷，我几乎无法思考了。在我为了怀孕吃了无数辛苦无果之后，在我彻底放弃了孕育生命甚至我的婚姻之后，在我遇到一个完美恋人打算重新开始人生之后，上苍让一对双胞胎来到我的生命中。放弃一双骨肉，这样的决定我又如何能狠得下心来?!

我回到病房的时候，发现池向北已经等在那里。

“是你同事打电话告诉我的。”他解释道。在我检查的时候，他已经帮我办好了住院手续，并已经把我的单人病房收拾停当。

“医生说这次出血大概是你情绪太激动了，现在你需要静养。”他坐到我的床边，一边帮我削着苹果。

我的泪无声地流了出来：“向北……”

他的手停住了。

他抬起眼睛，轻声说：“为什么要哭呢？能怀上双胞胎是多难得的一件事，医生都说了，要保持一个平稳的情绪，才能让宝宝健康成长。”

“真的对不起……”其实，从他对我说由我自己来决定孩子的去留时，我就已经原谅他了。女人最想要的是自由，但不是任性。这么好的向北，我又怎么舍得去伤害他呢？我也想跟他拥有一个家，可是天知道我有多么舍不得我肚子里的两个小生命。况且，如果我在此时选择失去他们的话，也许我终生都不能做母亲了。大概月老的姻缘簿上，我和池向北就是两个没有缘分的人，可以相识相知甚至相爱，却无缘相守终生。

我轻轻地褪下戴在中指的戒指："向北，还给你。"

他怔怔地看着我，很久，才伸出手来。他的手有些微微的颤抖，仿佛卖火柴的小女孩划亮了火柴，刚刚放出温暖的光芒，伸出手去，火柴就又熄灭了。戒指从我的手中滑到他的手里，随之被退回的，还有池向北的一腔痴情。

我是在医院里再次见到罗以忱的，听说我住院的消息，他立刻乘飞机赶回江滨。见到我的时候，他还穿着西装革履，他甚至没有回家换一身便装。

"马拉!"他只唤了我一声，就哽咽住了，他慢慢走到我身边，伸手握住了我的手，我亦没有抽回。

"你知道了吗？双胞胎。"我告诉他。

"嗯，池向北给我打电话的时候说了。怎么会出血了呢？没事吗？"

"先兆流产，大夫说需要静养。"

"嗯，从今天起，一切都交给我，你就好好静养到生下我们的两个宝贝。"他见我垂下眼睛，顿了顿，"我很爱你，我希望和你回到从前，但马拉，如果你选择和池向北在一起的话，我也会给你祝福，他是个值得托付的好人。”

我看着罗以忱，他英俊的脸上风霜满面，他是何时变得这样谦和跟善解人意的呢？又或者池向北也给他讲了加温和女巫的故事，了解了女人真正想要的是掌握自己的命运？

孩子啊孩子，你们让我失去了什么，又寻回了什么呢？

三天之后，我止住了出血。大夫并不支持积极保胎，说最新理念是希望遵从自然的选择，所以没有开什么保胎药，而是以静养为主。我出院了，罗以忱跟我商量能不能先回温馨家园，因为他不放心我一个人继续住在单位。

“如果你不想看见我，我可以搬出去，但我更希望能留在你和宝宝们身边，照顾你们。”

“我自己在家和在单位又有什么不同呢？”我问。

“当然不同了，我把你怀孕的事告诉咱妈了，她听了以后高兴得不得了，立刻就赶来照顾你了！”罗以忱终于面露喜色。

我眼前立刻出现了某个大身板大嗓门的大号女人，我婆婆她老人家跃然眼前。但当罗以忱打开家门时，我却看见了一个不是婆婆胜似婆婆的女人——我的亲娘。

“妈本来说要接你出院的，但我琢磨着她老人家千里迢迢地赶过来挺累的，我就没让她过去。”

“马拉啊，你这不怀是不怀，一怀就是双胞胎，我和你爸都高兴坏了，妈就留在这里伺候你！”

“哦……妈，我和以忱先进去把东西放下。”我一拉罗以忱的衣服，罗以忱会意地拎起包，跟我进了屋。

“你怎么把我妈给叫来了啊？”我有些无语，“我还以为你把你妈给叫来了呢。”

“我叫了啊，我妈下午到。”罗以忱的语气如此轻快。

“啊？”我瞪大了眼睛，“你……你搞什么啊！”

“不是啊，我做饭不可口，洗衣不合格，拖地板都不入流。没有两位妈妈的帮忙，我真的怕照顾不好你和两个宝宝啊！”罗以忱满脸无辜。

“你把她们都叫来咱们怎么住啊！”

“两个妈妈住一个屋，我睡地板。你放心，虽然现在我对你充满渴望，但大夫交代过双胞胎比较娇气，你又有先兆流产的迹象，为了我的两个宝贝，我不会乱来的！”罗以忱看着我的眼睛表着忠心。

我跌坐在床上，脑中交替出现着我妈和我婆婆的两张老脸，直觉告诉我，我的好日子到头了。罗以忱没有笑，但他浑身上下都散发着令人发指的暗爽，这个家伙绝对绝对是故意的！

下午，罗以忱去火车站接我婆婆，我妈跟我在家。

“这罗以忱是不是欺负你了？你怎么瘦成这样了？”待罗以忱走了，我妈才问。

“哎呀妈，我是刻意减的，你不觉得这样比较好看一点么？”

“嗯，我姑娘长得就是好！”在我妈眼里，我是天下第一美人，“那罗以忱娶到你啊，是他们家的福气，又漂亮又温柔，又有文化又有事业，上得厅堂下得厨房，怀孩子都是双棒的……”

我在心里暗暗想着，你女儿还斗得过小三打得过流氓，只是这些本事我不敢跟我妈说而已。

“不过马拉啊，这怀孕了可不敢再减肥了啊，你这怀的是双胞胎，可得好生保证营养，给孩子个好身体。我怀你的时候啊，没什么东西吃，你赶上好年头，什么鸡蛋排骨鲫鱼汤，应有尽有，就得多吃。这样，下午妈给你做蒜香排骨……马拉……”

双胞胎果然不同凡响，我只听了一个“蒜”字，就冲到卫生间吐得一塌糊涂。

“妈……我求您以后能不能说点有食欲的话?”

“哎，你看，不养儿不知父母恩吧?”我妈一边拍着我的后背一边说。

门铃一响，我妈刚要出去开门，想了想又退了回来：“马拉，你去开。”见我如此难受还让我去开门，我妈无非是不想给我婆婆留下过分任劳任怨的姿态，我理解地点了点头。

我打开门，我婆婆一步就迈进来：“丫头，快让妈看看!”她似乎已经把我和罗以忱离婚的事忘得一干二净，又或者她认为我们离婚本来就是因为没有孩子，现在孩子已经超额来临，所以我们自然就该重新在一起了。

“哎呀，我们家丫头就是厉害，一下就怀双胞胎，告诉妈走路先迈哪条腿?”

这个问题如此突然，以至于我毫无准备，我下意识地往前走了一步。

“哎呀！左腿，我告诉你男左女右，你这一准儿生儿子!”

我妈清了清嗓子，我婆婆才把注意力从我身上暂时转移。我妈笑着说：“生俩儿子还不累死了，这城里结个婚连房带车100万都打不住，还俩，就得200万，这要是俩儿子投胎啊，长大就得跟他们老子一样，出去骗小姑娘结婚了！”我妈对于我们结婚时罗家的轻慢一直心有芥蒂，“要我说啊，还是生俩姑娘好，姑娘是妈的贴身小棉袄，省得以后养了儿子跟儿媳妇处不来，老了没人管。”

我妈这话一出，我婆婆脸上有些变了颜色，罗以忱急忙道：“唉呀，儿子也好女儿也好，只要是马拉生的，我都喜欢。要我看，还是一儿一女龙凤胎最好，一下就儿女双全了！”

我们四个人都笑起来，笑得各怀心事，如此敷衍。

这时，我的手机响了起来，来电显赫然写着：池向南。

“马拉啊，是不是不拿我当姐们儿了？发生这么大的事也不告诉我？”

“不是……我只是……”我有些心虚地回答。

“行了行了，别解释了，解释就是掩饰，再编就是故事，我跟闻远樵都到你们家楼下了啊，赶紧准备好茶水瓜子恭迎圣驾吧。”果然是池向南的行事风格，我家在一天之间迎来了两个八婆之后，第三个八婆又闪亮登场了。

5分钟后，池向南和闻远樵提着大包小包来到我家，池向南一进门理都没理罗以忱就进了屋，倒是闻远樵和罗以忱尴尬地寒暄了两句。

“这是我妈，这是我婆婆。”我向池向南介绍。“这是我最好的朋友池向南。”我又介绍道。

“阿姨好。”池向南跟两位老人打了招呼，而后一把拉住我，“你啊你，这么大的事情怎么都不告诉我呢？我还等着给孩子们当干妈呢！不过看在你身怀十二甲的份儿上，就不让你负荆请罪了。”

“什么十二甲？”

“一个是六甲，我琢磨着你这不是俩么？当然就十二甲了。”

我无语地看着眼前这个无厘头。

她吐了吐舌头，略微正色：“唉，这一阵，闻远樵琢磨着开第三家店的事情，也没顾得上联系你，没想到啊，你不知不觉就中大奖了。”

“又要开分店了啊？向南，这家店难道你要亲自挂帅？”

“没有没有，我可没有你那两下子，我还是该干什么干什么吧。闻远樵打算就做总店和你的荔枝姐店两家直营，剩下的都做加盟店。”

我点了点头。

“这个是你对象吧？”我妈见缝插针地问。

“对，这个是向南的男朋友。”

“哦，小伙子长得真精神哈，是开什么店的？”

“哎呀妈，人家闻总是我的老板呢！”我介绍道。

“马拉啊，说到这我还真得感谢你，是你的善良救了我们家宝贝柳子，也给了我一段好姻缘。”池向南难得一本正经地握住我的手。

“你别跟我肉麻啊，你像好人一样说话我还真挺不习惯的。”我打开她的手，心里却有种甜而微酸的感觉。

“这丫头，尝尝我们东北毛嗑！”我婆婆给池向南和闻远樵端来洗净的水果，还拿了一大兜瓜子，“这都是我自己种的葵花，可实诚了！”

“我最爱嗑瓜子了。”池向南抓了一把，见我妈和我婆婆都在招待闻远樵，她凑近我耳边小声说，“是我哥告诉我你的事的。”

“向南，我之前真有些没脸见你。”提到向北，我的心就揪得紧紧的，一阵阵发疼。

“哎，你们俩没缘分哪……不过，你如果有空就去看看我哥吧，他现在……”

“那丫头，吃啊!”我婆婆递过来一个苹果。

“哎!”池向南急忙接住，“我们过来看看马拉，她挺好的，我也就放心了。马拉，你这个要多休息的，我们就不打扰了。”池向南说着，挽了闻远樵的手。

闻远樵从兜里掏出一个红信封：“马拉，这个是我们俩的一点意思……”

我急忙推辞：“那可不行，我这又没什么事。我一直觉得我的所有好运气都是你带给我的，你已经帮了我太多，这么多钱我……”

“听我说，无论是公司还是我个人，都受过你太大的恩惠，如果用钱来衡量的话，我真怕自己一辈子都还不起的，所以不要把我们的情谊扯到这么庸俗的事情上好吗？这是我和向南对宝宝们的祝福，一定要收下的。”他眼神清澈，声音温润，一派潇洒儒雅的风度，将红包递到我手中，让我再也找不到理由拒绝。

送走池向南和闻远樵，我婆婆开始整理他们带来的东西：“哎呀，这丫头这么实诚呢，拿这老些，这都是啥呀?”

我妈拿起红包，掏出钱点了起来：“真不少呢，出手就是两万。”

我坐下来，抓了一把瓜子。

“哎，你说你这朋友吧，也没有你漂亮，也没有你能干，找这个对象真是不错哈?”我妈对于英俊潇洒出手阔绰的闻远樵颇有好感，也就越发衬托了对罗以忱的不满，“当初我就跟你说别着急别着急，你那时候还年轻，好的有的是……”

“嗯，向南和闻远樵也是最近才在一起的。”

“谁说的，你净忽悠我你，人家不说你救了他们家宝贝吗？啥宝贝啊？他们家宠物啊？”

“哎呀，不是，柳子是闻远樵前妻生的！”我解释道。

“哦……这闻远樵二婚哪？”我妈一惊，“哎呀，那这门可不好进。事从两来莫怪一方，这离婚的人哪，多少都有点毛病，当初为什么离婚？是生活问题还是作风问题？这都得搞清楚。再说他跟他前妻是不是断干净了，有没有财产纠纷都是其次，就这孩子你能不让人家看么？看来看去就要出事情，后妈难当啊！”

“人家闻远樵的前妻出车祸过世了，不是您想的那样。”即便如此，这个家里除我妈之外的三个人都是失婚人士，我们都被我妈的直率搞得有点不是滋味。

“唉，家家有本难念的经啊！”我妈将闻远樵送来的钱递给我，“收好了吧，回头给孩子买点东西。”

我拿了钱走进门，关上门便倚在门上长长地出了口气，我脑子里不停地盘旋着池向南的话：“你如果有空就去看看我哥吧……”向北，你现在在忙些什么？又过得怎么样了呢？

怀孕后的日子疲惫而嗜睡，罗以忱虽然睡在我屋子里，但他一直说是为了做我的保镖。为了表明心迹，他始终席地而眠，夜里如果我难受他立刻起来为我开灯倒水，但早晨却往往是在我睡得正香时就出门上班了。

我妈妈和婆婆睡在罗以忱的屋子里，她们包下了屋子里所有的家务活，但我知道这种相安无事的状态并不会维持多久。

“马拉，你过来看看。”我刚醒过来，还有些迷糊，已经被我妈拉到了客厅。客厅里留着明显的水渍，大概是刚刚擦过地，一串醒目的大脚印赫然印在地上。

“怎么回事?”

“你说有你婆婆这么干活的吗?咱不都倒退着擦地吗?你婆婆倒好，一边擦一边前进，自己擦过的地方全被自己给踩脏了!”

“哎呀妈，反正又不用您做，算了，管她那么多呢。”

“我看着别扭啊，你能让这脚印子留一天吗?不还是得我擦?”我妈拿了块擦地布抹了起来。

“我婆婆呢?”我边洗脸边问。

“出去买菜了。”我妈说着已经把屋子重新擦干净了。

“哎呀，丫头呀，我买了点排骨，晚上给你做东北乱炖啊!”我婆婆的声音响起了，我急忙拍了拍我妈，示意她别再说了。

“那个亲家母啊，丫头怀孕得吃好了，我这买了鸽子蛋，一会儿给她下点面条，咱俩两个老婆子吃了也没用，弄口稀饭凑合吃点得了，等晚上我们少爷回来了，我给你们炖排骨吃!”

见我妈脸上多云转阴，我急忙接口道：“那个……妈呀，你们俩那么大岁数了，还得照顾我们，也得吃好了呀，可别总凑合，怎么也得炒个荤菜，哪能光喝稀饭呢?”

“亲家母啊，你买菜怪累的，先休息会儿吧，一会儿的饭啊，我来做。”我妈说着系上了围裙。

“那……那行，我先帮他们小两口把衣服洗了。”我婆婆一会儿也闲不住，又跑去卫生间帮我们洗衣服了。

见我妈还有点不开心，我凑到我妈耳边说：“还是您给我做吧，我婆婆做的那饭，都打死卖盐的了。”我妈终于笑了，我心里的石头也落了地。

中午，我妈给我炖了条鱼，炒了个蘑菇，又炒了个青菜，还做了个鸡蛋汤。虽然还是我妈做的饭清淡营养，荤素搭配，合我的口味，但我也不敢太过夸奖，只是多吃点，作为对我妈的感谢。

我妈对自己的厨艺颇为自信，但我婆婆基本没吃几口菜，却一直在吃咸菜，这让我妈非常郁闷。

“亲家母啊，是不是这菜不合你的口味？”

“不不不，挺好的。”

“你吃着淡吧？”我妈终于发现了问题所在。

“不是……挺好吃的。我……我是想省着晚上给少爷吃……”我婆婆有些扭捏。

“这菜剩下会产生亚硝酸盐，就有毒了，不能吃了，菜就能吃一顿，吃不了的也都要扔掉。”我妈劝说道。

“哪有那些说道啊，在我们那都是上顿留到下顿，也没看见有啥盐。”我婆婆不以为然，“在你们城里，说道就是多，这城里女人也享福，你看我们那，有什么东西先紧着男人吃，男人吃完女人才能上桌呢。我那天跟我们家少爷打车回来，还看见个男的穿得挺好，给个女的开车门呢！”我婆婆撇撇嘴，摆明有些瞧不起。

“妈，您不懂，这叫绅士风度！尊重女性是一种文明和进步，但在赢得别人的尊重前，女人首先要做的就是要自强自立。”我像是在说给我婆婆听，也像是在说给自己。

“就是就是，有些女人啊，就是自己把自己给瞧低了，别人才看不起她！”我妈听我说过我婆婆的故事，所以她的回答有些话里有话。

我婆婆破例没有跟我妈再争什么，她低头笑笑，我将一块鱼肉夹到她碗里：“以忱回来再让我妈给他做，您也辛苦半天了，该吃就吃，我们当小辈的，吃的日子在后头。”

“这都敞开吃敞开喝，得多少钱哪，鸡蛋都 5 块多一斤了。你们俩还得还贷款，以后还得养孩子，我们能省就省点呗。”

我摇摇头：“你们身体健康就是对我们最大的帮忙了。你们身体好，能帮我们料理家，将来还得指望你们帮我们看孩子，所以，你们几个老的都健健康康的，就是对我们最大的帮忙了！”

吃过饭，我婆婆抢着洗了碗，我妈则将我拉到屋里：“你婆婆那话什么意思啊？是不是嫌我大手大脚了？我给你那 20 万的事罗以忱告诉他妈了吗？别以为我在这吃罗以忱的。话说回来，就算我没给过你们钱，那你赚得也不少啊。那老板，一下就给了你两万，还不够你吃鸡蛋的吗？就算 5 块钱一斤，两万块能买多少斤鸡蛋了啊？我看哪，她就是顾着她儿子，恨不得咱都把脖子扎起来算了！”

见我妈声音越来越高，我将食指压在唇上做了个噤声的姿势：“妈，您就多担待点吧，她从农村来没文化的，您别跟她一般见识。”

“马拉啊，我在你这屋躺会儿吧，晚上你婆婆那呼噜打得山响，我都睡不着觉！”我妈说着便开始铺床，“来，你陪妈躺会儿呗。”

我迟疑了一下，点了点头。

我躺在床上，我妈躺在我旁边，她忽然用手理了理我的头发，一下一下，那种微痒的感觉让我有些尴尬，但我妈依然固执地爱抚着我的头发。

“我闺女长大了。”她一句话，竟然让我的眼眶一下被泪水糊满。

我跟我妈，已经很久没有这么亲近过了。他们那一代人，几乎不习惯去表达爱，而我们则习惯了叛逆。从我成年之后，我妈就再也没跟我有过什么亲昵的动作，而后来，更是连言语都不和了。我们一路争吵，一路背驰，就这样磕磕绊绊，一回首，竟然已经整整过了十年。

而当有一对陌生的生命驻进我身体的时候，我才知道母爱原来是如此的浑然天成，无需任何培训，也没有任何不适，我就认可了自己已经是一个母亲这样一件神圣而自然的事情。而似乎也唯有如此，我才更为理解了我的妈妈。我回过头去，看着她的脸，她怎么有这么多皱纹了？岁月是在什么时候已经偷走了她年轻秀丽的容颜？而我，竟然粗心地没有发现。

“马拉啊，当初妈不让你跟小罗，你恨妈吗？”她的声音响在我的耳边，如同儿时我入梦前她在我耳边为我唱歌，讲故事。

“没有，那时是我不懂事。”如果让我回到自己的20岁，我一定不会选择远嫁，而是留住她和我爸身边。

“妈也有错，应该好好跟你说的。但现在看来，小罗还不错，人好就比什么都强。你看现在那小年轻，有点小钱就烧得难受，不知道怎么摆摆好，人阔脸就变，换车换房换老婆的大有人在。小罗呢，我这几天观察着，他是真心喜欢你，人也还算上进，你们既然已经成了夫妻，孩子也有了，房子也有了，就好好过日子，这样一起同甘共苦得来的，比不劳而获的啃老族强。”

我点点头，轻轻依进她的怀里：“妈，等我再攒一年，明年我就给您和我爸在这边买个房子，咱以后再也不分开了。”

“傻丫头，妈不需要房子，你俩孩子负担重，这套房子还有贷款呢，还是留着钱好好把孩子带好。你婆婆说得也没错，我们这些老家伙吃了花了又有什么用，还不如留给孩子们……”

在那一刻，我忽然感觉很无力。我们的爸爸妈妈，是真的老了，曾经的针锋相对，曾经的狂妄逞强，曾经的渴望逃离，曾经的漠然淡忘，此刻看来，都是多么的无知和可笑。我们居然将美好的时间浪费在各种无聊的事情上，却给我们生命中最重要的人留出了那么的少。

# 第十二章　一路向北

出血其实早在出院时就已经停止了，但我硬是在家又休息了一个月之久。我妈妈和婆婆都说，怀双胞胎是一把双刃剑，虽然幸福是双倍的，但所承受的辛苦、担心和危险，比单胎也要多上好几倍。

早孕反应非常强烈，做饭的时间我几乎想把鼻子扔到银河系外，因为无法抑制的人间烟火气会从四面八方赶来骚扰我的嗅觉，鱼味肉味葱味蒜味都让我不堪承受，端着一杯牛奶路过我面前都能让我把胃吐个底朝天。这样的情形下什么工作爱情理想追求终于全部无从谈起，我每天从早到晚只处于这样的状态：吐和酝酿着随时准备吐。

终于熬到怀孕 3 个月，罗以忱请假陪我去社区医院建围产卡。早听说需要抽血化验做 B 超，所以我们早上 8 点就到了医院。

“准生证呢?”医生是个二十出头的女孩，她劈头就问我们这个。

“嗯……我们还没办下来……”

“没办下来不能建卡，先去办准生证吧。”

“可是……可是建卡不是检查孩子是否健康的吗?”我不甘心白白排了一个小时队。

“检查孩子是否健康的前提，是你们这个孩子是否被准许出生，如果不被准许出生，那他健康不健康又有什么关系呢?”小医生将我的挂号单都塞回来，准备叫下一个孕妇。

“准生证需要怎么办啊?”

“你生孩子还是我生?”

“我生。”

“你生孩子都不知道，我没生过我更不知道了。”她说着已经开始接过了下一个孕妇的单子。

“结婚证，户口本，身份证，怀孕证明，单位或居委会的初婚初育证明什么的，然后去街道办吧，具体的你上网去查查。”刚坐过来的孕妇小声对我说。

我和罗以忱走出检查室，他低声问：“马拉，咱们是不是去把手续办了?”见我没有答话，他继续道：“如果我们不办复婚手续的话，那么就不能领取准生证，如果没有准生证，孩子是不能建卡的。”

我忽然感觉到一阵窒息，我难道必须要跟罗以忱复婚吗?

中午，我们在医院附近找了一家小餐馆，罗以忱要了不少我爱吃的菜，可是我一点胃口都没有。

罗以忱见我食不下咽，便说着出去为我买两瓶酸梅汤。我正坐着等他，忽然听见有人叫我：“马姐！马姐!”

我回过头：“夏至!”

“真的是你吗马姐！我可想死你了!”原来是我在新世纪的旧同事夏至，她已经完全没有了在新世纪当经理时的飒爽气派，一身松松垮垮的孕妇装也罩不住挺出来的大肚子。

“姐，我给你介绍一下，这是我原来的同事马姐，这是我姐。”

我站起来，纤瘦的身材更显得小腹微凸，孕味十足：“你好，我是马拉。”

夏至的姐姐年纪跟我相仿，她上下打量了我一下：“哎?你不是那个……那个荔枝姐吗?”

“是的。”我掏出一张名片递给她。

“我在网上看过你的视频，你太厉害了！你看我这每天工作忙也没时间锻炼，你回头教教我怎么才能瘦身美容什么的……”夏至的姐姐小心地收起了我的名片。

“没问题，到时候您要来了，我给您办免费体验!”我已经非常擅于拉主顾了，我转向夏至，“夏至，你这怀了几个月了?”

“快 6 个月了。”夏至用手比了个六字。

“还在新世纪呢吗?”

“没有，市场也一直不景气，但这也不是主要原因。”她指了指肚子，“怀上后我们家那位就不许我再出来工作了，他说万一摔了抻了可怎么得了。”曾经指点江山的女人，最终也退回到了老公和孩子身后。

“让你在家好好安胎，你却跑出来逛街啊。”我拍拍她的肩膀。

“哪里啊，我姐是妇产科的医生，我是来找她做产检的!”

我灵机一动：“夏医生我问您一下，我是外地人，准生证不太好办，可是我怀的还是双胎，能不能先建卡再办证呢?”

夏医生愣了一下：“也……行，不过你得尽快将准生证号报给我们。”

“那多谢夏医生了啊!”我开心地答道。

待罗以忱回来，见我如此开心，他有些纳闷：“怎么了这是，你捡钱包了?”

“下午咱去建卡吧。”见到他一脸茫然的样子，我心情很好，甚至还得意忘形地拍了拍他的肩膀。

虽然抽了N多管血，但我的好心情一直延续到产检时，当我第一次听到一对强而有力、如同小火车开过的胎心时，我仿佛飘上了云端，心中的欢喜和自豪无法言表。

“都挺好的，既然你7周多的时候做过B超了，就别再做了，我已经给你测了胎心，很正常，你回去好好休息，下个月来医院检查，抽血做唐氏筛查。”夏医生很为我着想，没有开B超检查单。

“是不是从明天起，我就进入稳定的孕中期了？”我感觉听了两个孩子的心跳声，我的孕吐感都没有那么强了。

“是的，但双胞胎情况略为特殊，所以整个孕期都不能掉以轻心。”夏医生边记录边说。

我回店工作的申请递交给我妈我婆婆和罗以忱讨论之后，直到我的建卡结果一切正常才得到批复，我可以暂时回店里照顾一下，但如果感觉疲劳就立刻回家。

不仅是家里人对我不放心，我回店的那天，连闻远樵和池向南都赶来了，直到我对他们保证我不会管任何具体的事宜，只是作为一个精神领袖出现在店里，他们才心怀惴惴地同意让我继续留守。

我的孕吐已经慢慢消失了，取而代之的是腹部的继续隆起，因为怀了双胞胎的缘故，再加上我现在也比较瘦，我也就格外显怀。

这天，我正在店里忙着整理瘦身大赛的资料，忽然我的电话响了起来。

“马拉，是我。”醇厚如酒的声音响在我的耳边，让我的心忽地一揪。

“向北……”

“最近怎么样？”

“还好。你呢？”

“酒吧街的商用房已经全部售完了。”他顿了顿，“我爸妈的墓地我也安排好了。”

我正在琢磨他为什么要跟我说这些，却听池向北继续道：“想约你出来，行吗？”

“可以的。”我答应他了，只有一瞬间，我已经从他的话里听出了他的来意。

“我现在在你店门口，想带你去个地方。”

我有些惊讶，但犹豫了一下，我终于还是答应了。

Q7 在路面上平稳地行驶，淡淡的橙子气息萦绕在小小的空间。

见我不由自主地轻吸了一下，池向北微笑了：“怕你晕车，特意换了橙子香型，说是可以缓解晕车的。”

他总是这般周到、贴心。我打开车窗，夏日的清风和阳光让我们的心虽有无数心事却清澈依然。

上了高速，我看到“江滨”的指示牌被越抛越远，终于忍不住问道：“去哪里？”

“都说了是个好地方。”他微笑着看着我，“让我留点悬念。”

我于是不再打探，而是静静地望着窗外，池向北打开车载音响，一个清澈柔美的女声浅吟低唱，荡气回肠。

你眼睛会笑，弯成一条桥。终点却是我，永远到不了。

感觉你来到，是风的呼啸。思念像苦药，竟如此难熬，每分每秒……

我找不到，我到不了，你所谓的，将来的美好。

我什么都不要，知不知道，若你懂我这一秒。

我想看到，我在寻找，那所谓的，爱情的美好。

我紧紧地依靠，紧紧收牢，不敢漏掉，一丝一毫，愿你看到……

我的目光投向池向北，他眉头微蹙，薄唇轻抿，他俊美的脸明明就在我的眼前，但却一点一点地变得模糊。我转过脸去，偷偷擦掉了颊边的泪……

“这里叫紫海香堤，是一个非常漂亮的薰衣草庄园，眼下正是薰衣草开得最好的时节，所以想要带你来看看。”

无边无际的各种香草，一眼望不到边的紫色花海，染满鼻端的盈盈香气，一抬眼，池向北的白色衬衣映入我的眼帘，我从没见过这样美好的景色，和这样动我心弦的男人。

我和池向北漫步在一望无垠的花海中，沿着蜿蜒柔美的小径，仿佛这样一直走下去就能通往幸福。

“尝尝这个。”他摘下一片叶子，我放进口中，竟是如此清甜芳香。

“这是甜叶菊，我们从前做蛋糕的时候，用过这种香草。这里的很多香草都可以吃的，走，我带你去尝尝这些美味。”

他一路采了一叶芳草美植，来到庄园里的水吧，亲手为我冲泡了一杯花草茶。

“这个配伍可以静心安神，口味也很柔和，尝尝看。”

我轻啜了一口，一丝淡而怡人的甜香沁入心脾，如同眼前这个淡而怡人的男子。

香风吹过我的发端，我闭起眼睛，用心感受着这难得的宁静。

“你听过薰衣草的传说吗?”

我摇摇头，池向北喝了一口茶，讲道：“有个女孩住在幽静的山谷，她爱上了一个受伤问路的旅人，想要跟着他去远行，但男人却说不出他来自哪里。村里的老人告诉她，薰衣草是圣洁之物，将薰衣草抛到那男人身上，就可以看到他的本来面目，而当姑娘把花扔到男人身上时，他变成了一道紫色的雾霭。原来，那男人并不是什么妖魔，而是她渴望远行的心。”

“这并不是一个美好的故事。”我打断他，“爱他就应该信他，这样的试探和考验只会意味着失去。”我的心忽然一动，在那个瞬间，我想到了罗以忱。

“是啊，所以薰衣草非常圣洁，传说能给人以保佑，让不洁之物现形。比起这个传说，我更喜欢薰衣草代表的含义：等待爱情。”池向北望向我。

等待爱情。

一个男人对我说，他在等待爱情的降临，而我即将成为两个孩子的母亲。

“请问，能帮我们拍张合影吗?”一对小情侣走过来，手里拿着卡片机。

池向北欣然答应，为那对小情侣拍了照片。美丽的花海和年轻的爱情，无须什么拍摄技巧就能展现出动人的姿态，那对小情侣果然满意地对着照片看着笑着。

“谢谢，对了，我们也替你们拍一张吧。”那女孩显然是非常感谢池向北的帮忙，而主动提出送我们一张。

“马拉……”看着池向北期待的眼神，我站起来，走到池向北身旁。

“姐姐，你的身材真好，你要是不站起来，我都没看出你是孕妇呢!”女孩笑着对我说。

“是啊，我怀的还是双胞胎呢。”

“啊，真的啊！恭喜你们！那我可要好好给你们拍，顺便沾沾喜气，如果我们也怀双胞胎就太好了！靠近一点，再靠近一点啊!”

“姐姐，你们看，太美了，真般配!”女孩子将照片递到我手上，紫色的花海中，我和池向北相依而立，却没有笑靥如花。

目送着那对小情侣走远，我们继续回到桌前，照片就那样安静地躺在桌子上。

“你说……酒吧街的商铺都售罄了?”我找了个话题。

“嗯。多亏了你。”

“我都说了，不是我的想法。”

“如果不是因为你，我又怎么能得到高人的指点。所以，还是要谢谢你。”他说着朝我端了端杯子，我笑着喝了一口：“那我就不客气了。”

“池阿姨的事情你也处理好了?”

他的脸色沉了沉：“嗯，我回南方给我爸妈买了墓位，打算将妈妈的骨灰带回去跟爸爸合葬。爸爸妈妈爱恨一生，希望他们来生能幸福快乐地在一起，不要再有这么多的遗憾。”他抬起深邃的目光，“马拉，我打算回南方了。”

我停住了喝水的动作，不由自主地用牙齿咬住了吸管。

“你也能看得出来，我对房地产之类的生意并没有多少兴趣，这一次要不是有高人相助，也许我就要在江滨折戟了。我接管父亲的生意也是出于责任，更多的是想有足够的钱来寻亲的。现在，处理完这些事情，我觉得很累，反倒是不如当年做厨师的时候轻松快乐。所以这一次，我想回南方去，忙完父母的事就开个餐馆，去做自己真正想做的事情。”

说完这一切，他故作轻松地问我：“怎么？没有什么送行的话要对我说吗？”

“对不起……”除了这一句，我不知道还能对他说些什么。

他微笑了一下，从包里拿出一个盒子：“送给孩子们的。”

我打开盒子，里面是一对小小的极为精致的如意。

“希望你和孩子们，万事顺遂，称心如意。”

“你要走了，我也没有什么能送给你……”

“这个……没有比这个更珍贵的礼物了，我会好好收着的。”他拿起桌上的照片，朝我挥了挥。我笑了，眼里还含着泪。

尽管我一再坚持，池向北还是将我送到店门口，将要下车的时候，我忽然发觉这大概是我们最后的相处了。

池向北没有说话，他的手一直放在方向盘上，但当我将要打开车门的时候，他拉住了我。

毫无预兆地，他的唇贴了上来，在甜橙味道氤氲不散的车里，他给我一个热烈却克制的吻。从此之后，我们天各一方，从此之后，我们只剩思念。

“马拉，我永远不会忘了你。”他说完，打开了车门。

当我走下车的时候，罗以忱正站在我的对面，他身后是我们那辆我虽然不会驾驶却有份分割的共同财产。他讪讪地看着我，脸上的神色明明在笑，在我看来却有些像哭。

“你怎么会在这里?”

“怕你一个人回家不放心，所以来接你的。”

我差点忘了，我现在是全家瞩目的焦点人物，走到哪保镖就要跟到哪。

“上车吧。”他拉开车门，我回头看了一眼池向北，他从车里朝我挥了挥手。

“他的酒吧街项目都卖完了，他可能要回南方了。”开着车子，罗以忱率先打破沉默。

“他跟我说了。”我答道。

“马拉，如果你真的忘不了他，宝宝的事情，我不强求。”罗以忱的声音低沉，但我依然还是听出了他的颤抖。

“我和他已经分手了。”我淡淡地对罗以忱讲。

夏日的风吹不散满车的沉闷，和罗以忱浓得化不开的沉默。

自从我怀孕以来，我们家的八婆指数与日俱增，我和罗以忱回家的时候才发现，他爸、郭阿姨和罗以琳来拜访我们了。

我的心一下子揪紧了，因为我妈还不知道我们已经离婚的事实，离婚的消息传出去之后，我和罗以忱他爸一家人还没有见过面，如果他们说漏了这件事，我都不知道该怎么收场。

“爸，郭阿姨，以琳。”我强作镇定地跟他们打着招呼。

“哎呀马拉啊，恭喜你啊，这是我和你爸的一点心意。”郭阿姨急忙客气地递过一个小小的红包，我看到我妈正在旁边打量着郭阿姨，我点点头，把红包接过来。

谢过二老，我支使我妈：“妈，郭阿姨是客人，您帮着倒点水吧。”

我妈翻了翻白眼，不情愿地向厨房走，我赶紧说：“郭阿姨，我去给您切点水果。”

走进厨房，我妈站住了：“连你婆婆都不照应，咱是女孩子家，凭什么伺候他们啊?”

“妈，您现在住您姑娘家，就是主人，人家是客人来看我的，我当小辈的应该照顾人家，您就当帮我干了。更何况，人家还给我红包了呢。”我希望我妈尽量少跟他们照面，免得穿帮。

我妈撇了撇嘴：“早干吗去了？你都怀孕3个多月了才想起来看一眼，你怀的可是他老罗家的孙子！就这点钱，也真拿得出手！还有他们家那个死丫头，本来我进来的时候对他们挺客气的，她倒好，大模大样地不理我不说，还阴阳怪气地让小罗一定去你公司接你，说什么接晚了就让别人接走了，你说她说这话是什么意思?”

我心头一动，怪不得罗以忱会找到我的单位去了，难道是我和池向北出去的事情被罗以琳看到了?

“马拉，马拉?”我妈唤了我两声我才听见，“你婆婆说不舒服，在我们那屋躺着呢，我也有点不舒服，我去你那屋歇会!”我妈说完，便出了厨房。

我走回客厅，罗以忱正跟他们有一搭无一搭地聊着天，见我进来，他们都噤了声。

“马拉，我听以忱说检查了？真的是两个？”他爸问。

我点点头。

“既然是这样，就挑个日子把婚复了，对你对孩子都是个保障。”

我看了看他爸：“谢谢您的好意，只是现在我还没做好这个准备。”

“我看你根本就不想跟我哥复婚吧？”罗以琳插嘴道，“我说那个大叔为什么总是不理我，原来你们根本就没有分手！”

“以琳！”罗以忱轻声喝道。

“本来就是嘛！要不是今天我去找大叔，我哥还蒙在鼓里呢，以为你去上班了，根本就不知道你是出去和大叔约会！”罗以琳生气地站了起来。

郭阿姨皱起眉头：“马拉啊，如果你这样子的话，这个房子我们看是不能分给你了。当初买这个房，你娘家没有出钱，首付钱都是我们帮着凑的，你想卖房分钱我们可不能答应。”

罗以忱拦道：“郭阿姨，这房子的首付大部分是我和马拉的积蓄，是我们婚后买的，不是您说的那样……”

“傻小子你……”他爸大概是怪罗以忱胳膊肘向外拐，向着我这个怀了罗家的孩子却还跟别人跑出去约会的媳妇，他定了定心神：“马拉啊，你看没看新婚姻法解释，虽然这个房子是你和以忱的共同财产，但我们付的部分是赠予我们的儿子的，所以……”

“罗叔叔！”我第一次没有叫他爸，一直喋喋不休的罗以忱他爸忽然闭上了嘴巴。

“这个房子我可以不要，我只要我的孩子们，其他什么都不要也可以。”我抬起头，看着对面的老人，我要用我强大的气场看得他自惭形秽。

“那可不行，你肚子里是我们罗家的孙子，他们是姓罗的，你绝对不能带走。”

我笑起来：“谁说我怀的一定是男孩了？”

“大夫没给你点什么暗示？”

“大夫说男孩女孩都一样。”

郭阿姨翻了翻眼睛。

罗以忱他爸愣了一下：“以忱，你妈不是说检查了挺好，是俩大孙子吗？”

罗以忱没好气地说：“我妈那是根据迷信瞎猜的，现在才3个多月，大夫怎么会告诉是男孩女孩呢？更何况，就算是能看出来，大夫也不会告诉是男是女的！”

罗以忱他爸的脸吧嗒一下就掉了下来：“乱弹琴！你妈真是愚昧，就会散布谣言，让我空欢喜一场。以忱哪，人家说如果怀的是男孩，大夫都提前告诉的，不跟你讲的就是女孩！你还是早点找个可靠的医院检查一下，这万一要是两个女孩，你以后再想要儿子都困难！”

“不让你来你非要来，你这都是自找麻烦……”郭阿姨在旁边低声嘟囔。

“你还说，要不是你生不出儿子，我……”罗以忱他爸忽然意识到自己说漏了嘴，但一切都已经晚了，罗以忱紧紧咬住了嘴唇，他忽然站起来：“郭阿姨，以琳，马拉累了需要休息，你们回去吧。”

他们一家三口有些讪讪地离开了，关上房门，罗以忱有些失魂落魄地坐在了沙发上。

我什么都明白，如果不是听说我怀的是男孩子，他是不会来的。更往前推理，如果罗以忱不是个男孩或者郭阿姨“争气”，把以琳生成个男孩子的话，罗以忱的爸爸是不会将他从那个他所辜负的女人身边接出来的。那个男人的小气、自私、极为封建狭隘的小农意识，即使是读了书做了官也是无法磨灭消逝的。

只是可怜了他身边的人，郭阿姨，我婆婆，以琳，以忱。

我走过去，在他的肩上拍了拍，罗以忱发出一声几不可闻的叹息。

“别伤心了，都过去了。”我轻声安慰道。

“马拉，对不起。”

“我明白，那不是你的意思。”

“我说的不是这个，而是……而是我亲手毁掉了来之不易的幸福，毁掉一份真挚的感情，毁掉了一个有爱的婚姻，辜负了一个不图名利、用心爱我的女人。连我的父亲对我的爱都充满了附加条件，你却无条件地爱着我，而我还不知足，这才是我对不起你的地方。”

我微笑了一下：“其实，我也想了很多，如果我还是原来那副面目可憎言语无趣的样子，如果我还是一无所有无能无用的样子，那么，池向北他还会喜欢我吗？也许他也未能免俗吧。我之所以让你重新青睐，重新紧张，并不只是你的反省，还有我的成长。你也不必太过自责，我想，在我们的婚姻里，我也有太多不足的地方。我妈说的对，一场婚姻的失败绝对不是哪一个人的错误，即使对方是百分之百的恶人，你选择了这样的恶人，也是有所失误的。婚姻是需要两个人经营的，我也有很大责任。”

这是我第一次在罗以忱面前说出这样的话，讲出这些需要很大的勇气，是勇敢面对自己的失败、剖析自己的一次历程。这不仅是因为我发现了自己的改变，而是因为我也注意到了罗以忱的变化。

罗以忱用亮晶晶的眸子看着我，我也在离婚后第一次心平气和地望着他。忽然，一种奇妙的感觉传来，我“啊”了一声。

“怎么了?”罗以忱紧张地看着我。

“动了！宝宝们动了!”我用手抚摸着肚子。

“真的!”他激动地将头贴在我的肚子上，如此自然而然。

这一次，我没有推开他，这样的幸福最适合分享的人，大概就只有罗以忱了。我们就这样坐在客厅暖融融的灯光里，像真正的一家四口一般，幸福地相拥。

即使罗以忱说他担心他爸的病而打电话过去问候，才无意中说出我怀了双胞胎的事情，对于他爸的来访，我婆婆还是消沉了好几天。因为她大概一看到这个老头，就想到了自己孤独空旷的墓穴，我妈这次也破例地对我婆婆充满了理解和同情，我想这大概也是一种“大房综合征”。

我已经习惯了在我家里看见各式各样的人，但大表姑的光临还是有点出乎我的意料，而更出乎我意料的是，大表姑带来的关于二表哥的消息。

见到大表姑的那天，我刚下班，走进门就听见了她的哭诉：“他表婶，亲家母，你们说这世上有这么不讲道理的儿媳妇吗？她这是要断了我们家的根儿啊!”

见我进门，大表姑站起来，我急忙唤了一声：“大表姑，您来了。”

“你姑让你表嫂给气着了！”我妈颇有些打抱不平。

“怎么了？”

“哎，马拉啊，你是不知道，你二哥找的那个媳妇啊，前几天给我生了个孙子……”

“恭喜您啊大表姑！”我心里暗暗盘算了一下日子，这个二表嫂跟大表嫂差不多，也是奉子成婚。

“可别提了，她家提出买房子买车子甚至给你大表哥大表嫂找了工作，所以要让孙子跟她们家的姓！你说这不是打我们家脸嘛！我正跟你妈念叨这事呢！”大表姑的语气如此严峻，让我不得不跟着点头。

“亲家母啊，要我说这样的儿媳妇可就有点大逆不道了，这倒插门不是不允许，可得提前说好了啊，现在来这么一手，不是骂咱家无能，更名改姓换祖宗吗？”我婆婆已经自来熟地跟我大表姑站在了统一战线。

“可不是嘛，还有更过分的呢，就因为我们没同意让孩子上她家户口，孩子也不让我们看，说是我们有地方口音，怕教坏了孩子。那孩子现在还没满月呢，他懂个啥呢！”

“这老二媳妇是有点过分，你说她去外国读过书的人，怎么这点事还想不明白呢。”我妈也附和着。

“啥去外国读书啊，不过是仗着她老子有几个钱，考不上国内的学校，去外国蒙事儿去的！她老子钱是大把，就是膝下无儿，所以才打这个主意呢！”大表姑说着拉住我妈的手，“他表婶儿啊，现在养儿子你说有什么用啊！我们家老大吧，没出息的时候老在我这蹭吃蹭喝，孩子也得我给带着。现在有工作了，他媳妇儿经常汇钱给丈母娘家。逢年过节也去丈母娘家送这送那，我是受累不讨好。再看看老二这不省心的样，我就后悔当年为啥没生个姑娘！你看马拉这多好，又漂亮又听话！”

我妈有些骄傲地昂起了头：“哎，人家都说没姑娘可怜，大表姐，亲家母，我说这话你们可别过意，有哪家的姑娘不管她爹妈的？又有哪家的儿媳妇能伺候公公婆婆了？所以这年头就是生姑娘的有福气呀！”

我怕我妈的话惹人不开心，急忙安慰大表姑：“您也别这么着急，姓什么不过是个代号，再说，您不还有大表哥家的孩子呢吗……”

“那能一样嘛！老大家是个丫头片子，终究不是传宗接代的人。”我大表姑说着，拿了串葡萄递给我。我接过来，吃了一粒。

“马拉啊，我还没顾得上问你，你妈说你这次怀的双胞胎啊？”

我点点头，继续吃着葡萄。

“哎呀，这葡萄多酸啊，你还那么爱吃，要我看啊，你这肚子里怀的，准是男孩！”大表姑明显喜形于色。

“真的呀？她大表姑你会看啊？”沉默半晌的我婆婆激动地接口。

“我一看一个准，我跟你说，姑娘跟妈脸对脸，儿子脸朝外，怀尖的儿子，你看马拉这怀多尖！”

“我一来就发现她走路先迈左腿，我琢磨着也是生儿子呢！”我婆婆兴奋地说。

我无语地看着这两个老人家，刚刚不是还在说生女儿好吗？怎么才一分钟不到的时间，就又盼着儿子了呢？她们说生女孩好，原来只是叶公好龙而已啊。

见我走进卫生间，我妈跟了进来："马拉啊，什么儿子姑娘的，你可别听她们瞎说，心里千万别有压力啊!"

我看看我妈，笑了起来："我怎么能没有压力呢？现在她们都说我怀的是儿子，可是您就喜欢女儿，我怕满足不了您的心愿呢。"

"嗐，能生儿子当然更好啦，我就是怕你心里有负担。当年我生完你，你奶奶说来看我，什么红枣、赤豆、鸡蛋都准备好了，一听生的是女孩，就说地里活忙不来了。那种滋味，我懂，我不希望你跟我当年一样，觉得自己的孩子没人喜欢，我才……"

"妈……"我揽住她的肩，她拍拍我的手，"现在我也想开了，男孩女孩不都一样，小罗说得挺好，别管男孩女孩，只要是自己的孩子，是我马拉生的，我就喜欢。妈就盼着你们一家平平安安地过日子，只要平安就好啊……"

我婆婆执意要留大表姑晚上在我家吃饭，但大表姑说还要回家给大表哥一家做饭，临走，她给我留下一个红包，红包里有500块钱。

"大表姐这人怪好的!"我婆婆评价道，"就是没遇上好儿媳妇。"

我妈一定认为这是三十年河东，三十年河西，但既然大表姑已经遇上了这么不顺心的事情，我妈自然也不会再落井下石。亲情真是一种奇妙的东西，虽然攀比和虚荣让这两位老人家斗争了一辈子，但现在发生了这样的事情，一个人在外地没有亲人的大表姑便一下想到了我妈。我妈也不再计较曾经的不快，没有任何的幸灾乐祸，而是真心地为大表姑着急。

"还是我家丫头好，又善良，又勤快，还能生。"我婆婆望着我，知足地笑着。

“那是，我跟你说亲家母，我们家马拉这样的女孩现在不多了。你看现在那小姑娘都又馋又懒事又多，哪像我们家马拉啊。”

“所以啊丫头，咱娘俩就是投缘，妈就希望你快点儿跟以忱和好……”我婆婆趁机劝我道。

“你说什么?”我妈停住了端水的手。

“没……没什么的，那个……我妈是说希望我和以忱好好过，百年好合……”我急忙打个马虎眼。

我婆婆也意识到自己说漏了嘴:“是啊是啊，好合，百年好合!”

我妈狐疑地看了看我，又看了看我婆婆，我的背后出了一下冷汗。

# 第十三章　三个婚礼和一个葬礼

在我的孕期进入第 6 个月的时候，池向南结婚了。此时我的腹围已经达到了 95 厘米，肚子上像扣了一个硕大的篮球。

作为好姐妹，池向南的婚礼，我是一定要去参加的，而我想去的一个更重要的目的，是我可以再次见到向北。

从紫海香堤回来之后，我就没有再见过向北了。手机上再没了他的电话和短信，就连和向南的通话中也没有人提起他了。我们仿佛在固守着某种默契，让这个人在我生命中淡出而去。

罗以忱还是一如既往地给予我关照，每天下班回家，虽然有两个妈妈料理家务，但他还是会帮忙收拾碗筷，往日大少爷的作风改了不少。尤其是每晚睡前，他都会给我冲一杯奶，不凉不热的时候给我端过来。

偶尔我们也会搭几句话，但并没有什么特殊的。只有每天晚上宝宝们动得最欢的时候，他才会露出笑容。

池向南的婚礼在酒吧街举行，这又是闻远樵的策划手笔。事实上，除了在图片上见识过池向北的酒吧街，我还没有去过那里。

为了给池向南增添更多的喜庆，我特意准备了一条宽松的黑红搭配的红色毛裙，一双平跟缀花的黑色靴子，虽然腰身已经颇为壮观，但一眼看去还称得上好看。

罗以忱穿了一套黑色休闲款西装，特意选了比较浓重的红色领带作为衬托。我发现他还细致地戴了配套的领夹和袖扣，如此郑重其事的打扮让我有些没有想到。仔细想想，这是我和罗以忱一起参加的第三个婚礼，前两个一个是我们自己的，另一个是大表姑家的二表哥的，还有池阿姨的葬礼，原来我们认识10年，同出同进，也不过就这么几次。

见我站在门口看他，他微微一笑："虽然主要任务是给你当车夫，但也不能太掉价，不是?"

听话听声，锣鼓听音，他大概是知道池向北一定会出现在池向南的婚礼上，所以事先做些准备。

等我们俩准备好，一起走出门来，我妈和我婆婆在我们身前身后一通转。

"哎呀，我们家少爷太带劲了!"我婆婆的大嗓门响起来。

"看我们家马拉，虽然怀孕了哈，但皮肤看着更好了，雍容华贵的……"

我和罗以忱有些无奈地相视一笑，我的心忽然一动，我们已经有多久没有这样的默契了?

由于巷道狭窄，街边花坛掩映间摆满了凉亭茶座，所以酒吧街是一条步行街。入街口处一座人鱼雕像，立刻就将人带入神秘的异域风情之中。

墨绿的遮阳罩上写着花体英文，红砖外檐和圆洞形窗口让人充满遐思。我和罗以忱漫步在酒吧街，看着街边风情旖旎的格子台布和凉椅上喝酒聊天的中外游客，不禁对闻远樵的创意充满了钦佩。

“闻远樵也真是个能人。”罗以忱看着这化腐朽为神奇的小街，“不过这样的人也有缺点，比如抓住每一个机会作秀，婚礼都能搞成宣传片。”

我白了他一眼：“我可不可以理解为你吃不着葡萄就说葡萄是酸的?”

罗以忱笑道：“如果你想，我也可以。”

婚礼在上午 11：18 分准时开始，由于池向南没有父亲，所以挽着向南的手走上红毯的，居然是池向北。他今天穿了银灰色正装，为了配合池向南繁复的婚纱，特别选了领口处缀有手绣花纹的白色衬衫，英俊，沉稳，潇洒，大气，我不禁又想起那一日，在紫海香堤的花海中对我微笑的向北。

池向南的典礼纱选了一件香槟色公主款，让她整个人显得优雅得体，仪态万方。闻远樵的礼服则稍作变化，让他立刻从无数西装革履的来宾中脱颖而出。

“闻远樵先生，请问你愿意接受眼前这位美丽的池向南小姐成为你的妻子吗? 从今天开始，相互拥有，相互扶持，无论是好是坏，贫穷还是富有，健康还是疾病，都彼此相爱、珍惜吗?”

“我愿意!”

闻远樵大声地回答着，我的眼眶忽然湿润了，不惟是因为我最好的姐妹从这一刻起走进了幸福的婚姻，也是因为我身边端坐的男子忽然轻声而坚定地应和了一句：“我愿意!”

无数气球从场边飞起，闻柳子走上去，她手里的托盘里放着一对小小的戒指盒。闻远樵和池向南彼此交换了信物，人们打开香槟大声欢呼，他和她开始拥吻。

沸腾的人声中，罗以忱回过头来，深情地看着我。我的眼前忽然出现了这样的一幕，滚滚红尘之中，他回眸一望，俊美的面庞如湿漉漉的枝头开出的花朵。

司仪将话筒交给池向南："美丽的新娘，请讲一讲你们的恋爱经历……"

向南点了点头："我想先请上我最好的姐妹——马拉……"

我一惊，笑了一下，走上舞台。

池向南拉着我的手："我们的相识得益于我最好的姐妹，可以说她是我和我先生的红娘。"

她望着我："无论何时，我都希望把我的幸福跟你一起分享，我也希望你能遵从自己内心的声音，获得真正的幸福。不要想过去，因为过去已经过去，不要想未来，因为未来还未来临。不管遇到什么，请你相信，当你需要冲锋陷阵，我就会在第一时间出现在你的面前；当你需要坚强后盾，我都会默默站在你的身后！"说着，她将手中的花束交到了我的手中，大家都知道，能得到新娘婚礼花束的女人，就会是接下来结婚的那个，池向南是在祝福我找到真正属于我的姻缘。

我向台下望去，池向北和罗以忱都在朝台上望着，一般无二地若有所思。

礼成后的狂欢，是大家为两位新人送上的祝福，我们单位的女孩子们精心编排了一个舞蹈，虽然我的情况已经不再适合跳舞，但最后还是由我上台去为向南送上我们集体为他们选的礼物——一对按照她和闻远樵的形象定做的惟妙惟肖的人偶。池向南非常惊喜，小心地将人偶摆在了典礼台前。

让我没有想到的是，罗以忱走上了舞台。池向南有些诧异地想说什么，一旁的闻远樵拉住了她。罗以忱感激地看了闻远樵一眼，我想，他们大概提前有了一个约定。

“作为新娘的老朋友，我想要送给二位新人一首歌，祝你们二位白头偕老。这首歌还要送给在场的另一位女士，希望她可以听懂我的心声。”

台下的人群起哄般地欢动起来，罗以忱朝乐队点了点头，悠扬的前奏响了起来。他唱的是王菲的一首经典歌曲：《我愿意》。

“我愿意为你，我愿意为你，我愿意为你被放逐天际。只要你真心，拿爱与我回应，我什么都愿意，什么都愿意，为你……”

他的目光越过人海，望向我的眼睛，如同我们在校园里初次相见，他在台上深情而歌，我在台下用心倾听。只不过这一次，纵使台下有太多的听众，他也只唱给我一人。隔了10年的平淡光阴，我和他，还能回得去吗?

当罗以忱重新回到我身边时，那潭属于我们两个人婚姻的死水，竟然泛起了层层微澜。以至于司仪隆重介绍池向北上台，我都没有反应过来。

池向北带着淡然的微笑，让人如沐春风。

“今天，是我唯一的亲人——我的妹妹池向南的婚礼，我最希望看到她幸福的那个人，终于找到了自己的伴侣。我想对我妹妹说的是，可以和自己喜欢的人并肩而立，是一件多么幸福而又可遇不可求的喜事，请一定珍惜再珍惜！这句话是我要送给你们的新婚贺礼，请一定记在心里。”池向北说着，向我看了一眼，从衣兜里掏出了两把钥匙，“这条酒吧街，是我妹夫闻远樵的创意，正因为有了他，这里才会这么繁华热闹。为了感谢他，我将其中的一间产权店铺送给他们，希望他们永远保有今天的美好回忆！”

台下的大家议论起来，池向北如此阔绰的出手，让大家顿时对池向南非常羡慕。

“此外，我还保留了一间，要送给我的另一位朋友。我想对她说，我大概很快就要回南方了，来不及看着她的两个宝宝降生了。感谢她陪我走过了生命最低谷的时光，祝福她一切安好，祝两位宝宝平安降临！”

我的脑子瞬间一片空白，池向北走下舞台，朝着我走了过来。这条随便哪一间店铺都超过百万元的酒吧街，竟然将要有属于我的一间，我实在不敢相信我的耳朵，我也无法接受这太过贵重的一份馈赠。

他拉起我的手，将钥匙放在我的掌心，我想要推辞，他却将头凑到我耳边：“给我个面子。”池向南送我的新娘花束就放在我身边，那场景非常暧昧，周围的人都鼓起掌来，我的目光却不由自主地望向了罗以忱。

回家的路上，我和罗以忱相对无言，但我的耳边却一直萦绕着他的歌声。车到楼下，我正要开门，罗以忱忽然叫住我：“马拉……”

“什么？”

“我认输了。”

“嗯?”

“他能给的，我给不了。”他的声音如同轻叹。

我的唇角却弯起忧伤的弧度。我们此刻坐在狭小的空间里，隔着的距离却比10年的光阴还要远。我没有告诉罗以忱，我没有接受池向北的馈赠，在我离开之前，我将钥匙还给了池向南，让她代为转交。如同退回池向北的戒指一样，我再一次拒绝了那个男人的一片深情。

罗以忱，在我被他的歌声感动之后，在我有些相信他愿意为我付出一切之后，在我想要勇敢地为他跨过10年的光阴再次拉住他的手之后，告诉我，他认输了。

我们一前一后默默无语地上了楼，罗以忱拿钥匙打开了门。走进门，我才发现屋子的空气有点不对劲。以往，两个老太太会围在我们身边嘘寒问暖，在参加了如此隆重的婚礼之后，说说婚礼见闻，评价一下婚礼场面甚至菜品都是这两个老太太所乐见的，而现在，她们居然如此沉默。

“妈……”我们俩一起叫道。虽然早已不再是一家人，但表面功夫还要做足。

两个老太太坐在沙发上，谁也没有作声。

“晚上吃什么呀?”我故作轻松地问，“池向南那个席都是西餐茶点，中看不解饱，我都饿了呢……”说着我摸了摸肚子，凑到我妈身边。

我妈没好气地扔出一样东西：“说说吧，这是怎么回事。”

我的脑子嗡的一声，原来，我妈气呼呼地扔在桌子上的，是一个小本本，封皮上赫然写着三个金色的大字：离婚证。

我看看罗以忱，罗以忱看看我，我们苦心掩饰的秘密到今天终于遮掩不住了。我的父母，他的父母，我们的朋友，还有我们所谓的情人，所有人都知道了我们离婚的事情，而讽刺的是，就在真相大白的这一天，我又一次对他动了心。

"你们离婚已经一年多了。上次我和你爸来的时候，你们就已经离了。"我妈伤心地说，"马拉，他们怎么欺负你了？为什么不告诉我和你爸？怎么还怀孕了呢？你这是受了多少委屈啊……"

"亲家母，你也不能这么说，我看丫头还好，倒是看我们家少爷这段时间老是皱个眉头……那词叫啥来着？憔悴啊，对了，老憔悴了！"

"还你们憔悴！你就听听你那称呼吧！我听着就别扭！你们家儿子就是少爷，我们家闺女就是丫头，你是不是觉得我们家闺女就活该伺候你儿子啊？你怎么那么好意思呢！"

"我那就是随便一说，再说女人在家里多干点活不是天经地义的吗？丫头怀孕了我就都替她干了，我这每天任劳任怨的，不就图他们俩过好日子吗？"

"你没来的时候，恐怕都是我们家傻丫头伺候你儿子了，就这样你儿子还出去做对不起我闺女的事！我闺女当年啥也不图嫁到你们家，如果不是你儿子欺负她欺负得狠了，她怎么会舍得离婚！"

"我儿子说他跟那个女的没啥！"我婆婆虽然嘴茬子厉害，但到底没有多少文化，一句话出卖了罗以忱。

“好啊！果然被我给猜中了！你儿子还真的是找了小三儿了！罗以忱，你今天给我说清楚了，那小狐狸精是干什么的？家住在哪儿？你们发展到什么程度了？”

我看看旁边的罗以忱，他抱着脑袋呈抱头鼠窜状，看着唇枪舌剑的两个老太太，我的心里忽然生出一丝悲凉。

大概是感受到了我情绪的变动，我肚子里的宝宝们忽然开始了剧烈的折腾，开始是花拳绣腿，慢慢变成咏春迷踪，当肚子里的两位开始你来我往过招的时候，我捂着肚子坐倒在沙发上……

最先发现我的异样的是罗以忱，他抢步过来：“马拉，怎么了，是不是动了胎气？”

我妈推开他：“孩子！孩子啊，别吓妈妈，用不用送你去医院？”

我摇了摇手，随着屋子里沉静下来，我的孩子们也平静了许多：“别吵了，我累了，想休息一会儿，有什么事明天再说吧。”

罗以忱想要跟我进屋，却被我妈推到一边：“以后我陪马拉睡，不劳你大驾了！”

我回到屋子里，用手轻轻抚摩着肚子，我要让我被吓坏的宝宝们安静下来。我妈嘭地关上了门，她扶着我坐下：“我当初怎么说的？我就希望你在我们身边，找个有稳定基础、知冷着热的，可你不听啊！非得跟他，现在怎么样！”

我垂着头不答话。

“那小三儿怎么回事？”我妈还在气头上。

我则继续保持沉默。

“还不跟你妈说是不是？不说话也行，跟我上医院把孩子打了，咱回老家！”

刚被嘭地关上的门又被嘭地撞开，我婆婆几乎是滚了进来：“亲家母啊，你可不能这么干哪，孩子投奔爹娘一回，哪儿能说打就打呢……”

“马拉你怎么那么贱呢你？他都背着你找别人了，你还给他生孩子啊？你们俩现在叫什么你们知道吗？这叫非法同居！孩子生下来怎么办？怎么上户口？怎么养？我们家这是缺了什么德，怎么养了你这么个倒霉闺女！”我妈气得来回直走，就在这时，外面响起了敲门声。

“爸?!”罗以忱惊讶的声音响起，我正要起身，却见他爸、郭阿姨和罗以琳已经走进了屋门。

“这都是在干吗呢?”见我婆婆和我妈满面怒容，双眼含泪，他爸脸色也不好看了。

“你有文化，会讲大道理，你快劝劝马拉妈吧，人家要把你俩大孙子给打掉呢!”我婆婆也顾不得死后的恩怨，跟他爸站到了统一战线。

他爸坐了下来：“闹什么！还不知道是不是男孩呢。”他转向我，“马拉，你要知道，用孩子是不能要挟任何人的。跟你离婚后，我儿子跟谁结婚都能再生孩子，而你的这两个孩子如果打掉了，你觉得你再有孩子的希望还大吗?”

我默默地看着他爸，他也冷冷地看着我。罗以忱在旁边说：“爸，你别再说了，都是我的错……”但他爸大声呵斥道：“你闭嘴！你有错，她难道就干净得很？以琳说她一直背着你在外面勾引别的男人，这两个孩子是你们离婚后才怀上的，是不是你的都很难说。不要随便什么人的孩子都跑来老罗家分财产了！”

我望向罗以琳："罗以琳，你敢不敢告诉你爸，你是怎么知道我在外面勾引别的男人的？"

罗以琳再怎么非主流，也不过是个不到20岁的女孩子，我对她如何，她心里有数。此时，在我的目光逼视下，她扭过头去。

郭阿姨冷笑道："马拉啊，既然这样，你干吗还在意我们老罗家这个小房子呢？你外面的男人当着多少人的面送了你黄金商铺了，钥匙就在你这个包里，你敢说没有？"

我终于释然，怪不得他们会尾随而至，一定是罗以琳追着看池向北，却在典礼现场见到池向北送了我商铺。而这件事不知怎么被他爸和郭阿姨知道了，他们则认为这是让我无法拿走夫妻共同财产的绝好借口……

事已至此，除了陪着他们一起冷笑，我不知道我还能做出什么表情，说出什么话来。

"马拉……"罗以忱为难地看着我。

我妈被他们气得跳了起来："罗以忱，你们家这是干吗？打群架呀？欺负我们马拉娘家没人哪？"她掏出手机，拨通了一个号码，"喂，大表姐啊！我们马拉怀着孕被亲家给欺负了，快带着老大老二过来……"

"妈！"等我拖着肚子跑到我妈身边要夺手机的时候，我妈已经连我爸的电话都拨通了："死老头子快点来，你老婆和闺女让老罗家欺负死了……"

郭阿姨却趁机一把抢过了我的包，顿时，包里的一切都散落在地。见并没有他们要找的钥匙，郭阿姨蹲下来翻找起来。

"这是什么？是不是他给你的字据？"郭阿姨说着，翻开了一张叠在一起的纸。

“罗以琳……妊娠六周……以琳!”郭阿姨无意间念出的话让在场的人都安静下来，罗以琳的脸色瞬间惨白。

“你！你个死丫头，你说这是怎么回事!”郭阿姨气得浑身发抖，我婆婆轻蔑地看着她们母女。

“你们……你们爷俩是要气死我呀!”见罗以琳不语，郭阿姨怒道，“你要是争点气托生个男孩子，我又何至于给别人养儿子？女孩就女孩吧，你还这么给我丢人现眼……”

罗以琳听着郭阿姨哭诉，忽然一跺脚，哭着跑出门去。

郭阿姨见女儿跑了，将一腔怒气撒在他爸身上：“你也不管管你的女儿，就知道顾着儿子，现在攒了一辈子的养老钱都要跟人家姓了，我这闺女又不顶用，说不定你死了还得跟你的大婆并骨，你也还坐得住!”

“郭晓萍你怪谁呢？说出大天去，老罗家唯一的根儿是我儿子！要怪就怪你自己肚皮不争气!”我婆婆咬牙切齿地说。

“反正这套房子当时我们出了钱的，就算是离婚，也不能把我们俩的养老钱当成他们夫妻的财产给算计没了!”

“你说谁算计呢？我们家马拉嫁到你们家的时候什么都没有，这房子是婚后买的，按说你们家罗以忱是过错方，这房子全都应该分给我们马拉!”我妈加入了战团。

罗以忱他爸终于下了最后通牒：“你们俩现在的经济状况我也清楚。既然想要打掉孩子，那这财产的事情今天就必须说清楚。”

“够了!”罗以忱忽然怒吼一声。

我被他吓了一跳，只见三个老太太一个老头都不再说话，愣愣地看着罗以忱。

罗以忱走到屋子中间，看着他爸，忽然直挺挺地跪了下去。

“孩子……”我婆婆想要去拉，却被罗以忱用眼睛制止住了。

“爸，我谢谢你生了我，这是你给我的第一重恩德。我谢谢你把我接到江滨供我读书，这你给我的第二重恩德。我谢谢你为我们买房给予的资助，这是你给我的第三重恩德。”他说着给他爸爸磕了三个头。

“但你生我，并未负责，在我小的时候需要父爱的时候，你的父爱始终缺席，第一重恩德有了缺憾。你接我出来，只是因为你重男轻女，认为以琳不能传宗接代，才施的无奈之举，第二重恩德有了缺憾。你资助我们买房，你们却一直在为这套房子钩心斗角，在得知马拉怀的有可能是女孩的时候，你又想收回房子，甚至赖掉马拉的钱！是我没本事，是我无能，是我保护不好我娘和我媳妇儿。爸，欠你的恩德，我都还你！”不知道罗以忱从哪抄来的一把水果刀，照着腕子割了一下，血滴在地上，我婆婆嗷的一声扑了过去。罗以忱却像保护孩子似的将我婆婆硕大的身板推到自己身后：“爸，欠你的情，我还了，欠你的钱，我会尽快归还。你是不是还要个字据？”

当鲜血从罗以忱的血管中跌落在地的时候，我肚子里的孩子们仿佛感受到了血缘的感召，再次猛烈地奔突起来。

“妈……妈……”我感觉自己的声音有些颤抖。

“怎么了？怎么了马拉？”我妈拉住我的手。

“肚子疼……”

“还站着干吗！还不快叫救护车！”我妈大声指挥着，罗以忱如梦方醒，立刻掏出手机，按下了120的号码……

当我完全恢复意识的时候，我正躺在人民医院病房里，孩子们已经基本恢复了平静。虽然如此，但大家都吓得不轻，再没有人敢说这说那，病房里竟然只有罗以忱一个人。

“我妈呢？”

“全家都在外面呢，人家只让进来一个，咱妈本来要进来，但医生说需要个力气大的帮忙把你挪到床上，我才趁机进来了。”

见罗以忱的手臂上缠了绷带，鲜血还是渗了过来，我不禁问他：“你没事吧？”

他苦笑了一下，摇了摇头：“没多深，我就是吓吓他们的，不然他们还得在咱家闹呢。”

“人家都说打离婚闹离婚，今天我才真的体会到了。”我看着他的胳膊，“还当自己20岁呢？还把刀子往自己身上招呼？”

“没事，就擦破点皮儿，我又不傻，哪能真割啊？我还有你和俩孩子呢，我得活着对你们负责啊。”他说着，顽皮地朝我挤挤眼睛。

这时，查房的医生走进门来：“15床，马拉是吧。孕多少周了？”

“快25周了。”我答道。

“排畸B超做了吗？”

“还没有，我约的10天后产检。”

“现在我们听胎心是没有什么问题，保险起见还是做个B超看看，如果没有什么事就可以出院了。正好你也该做排畸B超了，我给你约了一个，现在跟我去做吧。”

“大夫，我可以跟着吗？”

“你是孩子爸爸?”

“对，我觉得她比较虚弱，我跟着也好照顾她。”

“那行，你来吧。”大夫点点头，罗以忱扶着我走出了病房。

“马拉啊，你感觉怎么样?”我妈问。

“孩子都好吧?”这个是我婆婆的声音。

“没事的，不用紧张，孕妇就是情绪有点激动，你们不要都围在这里，给孕妇一个安静的环境……”

罗以忱趁机说：“大夫说马拉没啥事，我带她去做个B超看看，没啥事就能回家了。”

到了B超室门口，大夫让罗以忱等在门外，我则走进了B超室，大夫将超声耦合剂涂在我圆圆的肚子上，冰凉的感觉让我有点紧张。

“双胞胎是吧，不容易啊。”大夫将探头放在我的肚子上，跟我聊着天。

“其实说到这次排畸B超我还挺紧张的。”我惴惴地回答。

“有什么好紧张的?就是一次常规产检，只要之前的检查都没问题，这次也会顺利通过的。”大夫忽然笑起来，“这个小孩太好玩了，小嘴还张开着，打哈欠呢!哟，这个眉头皱着，想事儿呢?”

在她说这句话之前，我印象中我的孩子是两个一无所知的懵懂胎儿，而医生的这一句话让我忽然热泪盈眶，我感受到在我腹中的，是两个有感知有情趣甚至有思维的人!我的孩子们，在这一刻忽然由一个抽象的名词变得无比具体。虽然在爷爷眼中，他们是以生殖器来衡量价值的，但在我的心中，无论他们是男孩还是女孩，他们都是我无可替代的宝贝。

就在我感慨情义的无常和生命的神奇之时，大夫那在我肚皮上滑动的探头忽然停了下来。

“你之前做过几次B超?”医生问道。

“一次。是在50多天的时候吧，有点出血，所以就做了一次。”

“3个月建卡为什么没做?”

“那个医生是我熟人，她说B超做多了不太好，反正我当时刚做过一次不久，所以就没有给我安排……”我想到夏医生，心里还有些感谢她，如果不是她，我大概现在还没能建卡产检呢。

“她说的没错，但你这个情况，3个月的B超不应该忽视的。”

“怎么了? 有什么问题吗?”我忽然感觉头皮发麻，一种不祥的预感在我的心底升腾……

她没再跟我说话，而是放下探头，拨起了电话：“喂，李主任吗? 请您过来帮我看一下，我这有一个孕妇25周，单卵双胎，TTTs疑似。”

“什么疑似?”我的浑身越发冰冷了，我就听说过“非典疑似”“甲流疑似”，我没有那么衰吧……

“大夫，我的宝宝没事吧?”我的声音听起来完全不像是自己的，我都纳闷我的音儿什么时候变这么高了? 仔细一揣摩，才知道，我哭了。

“我也说不好，等李主任吧，她是这方面的专家。”

我躺在B超床上，如同砧板上的大肚子鱼。我用双手紧紧捂着肚子，却觉得我一丝力气也没有，我什么也抓不住。

5分钟后，一个戴着眼镜的老大夫率队前来，在她的身后竟然还跟着四五个穿着白大褂的学生。我这才知道我不仅严重，还很有研究价值，已经到了发动老专家组团前往参观考察的地步了。

老大夫满脸严肃，对着B超机仔细研究了一番，才跟身后的学生们说道："你们来看，两个胎儿都是女孩，一个偏大一周，羊水多，一个偏小近3周，羊水较少，考虑TTTs。"

我记得在我经常去的妇科诊室门口贴着明显的一句话：禁止非医学需要的性别鉴定。既然老专家说出了我两个孩子的性别，可见她们一定是患了跟性别比例有关的疾病，是的，是疾病，我的两个孩子，确切地说，是我的两个女儿，她们还没有出生，没有来到这个美丽的人世，已经有一场未知却非常严峻的考验等在她们面前了。

# 第十四章　TTTs

我穿好衣服，木然地看着老大夫在我的B超报告单上写着记录。

“门口那个是你丈夫吗?”她边写边吩咐着，“你们一起上我办公室来，这个事我需要跟你们俩一起解释。”

我走出去，罗以忱微笑着迎上来：“怎么样?”

“是女孩，两个都是。”我轻声如呓语。

他并没有呈现出失落的神色，反而继续微笑着：“很好啊，我喜欢。”

“以忱……”我抓住他的手，除了这双手以外，我不知道这世上还有谁能给我一点依托，“宝宝们，可能有问题……”

他的笑容僵在脸上，良久，他才像下定决心似地更加握紧了我的手：“不怕，有我……”

坐在李主任的办公室里，看着她打开我的病历，听着她用严肃的声音告诉我们：“情况有点严重……”我和罗以忱的手紧紧地握在了一起。

“两个孩子大小差异比较厉害，现在我们初步怀疑是TTTs——双胎输血综合征。”

“输血?”我和罗以忱纳闷地对视了一眼，“大夫，您搞错了吧?我没输过血啊。你输过吗?”我问罗以忱。罗以忱的头摇得跟拨浪鼓似的："我也没输过。"

"是溶血吧，大夫？我O型，他B型。"我调动自己有限的知识，来尝试着理解李主任想要表达的意思。

"不是溶血，也跟你们俩是否输过血没有任何关系。双胎输血综合征是单卵双胞胎的一种常见病，是两个孩子的胎盘之间有血管相连。"

"哦……"听说是常见病，我和罗以忱都松了口气。

大概是看出我们俩的松弛，大夫叹了一声，又抛出了一个炸弹，这个炸弹终于让我们俩知道了事情的严峻程度："如果不经过治疗，那么双胞胎的死亡率达到70%至100%。"

我听到了什么？死亡率70%至100%？那不就是必死无疑的委婉表达法？我刚刚知道我肚子里是两个会挤眉弄眼打哈欠的顽皮姑娘，她们还在我的肚子里拳打脚踢，却被一个略为苍老的声音判断必死无疑？我感觉到一阵窒息，握着罗以忱的手变得冰冷。

而孩子们的父亲罗以忱，他的情况也并没有比我好多少，他骨节分明的手紧紧地握着我的，但他已经开始微微颤抖。

"这是个什么病啊？血液病？心脏病？还是其他的什么？为什么会有那么高的死亡率？"罗以忱毕竟是个男人，在关键时刻还能稳住，不像我的大脑，已经完全凝结成块。

"我简单地给你们讲吧，就是说，现在她们俩本来应该通过胎盘各自从母体吸收营养，但现在她们俩的胎盘有相通的血管，偏大的那个又叫受血儿，她不是从妈妈身上吸收营养，而是从小的那个身上吸收营养，这样就导致大的那个内脏负担过重，而小的那个又叫供血儿，她又会因营养被掠夺而贫血，发育迟缓甚至萎缩。"李主任用尽量通俗的言语给我们解释。

“救救我的孩子们，大夫！我求求你救救她们！”罗以忱的声音因激动和害怕而变得陌生。

“现在并不是完全没有希望，但我们需要你们的决定。因为这个病对于孩子来说有着不小的风险，你们需要尽快决定采取下一步的措施。”

“那您的建议呢？”罗以忱问道。

“你这个是高度疑似，胎儿位置不好，挡住了关键部位。下周来复查看看，但我可以告诉你，相差这么多，基本就可以确诊了。你们的这个情况本来不算特别严重，只要到香港做胎儿镜手术就能把存活率提高到80%，但现在已经过了24周，所以不能做这个手术了。留在我们这边，也只能是通过放羊水保守治疗。如果你们觉得风险高，决定不要这两个孩子了，我们也可以帮你们安排引产……”

罗以忱点点头。

我木然地站起来，起身往门外走，罗以忱跟在我的身后。

我走出李主任办公室的大门，便觉得用尽了所有的力气，我几乎是跌坐在门口的椅子上。罗以忱坐到了我的身边：“马拉，你还好吗？”

我不好，我非常不好，我的亲生女儿遭遇了如此大的风险，我能好得了吗？我的自作聪明让我失去了第一时间发现危险保护她们的机会，我甚至在想，如果我没有碰到夏医生，我是不是能更早发现？如果我没有在孕期把自己的心情搞得这样乱七八糟，我的女儿们也许就不会生病。我甚至想，如果我没有发现黄莹莹的事而没有和罗以忱离婚，我女儿们的命运是否就不会如此？

在医院的走廊上，罗以忱抱住我的头，我无力地依靠着他的肩膀，他环着我，我能听到他的心跳。我终于放声痛哭，为了我们命途多舛的女儿，为了我们无力转圜的婚姻。

我不知道自己哭了多久，由号啕变为抽泣，最后终于无声。罗以忱拍着我的后背："会有办法的，别怕……"

"马拉啊！怎么这么长时间呢，我们找了半天才找到这里！"大概是等待得太久了，我妈妈、大表姑和我婆婆她们绕了半天才找到主任办公室的门口。

"这……这是怎么了？"见罗以忱满脸愁容，我更是面如死灰，我妈妈敏感地察觉到了什么。

"先回家吧。"罗以忱扶起我，我麻木地站起来，跟着他走出了医院。大表姑带着大表哥二表哥来我家给我妈助阵，见这个阵势，也只能先告辞了，但临走她还不放心地告诉我妈，有什么消息立刻给她打电话。我也无心跟他们告别，便如行尸走肉般地回了家。

"双胞胎输血综合征？"愁云惨淡的家里，我妈坐在沙发上，重复着这个从来没有听过的词，"这个病很严重吗？"

"胎儿死亡率很高，大夫说这个病单卵双胞胎中常见的，尤其是怀女胎比例还要多一些。"罗以忱代替了无力说话的我，向大家解释着。

"那就是说马拉怀的是女孩了？"我婆婆问。

罗以忱看了他妈一眼，但还是点了点头。

四个人都陷入了沉默，良久，还是我妈先打破了僵局："这孩子本来就不能要，现在发生了这样的情况，长痛不如短痛，还是引产吧。马拉，听妈话，准备准备，咱回家。”

我婆婆却下意识地站了起来：“亲家母……”我妈站住了，看着我婆婆在原地搓手，她搓了半天，才抬起红红的眼睛：“还是在这边引产吧，这怀着个孕，几千里地地折腾，身体受不了啊。”

“谁说我要引产了？”我抬起眼睛，像个护崽的母兽般竖起毛发，不管是谁，都不能伤害我的孩子们。

“马拉！”我妈急了，“你们现在没结婚，这孩子将来怎么养？你一个离婚女人带两个孩子，将来怎么办？”

“妈，我的孩子我会负责到底的！”罗以忱低声道。

“你别叫我妈！我不是你妈！你负责？你是能生啊还是能喂？你以为给几个钱你就叫负责了？这孩子得马拉拼着命去怀去生去养活，现在孩子可能还有病，将来更可能是无底洞，那马拉这辈子就全完了！”我妈的眼泪掉了下来，她了解我为了怀孩子吃了多少苦，怀上后又受了多少罪，现在，所有的努力都白费了，她又如何能不伤心呢？

“你看看现在的情况，你公公怕你惦记这房子，你婆婆看来嫌弃是女孩子，你老公跟你拿着个离婚证就怀了孩子，你说说这一家人还有什么可值得你留恋的呢？你爸明天一早就到，你去收拾东西，我们回家就去把孩子打了！”

“亲家母啊，你说这话可就屈枉人了！”我婆婆的忍耐终于到了极限，“咱们当老人的，都是希望孩子身体好感情好，虽然想着要男孩更好，但现在我也想明白了，给谁家传宗接代呢？给老罗家吗？那罗仕达死了都不跟我并骨，我又何苦非要给他老罗家传宗接代呢？男孩女孩都是自己的，我可不是想着是女孩子了就撺掇马拉打掉，那可是要下地狱的！不信你去问问，那芽芽妈没结婚怀了芽芽，我都劝着让留下，宁可我省吃俭用地给养着呢！”我婆婆气得胸脯一挺一挺，“要我说啊，过去咱们也不检查这检查那的，也都挺好的。十月怀胎，瓜熟蒂落，干脆也别去查了，没准到时候生出来俩都好好的！”

“你看见了吗？马拉，她这就是站着说话不腰疼。将来孩子生下来，要是真的有问题，他们家就该一退六二五了，到时候你一个人带两个病孩子，后半辈子有你的苦吃！”

见两个亲家又要打起来，我抱住了头：“你们……你们都别说了……”

罗以忱坐在我旁边，他伸手揽住了我的肩膀：“妈，孩子是我们俩的，我想让马拉自己来决定孩子的去留。”他抬头看着我婆婆，“妈，我求求你了，让我们安静一会儿吧。”

我婆婆低头看着罗以忱，他面容憔悴，双眼无神，手上还缠着绷带。她神采飞扬的儿子，何时变成了这副模样？我婆婆忽然一吸鼻子：“少爷呀，妈就是个大老粗，但妈知道你心里还是喜欢丫头，想保住这个家。看你那样，妈着急，也心疼啊。我老想帮你，可是妈做不好，给你添乱了。这样吧，妈这就回老家了。这件事你们跟亲家母商量吧。”她说完，便进屋拿了行李，“丫头啊，咱娘俩没缘分，我跟那两个可怜的孩子也没缘分。但你别怪我，我没嫌弃孩子们不是男娃……”

我婆婆在我们无声的注视中，孤单单地走出了家门，直到房门嘭的一声关上，我的身子下意识地一惊。

我妈像泄了气的皮球般坐在了沙发上：“马拉，你跟不跟我回去……”我抬起头看着她，她的眼里有泪，鬓间生出旁逸斜出的白发。我还记得那个夜晚，我妈郑重其事地给我一张存了存着20万的银行卡，让我去做个试管婴儿，来拴住罗以忱的心，拴住这个家。但现在孩子有了，可天意弄人，我又失去了家庭。我无依无靠拖着两个重病女儿的画面是如何折磨着我妈妈的心，我懂。但她疼她的女儿，我也疼我的女儿，直到此时我才明白了什么叫牵肠挂肚，什么叫母爱无疆，哪怕只有1%的希望，如果不尽到百分之百的努力，我又如何能够甘心呢？

我终于还是摇了摇头。

“好，好……”我妈一擦眼泪，点了点头，“马拉，你好狠心哪，就忍心看你老妈这么求你，你都不点这个头。”

我妈站起来，开始忙乱地收拾东西：“你婆婆会走，难道我就不会走吗？我等不到明天早晨了，我今天晚上就住旅馆去，这事我也不管了……”

罗以忱想要说什么，我拉住了他的手，我的手的温度之低大概吓了他一跳，他僵在那里，既不敢劝我妈，也不敢劝我。

我妈把东西收拾完了，却没有出门，她又问了一遍：“马拉，你到底走不走？”

“妈，对不起……”

“你……”我妈的眼泪掉下来了，“你怎么就这么犟啊！”

“我舍不得我女儿。”

“那我呢？马拉！你也是我女儿啊！”我妈放声哭了起来。

我的眼泪像珠子一样滚落。

罗以忱见我激动到颤抖，起身到我妈身边：“妈，不然……你再给她一点时间。”

我妈望向罗以忱。他点点头说：“有我。”

“真不知道你是中了什么邪了！这是她的家，我这说要走，她不留我，你让我这老脸往哪搁？我怎么在这儿住？”

我知道我妈希望我留她，但留下来干吗呢？未来我面对的，是不知如何的治疗方案，我不想她为我担心。我低下头，听着我妈被我气得直喘粗气，我心里默默念着：对不起……

房门又是“嘭”的一声，我被惊得一跳，热热闹闹的家忽然安静得怕人，连一根针掉在地上都能听到。

“罗以忱，下一个，该你了。”我的声音轻得几不可闻，却透着连我自己都害怕的平静。

“你说什么？”他转回眸子，呆呆地看着我。

我笑了，悲伤逆流成河。

“马拉，你看着我的眼睛。”罗以忱将我的身体扳向他，“我不会走的，从现在开始，我要跟你一起面对这件事情。就算他们都认为我们疯了，但如果你坚持，我绝对不会提前撤退。即使这个世界上有比我更适合当你丈夫的人选，但这个世界上最适合当她们爸爸的人只有我一个。所以，对于这两个孩子，你不离，我不弃。”

我看着罗以忱含泪的眼睛，咬住了嘴唇。

“但是马拉，我唯一要请你答应的，就是万一如果医生说孩子们不行了，我希望你可以理智一点，如果给不了她们最好的一生，那就不如干脆不要开始。如果有那样的情况发生，我希望你看开一些，不要钻牛角尖……”

我无声地点了点头，从现在开始，罗以忱就是我唯一的战友，即使全世界都不欢迎我的孩子，我身边总算还有一个他。

从妇婴医院到博爱产科，在接下来的三天里，我和罗以忱走遍了城市里每一家大型的妇产医院，但得到的结果却越来越明朗，TTTs，双胎输血综合征。这个我之前从来没有听说过的名词，现在却如同一张网，让我完全沉浸其中，心疼到无法自拔。

当我们拿着第四位医生的诊断从医院走出来的时候，我忽然一阵晕眩，天大地大，却容不下我的女儿们两条小小的生命吗？罗以忱扶住我："回家吗？"

"不，我想走走。"

我挽着罗以忱的臂弯，此时此刻，我需要一个依靠。

"坐一会儿吧。"他怕我累到，建议着。我们在河堤的长椅上坐了下来，这时，一个年轻妈妈推着手推车从我们面前走过，车子里的宝宝瞪着好奇的眼睛打量着我们。

我目送着宝宝和他的妈妈远去，一回头，却见罗以忱还呆呆地望着孩子离去的方向，脸上有爱怜的微笑和浓浓的忧伤。

"你说我们的孩子长得像谁？"他自语般地问着，"像你或者像我，都会好看的。"他有些自得地说着。

"你看看我们的这两个孩子，像不像我们失衡的婚姻？一个不顾危及自己拼命输送，一个不堪重负无福消受……"这一次，我是真心地想跟他谈谈，我是真心地想要好好梳理一下我们的婚姻。

"如果可以重来，我一定不会那样心安理得，不会那样刻意无视，不会那样心猿意马，不会那样轻率散场……"他甩了甩发，虽然语气安然，却掩饰不住深切的愧悔。

我点点头："如果可以重来，我也不会那样不修边幅，不会那样不思进取，不会那样失掉情趣，不会那样意气用事。"

"马拉，那么，我们可以重来吗？"他握住我的手。

我看着他，有那么一个瞬间，我几乎想要立刻点头了。这时，宝宝们在肚子里动了起来。

"在这样的时候，你还愿意跟我复婚吗？如果宝宝们真的有什么情况，你岂不是会背上一辈子的负担？"

"就是想要跟你在一起背负才选择复婚的，我希望我们的宝宝不仅有健康的身体，还有完整的家庭，马拉，答应我吧。"

看着他真挚的眼睛，我叹了一声："让我再想想吧。"

在忧心忡忡的等待中，我的孕期进入了第 27 周。半个月来，我一共做了六次 B 超，我再也无法顾及 B 超可能给孩子们带来的小小危害了。

罗以忱突击学会了做饭，虽然以他的水平要做出可口大餐还远不可能，但家常菜小米粥已经做得像模像样。在我的指导下，他甚至可以炖熟排骨了。

不唯做饭，洗衣做家务他也全包了，并不是我不想干，而是由于双胎再加输血综合症的原因，我的腹围增长得特别厉害。

我婆婆一直在跟罗以忱联系，后来就连我妈也绷不住给他打了电话。回想起她们在这儿的日子，每天那种鸡飞狗跳真是让我怕了，我宁可跟罗以忱两个人，过两天消停日子。我跟他说，谁也不准来。他说好，本来就应该由他来照顾我的。

不到7个月，我已经比普通的临产孕妇肚子还要大，过多的羊水压迫肋骨，让我不仅吃不下睡不着，连呼吸都很费力。

产检的日子由每月一次改为了半月一次，我的产检医院也从社区医院转到了人民医院的高危妊娠科。只要再坚持半个月的时间，我的孩子即使早产出生也有了存活的希望。产检的结果没有给我任何惊喜，事实上，受血宝宝羊水多得压迫到我的内脏和呼吸，而输血宝宝的羊水却少得可怜。

“如果再这样下去，下周我们需要考虑抽羊水为你减压。不过这个方案有一定的风险，比如会引起羊水混浊甚至破水。你回去考虑一下是否接受这个疗法……”李主任的话让我的心沉重了很多，无数的祈祷也许也换不来奇迹，我开始怀疑自己最初的坚持。

出诊室的时候，我无意间望了一下镜子里自己的脸，端庄有余，生动不足，五官竟然如此浮夸而模糊，仿佛用一块抹布轻轻一擦就可以消失不见了似的。

罗以忱等在诊室门口，看到我出来，他甚至还努力笑了一下。

“情况还是没有改善，下周需要抽羊水了。”我把检查结果交给罗以忱，“至少还要坚持两周时间，她们才有存活的希望，但就算是早产剖出来，也要进暖箱……”

他接过检查单：“已经走到这一步，就只管走下去吧，尽人事，安天命。”

我将头靠上他的肩膀，如同我们旧日相爱时一样。

他拍拍我的头：“想吃什么？我带你去。”

我其实什么也不想吃，我的孩子还在危险之中，我又哪有闲心去大吃大喝呢？

罗以忱将手覆上我圆滚滚的肚子："宝宝在吵着说她们饿了，想要吃东西了呢！"这句话果然有效，我仿佛看到小宝宝们嗷嗷待哺的样子，忽然对吃饭这件事充满了使命感。

"去赵家巷面馆怎么样？"罗以忱提议道。

"好啊。"那是一间充满回忆的百年面馆，我和罗以忱读书的时候就经常点上一对牛筋葱香面，吃吃笑笑聊上半天。在那里，时间仿佛都慢下了脚步，连阳光都格外温暖起来。

此时，我们坐在赵家巷的百年面馆里，我们照例点了一对牛筋葱香面，罗以忱又特意点了口水鸡和酸辣蕨根粉、拌豆苗等几样小菜。

以前我们来这里吃饭，总是点些炖肉菜之类的，因为我知道那是罗以忱的最爱。见我看向他，罗以忱有些讪讪："过了这么久，我其实都不知道你最爱吃什么。我琢磨着你现在胃口不好，得吃些稍微酸的辣的下饭的东西吧……"

我的心里有些酸酸的疼，他终于学会去为我着想了。

等面的时间并不很长，我坐在店里，看着窗外熙熙攘攘的人群，心却静如一潭死水。一个苍老的声音在我身边响起："姑娘，拼个桌行不？"我才回过头来。

在中午人最多的时候，放眼整个大厅，也只有我这个孕妇身边还有一对空座，而想要拼桌的一对老夫妇，老到我几乎都可以叫他们爷爷奶奶。我立刻点了点头，并让罗以忱把我们放在桌上的东西挪走。

"谢谢！"老先生虽然上了年纪，背也驼了，但脸上的神色却那样淡然雍容。

他们静静坐了下来，正午的阳光温暖如春，打消了这初冬的微寒。

“两碗虾仁儿面，每碗加个蛋，一份煮花生。”

这时，我们的面已经上来了，我挑了几根面条，还是曾经的味道，却没有了曾经的心情。坐在罗以忱旁边的老先生掏出一包湿纸巾，抽出一张来：“把手给我。”老太太听话地伸出手来，让老先生将她的手擦拭干净。

虾仁儿面很快也端上了桌，老太太拿起筷子就要夹，老先生却轻声呵斥：“慢点吃！小心烫了！”老太太点点头，却没有停下筷子。

老先生将煮花生剥好，把花生米放进老太太的勺子里，而后又将自己碗里的虾仁儿也挑到老太太的碗里。老太太并不道谢，只是低头吃着。

“慢点的，没人跟你抢呢！”老先生爱怜的语气，像是说着一个孩子。他随后也拿起筷子，吃着碗里的面。

我和罗以忱都没有说话，只是看着眼前的这对老人，有那么一个瞬间，我相信，我们都想到了我们的暮年。轰轰烈烈固然夺人心魄，但能如此携手走过人生的，才是好的爱情吧……

老太太很快吃完了自己面前的面，她四处看了看，目光停留在我的肚子上，她忽然笑了起来，小心地伸手在我的肚子上摸了摸。

“别乱动！”老先生叫道。

老太太却指着我的肚子得意地对老先生说：“阿喜，阿喜……”

老先生点点头：“是的，阿喜。”

老太太不再摸了，而是专注地看着我，口中呢喃着：“阿喜，阿喜……”

“老爷爷，老婆婆是不是……”罗以忱指指自己的头。

“小脑萎缩啦，脑子不清楚的。”老先生仿佛在谈论着外面的天气，如此自然而然，听不出多少愁苦，“今天是她 81 岁生日，我带她出来吃个长寿面，她年轻时就爱吃这家的面条来着。”

“老爷爷，阿喜是谁啊？是你们的孙子吗？”我问道。

“阿喜是我们的小儿子。我们有六儿两女，阿喜是最小的一个，出生只几个月就得病死了。她以前从不提起的，我都以为孩子太多，她早就把他忘了。没想到现在她能想起最多的，反而是他。”老先生显然是怕我们忌讳，抱歉地笑笑，“她是个病人，你们不要跟她计较。”

说着，老先生也吃完了碗里的面条：“走吧!”

老太太显然还惦记着我肚子里的“阿喜”，忸怩着不想离开。老先生看了看表：“电影要开始了，再晚就来不及了。”老太太这才点了点头，起身时还依依不舍地看着我的肚子。

老先生走过来，帮老太太围好了围巾，俩人携手走到收银台付了钱，然后就慢悠悠地携手离开。在这个连爱情都变成速食面滋味的时代，这样一对慢悠悠的老夫妻仿佛被时光抛下了，遗落在历史的车辙里，而他们不急于追赶，甚至毫不渴望追赶，他们只是在他们自己的节奏里慢悠悠地生活，而留给我们一双不疾不徐却引人遐思的背影。

“真好。”罗以忱的声音里含满羡慕，“等咱俩老了，也要做这样的一对夫妻。到那个时候再看看今天，无论我们现在觉得遇到什么天大的事，到时候也不过是淡然一笑吧。”他的目光依旧追着那对老夫妻的方向。

“以忱，有些事我忽然想通了。”我放下筷子，将手放在肚子上，“80 年是一次生命之旅，80 天也是一次生命之旅。生命有它自己的规律和安排，我不会再怨天尤人，也不会再控诉为什么这样的事情会落在我们俩的头上，只要接受它，感谢它。接受上天让不够完美不够健康的她们来到我们生命里的现实，无论能走多远，感谢她们陪在我们身边。你看那个老婆婆，阿喜明明只在她身边待了很短的时间，但现在她80多岁了，还记得他，还想着他。在妈妈的心里，他们永远都是自己的孩子。”

罗以忱点点头：“马拉，你能想通就好，无论事情怎样发展，你都记得，有我在你身边。”

我看着他清澈的眼睛，点了点头。

罗以忱忽然笑了起来：“我给孩子们取了两个小名。”

“哦？说来听听？”

“一个叫爱家，一个叫恋家。”

我也一下笑出声来：“听着就是俩很没有出息的孩子啊！”

罗以忱不好意思地理了理头发：“不好啊？”

我望着他的眼睛：“我喜欢。”

我和罗以忱是手挽手回到家的。我们上楼的时候，看到一个人正站在我们家门口：“请问您是马女士吗？”

我点点头。

“哦，这有一个您的包裹，请您签收一下。”

我看着这个可疑的包裹上寄件人张行健的名字，迅速在脑海中检索的结果是：查无此人。但收件人处马拉的名字却那么清晰，我于是签了名字，收下了包裹。

“谁寄来的，什么东西啊？”罗以忱探过头来，看来他是真的对我有些紧张了。

“不知道，反正不会是定时炸弹的。”我晃晃盒子，里面传来的哗哗声让人放心。我拆开包裹，躺在我面前的是一个心形的红色糖盒，我抬起头朝罗以忱笑了笑，他却紧张地皱了皱眉。

我打开糖盒，里面是一个红色信封，我拆开信封，一张信纸飘落出来，上面的字迹并不漂亮，但看得出一笔一画写得非常认真。

“马姐，不知道你还记不记得我，我是帮你卖过房子的小张。我现在已经回老家了，在老家开了一间小店，专门卖灯具。这个月，我结婚了，忽然想起你来，不知道你现在过得怎么样，给你寄一盒喜糖，希望能和你分享我的幸福。

“其实在第二次上你家卖房之后，你家那个大哥去店里找过我，撤掉了你们那套房子。后来我了解到，他好像在很短的时间内跑遍了附近的中介，告诉所有中介你们的房子不卖了。我不知道你们之间发生了什么事，但我想对你说，那个大哥很重视你们的家……”

我朝罗以忱扬了扬手中的信纸：“怪不得没人再给我们介绍买家了呢，原来是你在从中作梗。”

罗以忱接过信纸看了看：“这小子真多事……”

“以忱……”我握住罗以忱的手，“也许我们都太倔强了……”

他拿起一块糖，剥开糖纸，放进我的口中。我笑了一下，也拿起一块糖，剥开糖纸，放进他的口中。别人的喜事成全了我们的甜蜜，是的，在这痛苦的夹缝中，我和罗以忱感受到了久违的甜蜜。

# 第十五章　衣不如新，人不如故

第 28 周产检的时候，我接受了羊水抽出术。让我欣慰的是，供血宝宝的羊水量略有上升，大夫建议不必急着做剖腹产，可以再等等看。

因为无法再顾及如柳的生意，在我的坚持下，闻远樵派了新的经理来主持王中王瘦身大赛和荔枝姐店的日常工作，罗以忱身上的担子更重了。

我是在一个美好的清晨接到黄莹莹的电话的，她嗓子嘶哑，鼻音浓重："是我。"

我淡淡地应了一声："嗯。"

她沉默了片刻："嗯……我要离开这个城市了，可以见见你吗?"

我想了想，答应了她。

这一次，虽然又是她约我，但我想请她一杯咖啡。

她依旧穿 Only 最新款的秋冬装，只是脸庞多了几分憔悴。

"想好去哪了?"我先问道。

她点点头："我要去上海了，重新开始。"她看着我的脸，"这下你可以放心了。"

我笑了起来："我放心不放心和你的离开没有任何关系。如果他心不在我这里，走了你一个黄莹莹，随便什么红艳艳绿油油也会把他的魂勾走的，而如果他爱的是我，那么即使你一直在他身边干到退休，我也没有什么放心不下。”

她呆呆地看着我，终于点点头：“怪不得他对你死心塌地，原来是因为你对他这样信任。我有点羡慕你了，有一个男人这样爱你，你也如此自信洒脱，而不像别的女人那样患得患失。”

“我也不自信过，不洒脱过，患得患失过，但如此折腾之后，我什么也没有得到，反而让他的心步步远离。女人想要牢牢地抓住爱，不是靠百依百顺，也不是靠野蛮纠缠，而是靠自身的闪闪发光，才能换来爱情的地久天长。男人有时候就是这么有趣，你追着他缠着他，他反而退却，你不如把这个时间用在自己的身上，去改善外在，修养内在。爱情和婚姻一样，应该是让你成长的，让你美好的，让你熠熠生辉的，而不是让你变得歇斯底里、千夫所指的。”我认真地看着黄莹莹的眼睛，此刻的她，像一个涉世未深的后辈，在我心里再没有了怨怼和嫉恨，希望她也没有。

“我和他没有什么的，特意来跟你说一声，就是不希望你误会他。我希望他将来一直都可以幸福!”她的眼睛变得红通通的。

我点了点头：“我也祝你幸福。”

“好好爱罗以忱。”她的泪掉进咖啡杯里。

我愣了一下，再次点了点头。

晚上，罗以忱下班的时候，我告诉他今天黄莹莹来找我了。

他的手明显一僵，但之后便故作轻松地问：“她来干什么?”

“她要离开江滨去上海了，怎么，你不知道吗?”

罗以忱摇摇头。

“她让我好好爱你。”

罗以忱垂下眼帘，而后他微笑道：“我买了你爱吃的海带丝，晚上拌个糖醋的吧。”

我在他转身后继续道：“我答应她了。”

他惊讶地转过身来，难以置信地看着我：“你……你说什么？”

我微笑着对他一字一顿地说：“我，答应她了。”

他走过来，将我揽进怀里。他的怀抱如此温暖，他的肩膀却在颤抖：“马拉……马拉……我终于等到你回头了……”

“我们两个，都回头了。”绕了一大圈，我们又都回到了 10 年以前。

随着时间的推移，我连洗澡都有些困难了。这一天我好不容易洗完了澡，罗以忱帮我接了一个电话。我不知道是什么紧急情况，让他敲开浴室的门，将电话给我递了进来。

“谁啊？”我纳闷地接过电话。

“马拉！”池向南的声音仿佛穿过了城市，就响在我的耳边。

“也就你能做出这么着急的事情，就不能等我穿上衣服再说吗？”我一边责怪她，一边擦着头发。

“我怀孕了！”她的欢呼像快乐的孩子，我的情绪瞬间被她染满了惊喜。

“告诉闻远樵了吗？”我问。

“还没有，这个孩子来得太让我惊喜了！你猜我在哪里？我还在厕所里呢！一手拿手机，一手拿着验孕棒，我都等不到走出厕所就告诉孩子他干妈这个好消息了！”池向南的行事风格一贯如此高调。

“还不赶快告诉你老公!”我也由衷地为她高兴。

“嗯嗯！你现在不是不在如柳干吗，他可断了左膀右臂了，每天都忙到很晚才能回来。我一会儿去做点好吃的，点个蜡烛喝喝红酒什么的，营造个浪漫的小氛围!”

“嗯，你整个苏格兰调情版的。”我逗她。

我走出浴室的时候，罗以忱问道：“她什么事啊，整得可惊悚了。‘嗷’的一声吓我一跳，‘马拉！快找马拉!’”

“她怀孕了。”我还沉浸在惊喜的海洋中。

“哦，她怀孕了，你比她都高兴。”罗以忱撇了撇嘴。是的，池向南的怀孕比我自己怀孕还要让我高兴，因为我怀上爱家和恋家的时候，只感觉悲惨得催人泪下。

“我怀孕很值得庆幸吗?”我有些愤怒地望着罗以忱。大概是想到了爱家和恋家的由来，罗以忱垂头一笑。

“你说我们带些什么好东西去看看他们家宝宝啊?”我坐在罗以忱身边。人家闻远樵可是带了成千上万来看望爱家和恋家的。

罗以忱的眉头微蹙了一下，他的唇抿了起来：“我们……过一段时间吧……爱家和恋家情况还没有稳定……”

我拍拍他的肩：“我知道，我知道你看到别人怀孕会想到我们的宝宝，会有些为宝宝们伤心难过，但她不是别人啊，她是向南！是我最好的朋友。抛开闻远樵是我老板的事情不谈，即使是为了向南，咱们也应该去一趟。”

“那……你准备给多少红包?”

“人家给我们两万，我们不能回少了吧？咱们把两万回给她，再买点宝宝用的东西。”我早已做好了打算。

“马拉，闻远樵是你老板，财大气粗的，咱能不能……”

我转身看着罗以忱：“你舍不得了？我都跟你说了，抛开闻远樵是我老板的事情不谈，只说我和池向南的友情，我不能回得太少了，那样不合适。”

罗以忱望向我的眼神瞬间竟然写着无奈甚至委屈，但他没再说什么，而是走回屋中，从柜子里拿出一张银行卡：“这样吧，今天太晚了，我明天下班给你取回来。”

第二天，我趁罗以忱上班的时候，去了趟孕婴童店。楼上楼下转了一圈，我感觉大开眼界。各种创意各种材质的宝宝书，无穷尽的漂亮玩具，可爱的哈衣，各式各样的牙胶磨牙棒……

而当我充分领略到宝宝用品的琳琅满目时，我也领略到了另一件事，宝宝的东西真贵，妈妈的钱好赚……

一本塑料书 10 块，一个指甲钳 25 块，一包尿裤要 120 块，一罐奶粉 380 块……让我不得不在结账的时候，把那些看着可爱至极诱惑至极却不怎么实用的小东西又放回原处，这些我还是看着过过瘾吧。

即使省了又省，结账的时候还是刷掉了 2000 块钱，唉，谁让我是孩子的干妈呢？我心满意足地拎着大包小包回了家。

晚上罗以忱回来的时候，给我带回了两万块钱，当他看到我要带给池向南的婴儿用品时，他沉吟了一下，还是问了出来：“花了多少钱啊？”

“现在宝宝用品太贵了，就随随便便一买，就花了两千多。”我把东西点给他看，“婴儿游泳池，新生儿尿不湿，一套识字卡片，一套摇铃玩具，一套床铃玩具……”

“马拉啊……有件事我得跟你谈谈……”

“哎呀，等从池向南家回来再谈吧！”我拎了装了一万块红包的小包，让罗以忱拿着这些一起开赴池向南家。

当我按响门铃的时候，来开门的是柳子。她没有往日的欢笑，一见我就眼睛红红，怯生生地叫着：“马拉阿姨……”

我这才意识到，坏了，我忘了给小姑娘带礼物。

闻远樵和池向南都迎了出来，但他们客气有余，喜气不足，尤其是池向南，脸耷拉得老长，简直和我得知自己意外怀孕时的脸色差不多，跟昨日惊喜非常的状态已经完全不同了。

坐在沙发上，闻远樵去给我们倒水，池向南则坐着发呆，连招呼都不跟罗以忱打一个，我只好率先打破尴尬：“怎么了？情绪不对头啊！”

闻远樵端着水进来，池向南下巴一抬：“你问他！”

闻远樵放下杯子，坐在池向南的对面，柳子依进了闻远樵的怀里。

见闻远樵没说话，我便逗柳子道：“柳子，妈妈要给你生小弟弟了，你高兴吗？”

“我不要小弟弟！”闻柳子大声地告诉我，随后她小嘴一扁，哭了起来。

“你也看见了，我觉得我们现在不适合要孩子。”闻远樵将柳子揽进怀里。

我感觉火气一下顶到了脑门："不适合？你觉得不适合，为什么会让向南怀上？"

"这你要问她！"闻远樵没好气地应着。

我隐约猜到了什么。这时，池向南忽然大声质问："问问问，问我什么？你不就是怀疑我故意刺破了避孕套吗？我告诉你，我没那么无聊！避孕措施也有失败的时候，再说了，你不要孩子，你为什么要跟我结婚？"

"我不是不要，我只是想再等等，柳子现在处于敏感时期，等她再大些……"

"我已经30岁了，你要我等到什么时候？你说避孕我也就配合你了，可是现在既然孩子来了，我也不可能打掉！柳子也不小了，很多事情该让她明白的时候就应该告诉她。我生个宝宝也不会对她不好了，说到底，还是你们父女俩不信我！"

"我没有不信你，我只是不想让柳子伤心！"

"柳子柳子，这个家只有我是个外人吧，你们俩到底有没有拿我当一家人啊！"池向南吼了起来。

柳子被池向南的一声吼吓得更加大哭起来，闻远樵紧紧地抱住柳子："你能不能小点声音啊，你吓到孩子了！"

就在这时，始终沉默的罗以忱站了起来："哥们儿，能谈谈吗？"

闻远樵和闻柳子都被吓住了，连池向南也住了声。

"为了你的女儿不伤心就让别人的孩子丧了命，你这事儿办得也太不爷们儿了吧？更何况，那个孩子也是你的呀？你有权力避免他到来的可能，但现在不是这个问题，而是孩子已经来了，你又有什么权力决定他的生死？"

罗以忱居高临下地看着闻远樵，我却仰望着罗以忱，我孩子的父亲是这个血性十足的男人、而不是对面那杯温吞水一般的男人，在那一刻，我忽然有些骄傲。

“孩子是有缘才投父母来的。所以当我听说我当爸爸之后，不论发生了什么事，我从来没有想过要放弃孩子的生命。更何况你们的孩子还没有遇到什么危险的情况，好好的，你竟然能说出不要孩子的话来。我们有多盼望我们的孩子能健康出生你知不知道？马拉为了要这个孩子吃了多少苦你知不知道？你以为孩子是什么？他是个人！不是你招之即来挥之即去的！我只问你一句话，你老婆怀上闻柳子的时候，你有想过打掉吗？柳子的亲妈如果还在，你会怀疑她再生一个后，会不疼柳子吗……”

池向南呆呆地看着闻远樵，闻远樵低着头，闻柳子也不敢出声，池向南的声音低低地响起：“马拉，你们先回去吧，我想静一静。”

我看了看罗以忱，犹豫着是不是该把钱拿出来，罗以忱却先我一步拉开包：“池向南，这是孩子的干妈干爸给孩子的红包，拿着！”

走出门来，我长长地叹了口气：“真没想到，一件喜事，最后竟然闹成这样。”

“有啥想法？”罗以忱问。

“我想起你说的一句话，即使这个世界上有比你更适合当我丈夫的人选，但这个世界上最适合当她们爸爸的人只有你一个。”我摸了摸肚子，“你说闻远樵看着多好的一个人，又英俊又多金，又儒雅又多情，疼老婆疼女儿，却原来都是疼原配的那一套呢。这真是衣不如新，人不如故啊……”

“你感慨还真多，我倒就想着一件事……”

“什么?”

“后半个月咋过……”

“罗以忱你不是吧！给人家点钱你心疼成这样了啊？刚才那豪气冲天的老爷们儿呢？哎对了，你不是马上就发工资了吗？再坚持下不就好了……”

我的孕程进入后期，整个人越来越辛苦，连翻身都很困难了。而罗以忱却似乎又有些不耐烦了，不仅下班越来越晚，回来为我做了晚饭后，还会出去应酬。我跟他说过几次，我现在不比从前，尽量不要让我一个人在家，他却说他的手机随时待命，如果有事就呼叫他。

一个人在家虽然有点无聊，但罗以忱时常会发条信息给我，时间还勉强可以打发。

这天，我关心地打电话给池向南，想知道他们和好了没有，没想到电话打过去，竟然关机了。

我又打电话给闻远樵，他支支吾吾的，也没有说出个什么。在我反复要求找向南后，他才跟我说，向南提出离婚，已经搬出去了。她怕我影响心情，特意嘱咐不要让我知道这事。

挂掉电话，我心里有些难过。我想起曾经看过的那本《红玫瑰与白玫瑰》。也许无论和什么人在一起，时间久了，也都会各种各样的难吧。

我打开微信，留言给池向南：“第一时间回我。”

就在这时，我收到了罗以忱的信息，点开一看，是一万元微信转账。

放下手机，我走到窗前，看着万家灯火，等着罗以忱。直觉告诉我，他有事瞒着我，我决定今晚一定要问个清楚。

时针指向11点，钥匙开门的声音才响起来。

“你怎么还没睡啊?”

我指指桌上的汤，同时已经闻见了他身上的酒味。

“你去哪儿了?”我坐下来，问道。

他端起汤碗喝着，随口敷衍道：“应酬呗。”

“跟谁?”

“客户。”

“什么项目？说出来听听，也许我能帮你?”

面对我的步步紧逼，他终于败下阵来：“马拉……其实……我失业了。”他慢吞吞地说，“本来想告诉你，但我怕你担心……”

见我只是看着他没有说话，罗以忱叹了一声：“其实上次在杭州时，因为你去找我，我们在酒店大堂起了争执，恰好被谈判对手看见，取消了跟我们的合作。我们从杭州回来时，老板就对我发飙了，但黄莹莹是老板的外甥女，替我抵挡了一阵，我才能留在公司，保住位子。给池向北做提案的事，是因为老板以为我一个有妇之夫还跟黄莹莹纠缠，而故意刁难我，没想到闻远樵帮我解决了这个难题，老板也就没说什么。前一阵，以琳去公司找我，问我为什么要跟你离婚，老板和黄莹莹才知道我离婚的事情，老板就跟我说，如果我娶黄莹莹，就让我连升三级什么的……可终于，黄莹莹还是离开公司了，她甚至决定离开这个城市，就在你告诉我黄莹莹最后一次找你的那天，我的老板让我走人了。而直到你对我讲黄莹莹来过了，我才知道这一切是为了什么。”

“所以这么多天，你都没去上班？那刚刚你转账的钱……”

“爱家和恋家随时都可能出生，你一定是要剖腹产的，她们俩后续治疗什么的，都需要大笔的钱，我这几天还没找到什么正式的工作，就给人家打打短工，多打几份收入也还行……”

“傻瓜……”我抱住他，“为什么不早跟我讲，还让我大手大脚地去买东西送礼！”

他笑起来，用手抚摸着我的头发：“我媳妇就这一个好朋友，我哪能让你跌份儿呢？钱赚了就是要花的，只要你花得高兴，我就供着……傻丫头，哭什么呀？跟着我让你受委屈了，你要是跟了池向北，想要什么有什么，哪用得着算这算那……”

我仰起头来：“从前的事，都不要再提了，以后的生活中，只有我们俩。”

“那怎么行！”罗以忱夸张地叫道，“还有我们的爱家和恋家呢！”

爸爸，妈妈，爱家，恋家，此时的温馨家园，第一次流露出了名副其实的气息。

罗以忱生病了。

在他转给我一万块钱之后的第三天，我忽然接到了一个工地的电话，说罗以忱在搬水泥的时候摔倒了，已经送去了医院。

我急匆匆地打车到了医院，医生说他是太过疲劳再加伤风感冒，外伤虽然没什么事，但这样折腾容易诱发心肌炎之类的重病，建议回家好好休养。

罗以忱坐在门诊部医生的面前，像个犯了错误的小学生，我挺着大肚子站在他眼前，向他伸出了手。

他没有说话，我们俩手拉手走出门诊室，罗以忱沮丧地说：“唉，其实根本就没事，不过就是因为我没吃早餐有点低血糖头晕，哪有大夫说的那么严重，还花了好几百块……马拉，你干吗去?”

“回家。”

“你又生气啦?”他小心翼翼地看着我。

“我当然生气了。”你怎么能这样不爱惜自己。

“喂……马拉，我……我没什么事啊，我歇两天就好了……”

我停下脚步，我的眼前站着两个人。

池向南和池向北。

在这样穷困潦倒的境地，挺着肚子蓬头垢面地遇见发达的旧爱人，我虽然不至于恨不得找个地缝钻进去，但女人惯有的虚荣心还是爬出来狠狠地作祟了一把。

罗以忱站在我的身后，他也看见了他们兄妹，池向北的眼神如凝胶般黏腻而缠绵地落在我身上。

“向南!”我走过去，拉住池向南的手，“这么大的事你都不跟我说，不回我信息，你还当不当我是朋友啦?”在那天之后，池向南一直没回我信息，闻远樵说她和池向北在一起，我才没有继续追问下去。

池向南眼睛红红的，她走到我面前：“你现在本来就怀孕怀得很辛苦，我不好意思再打搅你，所以才找了我哥哥来。我想……把孩子打掉……”

“闻远樵还没有接受这个孩子吗?”我有些惊讶于那个男人的绝情。

“是我跑去了我哥那，关了电脑，停了手机，我想，我们也许都应该冷静一下。”

正在这时，医生叫了池向南的名字。

“马拉，我去了。”她的话仿佛什么生离死别，让我背脊发凉。

看着池向南走进手术室，我赶忙掏出手机，按键的手却被池向北抓住了。

“你要告诉闻远樵吗?”他问。

“当然了!”

“向南已经决定了。”

“即使如此，他是孩子的父亲，也有权利知道吧?”

“如果不能给他最好的生活和幸福的家庭，为什么一定要留下孩子来受苦!”池向北低声咆哮起来，我看着眼神中含着深切伤痛的池向北，慢慢地放下了手机。他亲身经历过无爱之苦，池向南也是，所以他们对于接纳一个孩子的家庭当然慎之又慎。见我放下手，他松开了我的手：“对不起……”

我摇摇头，这才发现罗以忱不知何时已经走开了。

池向北看了看我：“你看起来……不太好。”

“宝宝们有点小问题，我们正在解决。”我不想告诉他太多我的窘境，只好避重就轻。

“有什么需要我帮忙的，只管开口。”

“谢谢你了池先生，等我们爱家和恋家——哦，就是我们的双胞胎宝宝出生之后，我一定第一时间打电话给你报喜。”罗以忱又神出鬼没地跑回来，在关键时刻站在了我的身边。

我们沉默地坐在等候长椅上等着池向南出来，池向北低着头，罗以忱却看了好几次表，我正想问他是不是有什么事，一串脚步声传来，罗以忱一笑："可算是到了。"

我沿着脚步声传来的方向望去，见一身正装却跑得满头大汗的，正是闻远樵。

"向南呢?"他看着我们仨，气喘吁吁地问道。

"在里面……"我指指手术室。

他不顾门口挂着的男宾止步的牌子，要往里闯，被挡在门口的护士拦住："这人怎么回事啊？不认识字啊?"

"我老婆在里面做手术……"闻远樵前言不搭后语地解释着。

"你老婆在里面做手术你进去干吗？你是会麻醉呀还是会缝针啊?"

"向南！向南！我要孩子！我要你！向南!"闻远樵索性大声喊起来，平日的形象啊气质啊全部抛到了九霄云外。

听着他喊的这几句，罗以忱咂咂嘴："这哥们怎么这么欲求不满呢?"听他在这个节骨眼还在贫嘴，我伸手打了他一下。这时，被护士认为该送进"不正常人类研究所"的闻远樵被轰出大门，丢到我们身边，还责令我们这些"家属"把他看牢。

闻远樵转向池向北："有你这么当哥的吗？她想打胎你就陪着她来？你这是爱她还是害她啊?"

"我妹妹的事，理应她自己做决定！再说，你欺负我妹妹，我还没有找你算账，你反倒先来兴师问罪了!"池向北站起来，几乎想要揪住闻远樵的衣服。

"向南!"我的声音让那两个还在喋喋不休的男人立刻闭嘴，齐刷刷地回过头来，池向南穿着病号服，脸色苍白地站在那里。

我看了看表，嗯，10 分钟，上次陪罗以琳堕胎也是这么个时间。

“向南，还好吧?”池向北扶住了妹妹。

闻远樵呆呆地站在那里，看着对面的妻子，池向南走到我身边，坐了下来。

“向南……对不起，都是我不好。”闻远樵的眼睛变得通红，“是我太自私了，只想到了柳子，却没有为你考虑，原谅我……原谅我这一次好不好……”

池向南将眼睛转向闻远樵：“你让我怎么原谅你? 你欠我的，是一笔血债，你让我怎么原谅你呢?”

“孩子……已经没有了吗?”闻远樵紧紧抓住了池向南的手。

“闻远樵，你真的想清楚了吗?”池向南抽回了自己的手。

“不论孩子何时再回来，我都会期待他，给他和柳子一样的爱。”

池向南的泪滚落下来：“我本来……打算自己生下他，带大他的……”

“你没有打掉孩子！向南，我们的孩子还在呢!”闻远樵这次听懂了，他惊喜地抱紧池向南，却立刻想到她是个孕妇而松开了手，“向南，这个孩子和柳子一样，是我们家的宝贝，不光是我，柳子也已经准备好接受弟弟妹妹的到来了……”

池向北走过去：“喂，我妹妹可没说原谅你了啊!”

闻远樵立刻站起来：“哥……千错万错都是我的错，求你看在你外甥的份上，劝向南原谅我这一次吧，孩子不能没有完整的家呀……”

这句话击中了池向北的软肋，他叹了一声：“算了，你回去给我好生伺候我妹妹，你要是再敢惹她不开心，我决不轻饶。向南虽然没有父母，可她还有我这个娘家哥哥！”

看着池向南和闻远樵一起回了家，我和罗以忱对视了一眼，也准备离开，这时，一个声音响了起来：“哥！”

我回过头，居然是罗以琳。

再次相见，我和她都有些讪讪，我在心里说服自己，不能跟一个小姑娘计较，终于还是我先对她笑笑：“以琳。”

“嫂子，大叔！”罗以琳跟我们打了招呼，这一次，她穿了一条白色毛裙子，一张年轻的脸素面朝天，没有夸张的化妆。

“哦，你是那个……妹妹是吧？”池向北辨认了半天，才在脑内将当日非主流的罗以琳和此刻的清爽女生联系在一起。

“嗯，我是罗以琳，这是我哥哥嫂子。”她依然愿意叫我一声嫂子，我心里已经对她释然。

“都说了我没事了……”罗以忱有些埋怨地看着罗以琳，看来罗以忱生病的事情罗以琳是知道的，她也很有可能是特意来看罗以忱的。

“马拉，以琳其实很后悔，她每周都给我打电话，问你，问孩子的情况。”罗以忱解释道，罗以琳的脸红了：“嫂子，你就原谅我小，不懂事，不要跟我计较了。咱爸其实也很惦记你们的……”

我看了看罗以忱，除了他以外，剩下的人对我怎么样我又有什么值得计较的呢？

罗以琳走到池向北身边：“大叔，我可能要出国去读书了，一走就是3年，到那时候，我就过了20岁了，如果你依然孤身一人的话，希望你能认真考虑我对你的喜欢!”

她像个大人一样看着池向北的眼睛，池向北震惊的同时，罗以忱立刻将罗以琳拉到身边:“我妹乱讲的，见笑见笑!”

“我没有乱讲! 哥! 3年后我就已经是个大人了，如果大叔没有结婚，而我又依然爱着大叔的话，那我就要跟大叔结婚!”她的眼睛亮晶晶的，在那个刹那，我忽然想起20岁的我。也是这般年轻，也是这般痴情，一眼看到了舞台上光芒四射的罗以忱，就这样定下了终身。

我拍拍罗以琳的肩膀:“真的决定要出国读书吗?”

她点点头:“嗯，我想出去闯闯，嫂子，你帮我劝劝大叔，要等我哦!”

我看向池向北，目光相接的刹那，我微笑起来:“谁知道未来会怎样呢?”

我和罗以忱买了几斤排骨，拎上楼的时候，我看见一个人等在我家门口。

“丫……马拉!”我婆婆的大嗓门响了起来。

我都快哭出来了。

自从我妈提意见不让她叫我丫头后，她就开始尝试叫我的大名。

“妈，您怎么来了?”罗以忱打开门，我们进了屋，我婆婆依旧像往常一样，带了不少东西。

“哎呀，你这话说的了，我孙女要出生了，我能不来么我。丫……马拉啊，快来看看，这是我给两个小丫蛋做的虎头鞋……”

“嗯……妈……您还是叫我丫头吧。”

“那不行！以后家里就有小丫蛋啦，我得叫你的名，给你在小丫蛋们面前树立威信。”

“罗以忱，你妈不喜欢咱家孩子也就算了，干吗说咱闺女是鸭蛋啊？”我小声问道。

罗以忱正喝着水，一口水喷出去好远：“什么……什么鸭蛋啊……我们老家管受宠的小姑娘叫丫蛋儿，是丫头的丫，咱妈那是喜欢的。”

“对对对！我是喜欢的！我回去想了好些日子，如果马拉想把孩子留下，那我就还是得回来。只要咱一家人在一起，就没有过不去的火焰山。”

“妈……我代表爱家和恋家，谢谢你。”

“爱家和恋家是谁啊？罗以忱，你又出去勾搭小闺女儿了？”我婆婆的眉毛立了起来。

“哎呀没有，爱家和恋家啊，是你俩孙女的小名！”罗以忱亲热地拍了拍我的肚皮。

“哦哦，叫爱家和恋家呀！这名字好！我这小孙女们哪，你们俩听见没？你们这还没出生呢，都有名字了，你们还不赶紧好好地长大，回头跟你爸你妈一起好好爱家好好恋家……”

“不光有爸妈，还有奶奶呢！”罗以忱说完，我们三个开怀大笑起来。我这才想起，我已经好久都没有这么开心了。

# 第十六章　爱家和恋家

我的孕期进入33周，我不知不觉地就又撑过一个月。罗以忱重新找了一份销售的工作，孩子们随时都可能出生，他不能加班不能熬夜不能出远门，所以只有先找个要求不那么严格的工作作为过渡了。幸好，我婆婆担起了照料孕妇的重任，每天变着花样给我和我肚子里的两个“鸭蛋”做好吃的。大概是孕期口味变了，我觉得我婆婆做饭也挺好吃的。闲着没事的时候，我和她就会坐在客厅阳光下，整理宝宝的东西。

我婆婆手很巧，什么小衣服小被子甚至小鞋子，做得煞是可爱，她却不许我碰针线，说是孕妇的禁忌。每当我看着我婆婆在为两个宝宝飞针走线的时候，我就会想起我的妈妈。她在跟我们发生了争执，愤而离开之后，就再也没有跟我联系过。我给家里打过很多次电话，但是他们都没有接听，大概看到我的号码后，他们就不想再接听了吧。离宝宝们出生的日子越来越近了，我发誓，在人生已经走过的30年里，我没有一次像现在这样，渴望我妈陪在我身边。

例行产检的时候，医生说两个孩子的羊水虽然尚在正常范围，但羊水变动的趋势是供血宝宝的日益减少，而受血宝宝的日益增多。由于已经进行过抽羊水减压，再这样下去，只有进行剖腹产将孩子提前取出。医生建议住院观察，随时准备剖腹。

我的医生也跟我讲明了利害，让宝宝们在肚子里多待一天，她们的肺就多成熟一天，出生后成活的可能性就越大，但输血综合征带来的风险也就要多担一天。我打电话给罗以忱，他沉吟了半晌：“不行的话，咱还是住院吧，有什么事也容易处理。钱的事你不用担心，我会想办法的。”

“我的卡在柜子正中的抽屉里，我攒了十来万，密码是……是我们从前定的那个。”也许是习惯，也许真的有一点旧情未泯，我一直用着当年和罗以忱一起编的那个密码，我的生日混着他的生日，有一些颇为矫情的缠绵。“家里还有多少钱啊？要是当初不把我爸妈给的20万还房贷就好了……”我故意说着一些有的没的的话，来缓解那个密码给我带来的些微尴尬。

罗以忱声音坚毅：“都说了不用你担心，一切有我。”

挂掉罗以忱的电话，我跟医生说好，回家整理待产包，而后回医院住院。

因为爱家和恋家随时都有可能出生，所以待产包早就准备好了，如今所谓的整理，也不过是再归置一下，再检查一下。我婆婆帮我拎好包包，罗以忱拿着水杯、保温瓶之类的物件，我则抱着肚子，拖着爱家和恋家，我的心里忽然涌起一丝复杂的心情。再回到这个家的时候，一定是我们一家四口团聚之日，但在现在和那一天之间，还隔着各种未知的可能。

行驶在去医院的路上，我婆婆忽然叫道：“唉！那是打折卖啥呀？围那么多人？”我婆婆文化不高，大体只认得打折二字，罗以忱看了一眼：“哦，说是鲜鸡，第二只半价。”

“停车停车!”罗以忱一下刹住车，“少爷你跟我去买点，回头熬汤催奶!”我婆婆说着，已经以一副冲锋陷阵的姿态，冲下车去。

罗以忱无奈地看着我笑了笑，我也朝他笑笑：“去吧。”

他点点头，也冲进了排队抢购的人群。

我坐在车上，看着路边的人来人往，抚摩着肚皮，我忽然有点想要思考生活的含义。万物霜天竞自由，上至鹰鸟，下至蝼蚁，无非是生下来，活下去，世代更替，就是生命最根本的意义。比如此刻，我的爱家和恋家，在生命最初的刹那，哪里有什么望女成凤，又哪里有什么争名逐利，无非是希望这两个孩子，能平安地生下来，健康地活下去，聪不聪明，漂不漂亮，又哪里是我们做父母的考虑范畴？原来对于孩子，我们最初的梦想竟然如此单纯。我暗下决心，即使到了以后，我也不要她们为了我的一己私心而活得压抑。

正胡思乱想着，一个熟悉的身影在我眼前闪过，啊？怎么可能？但那个身影我太过熟悉，以至于我虽然知道毫无可能，也还是迫不及待地打开了车门。

她走进了店门，我也追了进去，店里拥挤的人群瞬间吞没了我追寻的身影，我只顾着急地找着那个人，却不防一个推着购物车的人朝我撞了过来。购物车上堆着高高的货物，等他发现我，已经来不及了，购物车撞到了我的肚子，我只觉得肚子一痛，一股热流涌了出来。

“妈呀……”我大叫一声，使劲地抱着肚子，之后的事情我就什么都不知道了。

我从迷蒙中醒来，却没有完全恢复意识，罗以忱紧紧地握着我的手："马拉，医生准备给你做剖腹产手术，我们马上就可以看到爱家和恋家了……加油……加油……"

而后就是一路推行，无影灯在我的头顶点亮。

"胎膜早破，碰撞破水，33周早产，双胎输血综合征……"

"备皮……"

"腰麻……"

我很惊讶，我始终认为做剖腹产这种开膛破肚的手术，即使我不是毫无知觉、毫无感受，也应该是不能看、不能听的。但事实上，我可以看见，也完全能听到，我甚至能感觉到冰凉的小刀割到我的肚皮，而后划开。

我在等待着，等着听那划时代的一声哭泣，等着听我的女儿唱给我的第一首歌。等了很久之后，我的女儿才发出细小而又不甘的第一声啼哭。

"女孩！1750克。"一个大夫一手托着孩子的脖颈，一手抓着脚踝，将我的大女儿拎到我的眼前晃了一下。她肤色红得发紫，从大夫的议论中我才知道，她就是肚子里的那个受血宝宝，我心中默默地唤着："爱家，我的宝贝女儿……"

大概过了5分钟之后，又是一声更为微弱的哭声传来，大夫从我的腹中再次拽出一个宝宝。"女孩！1400克。"

"我的恋家……"这个宝宝全身发白，就是那个供血宝宝了。两个孩子我也只看了一眼，立刻就被送进了NICU——新生儿监护病房。

我被推出来的时候，罗以忱正等在门口："马拉，你还好吗？"

我点点头，事实上，我自己怎么样我完全没放在心里，我关心的是我的女儿们。

“孩子……”我的声音干枯而暗哑。罗以忱拍拍我的头：“孩子们也不错，就是早产低体重，需要进暖箱住几天，你好好保重身体，孩子们还等着你喂她们奶呢!”听到罗以忱这个话，我稍微放了点心。只要我的孩子们一切安好，我的心里就是踏实的。

“我们……什么时候……能看到孩子……”我问。

“医生说只要几天工夫就行了，她们只是太小了，住在暖箱里就像住在你的肚子里一样安全……不，应该说是比住在你肚子里还要安全呢。等她们出来的时候，就像别人家的宝宝一样，又能吃又能喝，又结实又健康了。”罗以忱说得相当轻松，我也就高兴地放下心来。人类趋利避害的心理作祟，让我选择性地无视了罗以忱脸上浓浓的担忧。

我被推进病房，罗以忱和护工一起把我搭到了病床上。同病房一共住了四个人，一个孕妇，三个产妇。也就是说除了一个等待生产的大肚婆之外，另外两个人的宝宝都在身边，只有我身边的小床是空的。

我环顾四周，果然看见我在超市见到的那个熟悉的身影，此时她正焦急地望着我，目光相接，她眼里的泪花映亮了我的眼睛。

“妈……”我唤了一声。她终于走到我跟前，握住了我的手。

“你们什么时候来的？为什么不告诉我一声？”

“你说你一个人在这边，又挺着个大肚子，我和你爸根本放心不下。可有什么办法呢？你说我们在这儿，影响你的心情，我和你爸只好在你们小区租了个房子，经常看着你出来进去的也好，我只等着看看他们老罗家有没有欺负你!”我妈控诉得声泪俱下。

我婆婆在一旁说:“你平时吃的什么汤汤水水的炖品,都是你妈给你做的。只有狠心的儿女,哪有狠心的爹娘啊……”

我一手拉着我爸,一手拉着我妈:“妈……谢谢您……”

我妈摇摇头。

我又回头看着我爸:“爸,你白头发都多了。”

“六十了,能不老吗,就等着抱外孙呢,这下终于美梦成真了。”我爸答道。

看着我爸和我妈,想着我刚刚生下的一对女儿。那种掏心掏肝的爱的感觉是如此与生俱来的奇妙,我甚至想要一辈子守在她俩的身边,让她们衣食无忧,幸福快乐。我不要她们留学,不要她们远嫁,我甚至希望当她们和我一样做了妈妈的时候,我还能守在她们身边,帮她们带大宝贝。我忽然明白我的远行带给我父母多么大的哀伤,我的失婚带给我父母多么大的痛苦,而他们又是多么不计前嫌地守在我的身边。

“爸……妈,谢谢你们……”我终于知道谁才是这世界上最爱我的人。

罗以忱他爸和郭阿姨是在爱家和恋家出生的转天来到医院看我的。见到我的面,郭阿姨有些讪讪。她犹豫了片刻,还是拉过我的手:“马拉……那个……我听以琳说你帮她的事了,唉……都怪我们家以琳不争气,不懂事,麻烦你了……”

我知道郭阿姨知道了全部的事情之后,大概也理解了我的苦心,并对我和罗以忱有一定的改观。

“孩子们……怎么样?”他爸依旧不苟言笑，言语中却有着一丝难以压抑的关心。

“现在还可以，就是太小了，需要住暖箱。”自从跟他爸发生过那次比较激烈的冲突后，罗以忱一直没理他爸，连这次他爸来看我，他都借故躲了出去，所以我只好勉强应酬。

“听说住暖箱很贵?”他爸问道。

“现在每天住暖箱的费用是有点多，但你放心，等孩子大一点，我只要回去上班，用不了多久，我们就能把欠你们的房款还上，你再宽限我们一两年……”

就在这时，罗以忱和我婆婆走进门来，娘俩都是满脸怨念，我都担心他们立刻会给他爸下逐客令。

他爸看看我，又看看我婆婆和罗以忱，他摇摇手，从兜里掏出一张卡：“今天你郭阿姨也在，我索性就跟你们说个明白。我欠以忱的，也欠以忱他妈，我不奢求原谅，但我希望能尽力弥补。我攒了点棺材本儿，但我想我这又有退休金又有医保，钱留着还不如给你们干点正事。现在不都提倡男女都一样吗?我也想通了，以忱是我的孩子，以琳也是我的孩子，父母偏心容易让孩子走弯路，以琳就是跟我赌气才会险些走上歧途。现在我的这点钱，给以琳 20 万，让她出去留学，剩下的费用让她打工来赚。这 12 万，我给以忱，加上当初买房子给你们的 8 万，正好也是 20 万。孩子正是用钱的时候，就拿这个钱救个急，也算是我这个当爷爷的一点心意。”

罗以忱呆呆地看着他爸将卡交到他手里，他爸有些颤巍巍地站起来，对郭阿姨说：“走吧。”

“爸!”罗以忱唤了一声，他爸回过头来。我婆婆看着这父子，擦了擦眼角。

他爸终究没有说什么，只是点了点头："好好照顾我孙女！"

当他爸和郭阿姨的身影消失在拐角，罗以忱攥紧了手里的银行卡。我婆婆叹了一声："我就说，哪有爹不管儿子的呢……"我的心里有些暖，也有些酸，我不知道在他爸的心里，会不会有短短的时刻，甚至只是一瞬，曾经后悔离开他们母子呢？

剖腹产之后，有三天的消炎针，每隔几个小时，大夫还要进来用沙袋压我的腹部帮助排出恶露，但这样的疼痛跟宝宝们不在身边比起来，根本不算什么。

我是第一次知道 NICU 是不允许家属陪伴甚至探望的。在我的孩子们出生两天之后，我和罗以忱签了无数的知情书、授权书、治疗同意书，但我们始终没有看见我们的女儿们。

由于需要打促进肺部成熟的药物，恋家还需要额外使用鼻饲管，两个孩子住 NICU 的费用大概是每天 2000 元。而这家医院要求孩子只要长到 2500 克时就能离开 NICU。对于我来说，每天最难熬的时光莫过于漫漫长夜，听着隔壁床的婴儿洪亮的哭声和咂咂的吃奶声，每到这时，我都会异常思念我的爱家和恋家。

第三天，我惊讶地发现，我有奶水了。晶莹珍贵的初乳被我一点一点地挤出来，积攒在奶瓶里，交给护士给我的两个孩子喝。虽然我不能跟她们一起面对出生后的第一道关口，但我相信吃到妈妈的奶，她们就会感受到我带给她们的力量和勇气。

池向南和闻远樵是在我生完宝宝的第三天来看我的，听到宝宝们的情况，连平日一贯嘻嘻哈哈的池向南都皱起了眉头。见我们无心多作应酬，池向南的早孕反应也比较重，他们两口子待了片刻就回去了。临走的时候，闻远樵拉住罗以忱，他们握着手嘀咕了一阵，这真是出乎我的意料，这俩人什么时候混这么熟了？

“闻远樵跟你说什么了？”等他们走了，我问。

“哦，他说把你这个月的工资和分红已经打到了卡上，额外还有给孩子们的见面礼。”罗以忱说着，帮我倒了杯沙参水。

“不是吧，这内容不对啊？我怎么觉得他握着你的手千恩万谢说的呢？”

“哟……”罗以忱笑了，“您圣明，闻远樵是给我道谢呢。”

“他谢你什么呀？”

“上次要不是我给他通风报信，他能及时赶到挽回池向南的心吗？他能及时赶到救回他的孩子吗？所以啊，我上次一个电话，就干了一件天大的好事，基本相当于盖了一座庙加七级浮屠了。”

我有些无语，原来我和池向北拉拉扯扯，为了是否将池向南的情况通知闻远樵的时候，人家罗以忱早就暗度陈仓，给闻远樵通风报信了。

“我印象中你不是挺讨厌闻远樵的吗？怎么这会儿这么激动了？”

“我那是给我和你复婚扫清一切障碍。你说这闻远樵要是和池向南夫妻恩爱呢，他自然就没有机会向你暗送秋波。他要是跟池向南分道扬镳了，那他伤感你安慰的，我这不放心哪。”

我笑了起来：“你这心眼怎么这么小呢？我孩子都给你生了俩，早就被你们套牢了。”

“不行，不行，帝国主义亡我之心不死啊，我得时刻提高警惕。”罗以忱说着在我额头上吻了一下。

我心里忽然生出无限感慨，原来即使是一举生了两个孩子的我，还是不能完全让罗以忱“放心”。而曾经的马拉，一个孩子都没生，却让罗以忱一手掌握完全猜透，没有任何的担心。百依百顺，果然不是婚姻的最佳状态，而颇为欣赏加略有挑战，才是男人女人的最佳距离。

闻远樵给打的一笔钱估计不少，罗以忱底气十足地给爱家和恋家交了押金，顺便为我办了出院手续。我如此感慨，当初离开家时的不祥预感竟然一语成谶，如今我和罗以忱回来了，但爱家和恋家还留在了医院里。

上午，我正拿个吸奶器熟练地挤奶时，接到了医院的电话，医生说今天是医院的探视日，爱家和恋家可以探视，让我们准备迎接第一次会面。

一说可以看孩子，我婆婆和我爸我妈立刻踊跃报名，但我转达了医生的意思，一次最多只能去两个人。

孩子的姥姥姥爷和奶奶都万分遗憾地让出了名额，最后还是决定，让我和罗以忱前去。

“唉，等我们爱家恋家出院之后，我想抱多久就抱多久，我想看多久就看多久。”我婆婆安慰着自己，也安慰着我爸爸妈妈。

这一路，我和罗以忱都没有说话，我们的心都飞到了医院里。而当我们真的来到医院门口的时候，又不约而同地有点打怵，我甚至腿都感觉有些软，已经一周了，我的孩子们啊，你们现在怎么样了？

来到熟悉的人民医院，却是陌生的儿科病房，爱家和恋家的主治医生接待了我和罗以忱。

“孩子们的情况还算稳定，目前除了新生儿黄疸外没有其他的病症。两个孩子的肺部发育状况比预料的要好，老大用了四支肺表面活性剂，老二只用了两支，就已经不再需要这个药，就能完全自主呼吸了。大脑的发育也还不错，总的来说，情况还是比较乐观的。”医生的话让我们的心放到了肚子里。

“那个……您说的那个黄疸什么的，没什么事吧?”我已经成了惊弓之鸟。

“一般情况下，新生儿都会出黄疸的，只要不是病理性的，就不用太放在心上。现在，你们可以跟我去看看你们的孩子了。”

我和罗以忱对视了一眼，我的手心有些出汗了，他朝我点点头，我们一起跟着医生朝病房走去。

那是一个大玻璃罩子，爱家和恋家并排躺在里面，各种仪器在她们的身侧为她们的生命保驾护航。那是我第一次见到我的女儿们，泪水模糊了我拼命想要睁大却怎么也看不清楚的眼睛。

在此之前，我几乎没有见过新生儿的样子，又或者说，像爱家和恋家那么小、那么脆弱的新生儿，我是从来没有见过的。她们皮肤又红又皱，小手小脚都小得近乎透明，肚子上缠着纱布，那是还没有脱落的脐带。她们是我的孩子，此刻我多想把手伸进那个玻璃罩子，去摸摸她们，抱抱她们。她们来到人间已经过了一个星期的时间，却还不知道妈妈的怀抱是什么滋味。

“医生，她们……什么时候才能出院回家……”罗以忱的声音略为哽咽。

“这个要看她们恢复的程度了，按我们的出院标准，低体重儿体重达到 2500 克的时候，如果生命体征平稳，就可以出院了。她们还需要在暖箱里再住一段时间。一会儿你们大概还需要去补交一些住院押金。”

我和罗以忱就这样趴在玻璃罩子边努力地看着，罗以忱拿出手机，把孩子们的影像拍了下来。探视的时间是那么短，我却已经把她们的样子都印刻进了我的脑海、我的心田。爱家和恋家，已经成为我生命中无法忽视、无法忘却的珍爱之人。在等待的日子里，除了源源不断地交纳押金，我不能为她们做任何事，唯有日夜祈祷，才能让我的心绪略微平静。

没有孩子的月子，格外寂静而思念，但好在有着浓烈的盼望，支持着我跟产后抑郁作着斗争。我的生活变得异常单调，没有电视，没有电脑，很少看手机，没有什么娱乐，只有我爸我妈和我婆婆组成的非常无聊的家。

为了给两个孩子哺乳，我每天要喝十大碗汤，因为没有孩子的吮吸，就算喝再多汤也挤不出多少奶。为了催奶，我妈和我婆婆大显身手，传说中的催奶汤料轮番上阵，什么鲫鱼、母鸡、米酒、鸽子，连牛鼻子汤我都喝过了。

罗以忱每天斗志昂扬，总是用一张笑脸对着我，但我知道他在拼命给孩子们攒钱，一天 2000 块的暖箱费，已经要把我们这个本不殷实的小家耗干了。闻远樵和池向南来过几次，因为忙着照顾店里的生意，照顾怀孕的向南和情绪不佳的柳子，闻远樵也没有太多精力过问我们，只是找些借口送些钱来。我们本不想收，但想想也没了其他办法，也就心有戚戚地收下了，我把这些钱一笔一笔地记下来，将来上班后，再努力工作，还上吧。

我们每天唯一的乐趣，就是反复地播放孩子们的视频，在暖箱中小宝贝们的一举一动，让姥姥姥爷和奶奶看得乐不可支。

“快看快看，还打哈欠呢!”即使已经看过上百遍，到了恋家打哈欠的时候，我婆婆都会叫起来，我也会不由自主地露出笑容。

其间我们去医院又看了两次孩子们，她们的状况一天比一天好了。大夫说一切都朝着我们预想的方向前进，也许过不了多久，我们就能和两个孩子团聚。

我每天都在等待，直到我的伤口从痛楚变成微痒，直到我的奶水越来越多，趋于稳定，直到我们一家五口为两个孩子喝了她们缺席的满月酒……煎熬般的日子过了整整 40 天。终于，在一个周末的午后，我接到了人民医院儿科的电话：“是罗爱家的家长吗？你们的孩子可以出院了，明天上午来办出院手续。”

那一刻，我的泪水夺眶而出，我一把抱住了身边的妈妈：“爱家和恋家……可以出院了！我终于等到我的宝宝们了!”

周末的时候，罗以忱都找了些工作赚点外快，所以到他晚上下班的时候，我才把这个好消息告诉了他。

他听了之后居然一把将我举了起来，然后在屋里转了三个圈，我们一起倒在软绵绵的床上。

他的头埋进我的肩膀，他呵出的热气弄得我痒痒的，我忍不住笑起来，罗以忱也在笑，而后来却变成了轻声的啜泣。无论是他还是我，在等待两个孩子回家的时候，无不想到了很多很多，包括她们会发生的各种后遗症，甚至，她们无法回来。现在，两个孩子终于可以安然回家了。那种千斤重担终于卸掉的感觉让人一下子变得轻飘飘的，心里像点亮了烛火一般畅快。

欢迎爱家和恋家回家的宴会设在千品鱼府。如今我们一家重新坐在一起，更加感慨万千。

我妈清了清嗓子："马拉啊，你也出月子了，孩子也要出院了，一转眼，我们都在这边住了小半年了，我和你爸也该回去看看了。"

我和罗以忱对视了一下，罗以忱道："妈，马拉终归还是得上班的，两个孩子她一个人也照顾不过来，您看您是不是再留一段时间……"

我也对我爸妈说："是啊，爸，妈，你们在这里已经待了这么长时间，不差这几天了，怎么也得跟外孙女们亲热几天再走啊。"

"嗯，我们也没说明天就走啊。总是要看看孩子的……"我妈看了看我爸，擦了擦眼角，"我呀……是怕看见孩子之后，就更加舍不得走喽！你说你们俩带孩子我还真不怎么放心，这洗洗涮涮、调理吃喝都不是个轻松活儿呢，将来还得培养教育，我都担心你们俩能玩得转吗……"

我婆婆道："唉，马拉要是上班忙不过来啊，我就把孙女们带回东北老家，有我一口吃就有孩子们的！亲家母啊，你就放心吧！"

我心里暗暗一沉，罗以忱握了一下我的手，示意我别在意。

"妈，现在这孩子您可是看不了了，都说不让孩子输在起跑线上，什么高档奶粉高档玩具，早教班、幼儿园、上学择校之类的费用，您可是承担不起！"罗以忱给我婆婆加了点菜，不动声色地拒绝道。

“啥呀？那花钱就能把孩子带好啊？就你们城里这些孩子，四体不勤五谷都不分，一个个还没有桌子高就都戴上瓶子底似的大眼镜了，这就能成才？你小时候喝米汤，玩撒尿和泥，没上过早教班幼儿园，到岁数就上了村头的小学校，有点空就帮你妈种菜收麦，你不也考上好大学了么？”

我婆婆的一席话，说得我们都没了词儿，我爸笑了笑：“你还别说，我还是挺赞成亲家母的说法的。小孩儿嘛，别那么娇气，稀里糊涂地就养大了。”

我妈瞪了我爸一眼：“快喝你的酒吧！不说话没人把你当哑巴卖了。”

虽然对于爱家和恋家的远大前程问题没有达成最后的一致，但一家人的快乐心情却是一样的。第二天一早，我们拿了两套全新的衣服包被，浩浩荡荡地起程前往人民医院，把我们家的一对“鸭蛋”接回家来。

当到达医院我才知道，达到出院条件的，只有爱家一个人，恋家还需要继续住院观察治疗。

“恋家现在有多重了？”罗以忱问道。

“现在已经2200多克了。”

“那我们是不是可以姐妹两个一起出院呢？毕竟体重差得并不多，我们自己回去小心喂养，应该也可以的吧？”

医生看了看我们：“这样吧，孩子的父母留下，其他人先跟护士去接今天出院的孩子。”

待几位老人走了，医生才将我们叫到了办公室：“现在不仅是体重问题，罗恋家的黄疸也还没有消退。”

“您不是跟我们说，孩子出黄疸是正常的吗?”新生儿黄疸这个病我们都听说过，就连我在医院生爱家恋家住院的时候，旁边的几个孩子在出生后几天里，皮肤都变黄了。

“嗯，一般的小孩出生后都会有黄疸，随着时间的推移会慢慢消褪，这就是生理性黄疸。但也有一些病理性的黄疸会对孩子造成较大的伤害，是某种疾病的反应。”

“您的意思是我们家恋家得的是病理性黄疸?”我又开始紧张了。

“先口服茵栀黄，照照蓝光试试，不用紧张，这个一般都没什么问题。如果黄疸褪了的话，孩子就可以出院了。”

对于恋家的担心，很快被爱家到来的快乐冲淡了。当我和罗以忱从医生办公室出来的时候，我爸我妈和我婆婆已经众星捧月般地将小爱家举到我和罗以忱面前。

“快看看咱家大宝！高鼻子小嘴儿的多好看，太像我们家少爷小时候了。哎哟，这小肉皮儿多细呀，就是瘦了点，回家让你妈好好给你喂喂!”我婆婆的审美显然喜欢又高又胖的。

“看这眉毛眼睛，跟马拉小时候一模一样……”我妈我爸透过爱家看到了我的影子。

生命真是神奇，眼前这个小小的人儿，凝结了我和罗以忱的遗传基因，呈现出了一种既像我又像他的整合状态。虽然生命繁衍是任何生物都会做的事情，但看着自己亲生的孩子，总是会涌起无限的感触，总觉得这是大自然最神奇的礼物和自己最完美的作品。

“大宝宝跟奶奶回家喽!”看着一家子快乐而又小心地抱着爱家离

开了医院，我忍不住回望了一眼，我的小女儿恋家，还孤零零地躺在暖箱中努力地成长着，而她何时才能和我们团聚呢？

我终于名副其实地当上了妈妈，但这个名词显然要比我所想象的要沉甸甸得多。回到家给爱家洗澡的时候我才发现，她的手上、脚上、头上都布满了针眼，孩子已经异常敏感，碰到哪里都会大哭不止。

早已习惯了奶嘴的爱家无法再次接受乳头，亲喂变得困难重重，把乳头送到她嘴边她就晃着脑袋躲，无奈之下，我只好继续挤奶喂她。这个小东西拉屎撒尿也格外勤快，经常是刚尿了，趁你给她撤换纸尿裤的时候就拉了出来，包被床单全部脏得一塌糊涂。罗以忱休息在家的时候，基本上就在卫生间出不来了，不停地洗着爱家换下来的褯子、衣服、单子、被子……

然而这一切还不是最难办的。伺候了爱家几天我总结出，当一个婴儿除了睡觉外，只需要会四件事情：吃奶，撒尿，拉屎，哭；而当一个妈妈，就是不停地喂她吃奶，给她换尿片，给她洗屁股，洗衣服，哄着她不让她哭。而罗爱家的哭声总是声震云霄，彻夜不绝。

爱家似乎得了黄昏焦虑症，每到傍晚时分，就会哭得格外凄惨，鼻涕过河眼泪横流，我们几个大人轮流又抱又唱又哄也往往不见好。偶尔终于哭得累了在怀里委屈地睡过去，大人刚想松一口气，往床上一放立刻就又哭开了。

“爱家这是被医院的那些大夫啊，吓掉了魂。今天晚上 12 点，你得给孩子叫魂。”我婆婆说着把我家的扫床笤帚拿了过来，边将爱家的一件小衣服穿到了笤帚身上，边对我们说，“到 12 点整的时候，就对着孩子念：胡撸胡撸毛儿，吓不着。摸摸耳，吓一会儿，拉拉手，魂不走。罗爱家跟妈妈回家喽！然后把笤帚围着孩子的头转三圈儿。”

罗以忱冲我使着眼色，我急忙点了点头。

最后，我婆婆又指挥罗以忱找了张黄表纸，写了一首含义深刻的诗歌：天惶惶，地惶惶，我家有个夜哭郎，过路君子念三遍，一觉睡到大天亮。监督着罗以忱将纸贴到小区入口，看着自己的想法百分之百得到了贯彻，我婆婆心满意足地告诉我：“等着吧，孩子这就好了。”

不知是孩子过了黄昏焦虑症的阶段，还是我婆婆果然有如神助，如此这般折腾了几日，罗爱家的爱哭毛病竟然真的有所好转，我婆婆更为趾高气扬起来。

在爱家回来、恋家还住在医院的两个月里发生了很多事情，我爸妈还是回了南方，我婆婆留在我们这里继续帮我们带爱家。我白天夜里地把爱家挂在身上喂奶，希望能纠正她的哺乳习惯，而罗以忱已经由一个大少爷被改造成了做饭洗衣收拾屋子十项全能。除了罗恋家还住在医院里以外，我们全家的生活似乎都走上了正轨。而恋家也早已出了暖箱，住进了儿科病房，她迟迟没有消退的黄疸，让她一直没有达到出院指标。

为了夜里方便照顾孩子，我们一家三口还是睡在同一张床上。在一个我睡得昏昏沉沉的夜里，我懵懂地醒来，往身边一摸，没有摸到爱家，却摸到了罗以忱的腿。

我打开台灯，看到罗以忱坐在平日爱家睡觉的地方，手里抱着爱家，爷俩都睡着了……

“以忱……”我轻声唤他。

“嗯？爱家……”罗以忱呢喃着睁开了眼睛。

“你怎么睡在这里啊?”

“哦……”他爬起来，灯光下，我看到床上湿了一片。

“孩子尿床了？怎么不叫我起来换褥子?”我急忙起来，把湿褥子拎起来。

“闺女尿完就又睡了。我看你好不容易睡得那么熟，所以……”

“所以，你就抱着她睡在湿的地方，而没有叫醒我?”

在那个刹那，我忽然有一种感觉，这个男人，也许真的值得托付终身。

“罗以忱……”我叫他。

“啊?”

“明天早上有空吗?”

“什么事啊？闺女打预防针？不是大后天才打吗？还是你要去医院检查……”

“明天跟我复婚去!”我扔下一句话，就躺下去，闭上了眼睛。

“啊?”他显然是被我的直接和热情给吓住了。

“我就说一遍啊，你爱去不去。”

“天哪!”罗以忱嗷的一声。接下来就是罗爱家一声高似一声的号啕。

“罗以忱！你干吗把闺女吓醒了!”

“我也不是故意的……尿了尿了……”

“我刚换完的干净床单!”

……

也许，这般一塌糊涂的日子，才是真的生活。

# 第十七章　我如何当你没来过

那一夜，每隔半小时，罗以忱就会翻身看看表，然后嘀咕一句：“3 点了，离天亮还 4 个小时……”

我被他扰得睡不着，干脆把灯点上，罗以忱却急忙灭了灯：“没看过育儿书嘛，开灯睡觉孩子会降低免疫力！”

我惊讶地看着他：“罗以忱，你是什么时候看的这些育儿书？”

“上厕所时呗，我一天就这么点读书时间！”我这才知道为什么我原本放在床头的宝贝杂志都被搬了地方。

“你还真挺上心哈？”

“那当然，我容易嘛！”他朝我拍了拍胸口，“不过你说咱俩帅不帅，就那一夜就给种上了，还一下俩！”

我对于那荒唐一夜完全没有好感，见我不再理他，黑暗中，罗以忱握住了我的手：“你知道吗，当我看见这俩孩子的时候啊，那责任感哪，油然而生啊。我就觉得我忽然就长大了，长得比我爸还大呢……”

“我就没见过你这么会说话的人。”我拍拍他握住我的手。

“真的！你看我爸，他也没有照顾过我，都是我妈照顾的。以琳吧，有郭阿姨照顾。关键是，我这一下当俩爹呀！成就感啊！爱家，你就说咱爱家，多稀罕人儿，你说她生出来吧，就有鼻子有眼睛，会长指甲有鼻涕干，一逗她还就会乐，你说咱家孩子是不是神童啊？得好好培养培养。”

我险些被罗以忱乐死：“我还没听说过谁家孩子没指甲没鼻涕干的，这会长鼻涕干就是神童啊？现在神童虽然堕落了，但标准也不至于这么低吧？”

“你不懂，当爹的心情你完全不懂。那是因为你怀了她们 10 个月，可是我没有啊，我没感受啊，直到她们俩生出来，我这一看，那眉毛眼睛像你，那小鼻子小嘴像我……太有成就感了。真的……我现在啊，什么都不想了，我就想着多赚钱，把我俩闺女养好，将来给她们找个好对象……”

“找对象这事你还管哪？”

“必须管！还得大管特管，没钱的不行，不疼我闺女也不行，不疼咱俩都不行！”

“罗以忱，照你这标准，咱俩压根儿就结不了婚。你看你，又没钱，又不疼我，还不疼我爸妈！”我立刻抓住他的软肋控诉道。

“谁说的，我这现在就是没钱，但钱咱以后会赚的。我特疼你，我也特尊重咱爸妈……”他伸手将我揽在怀里，“马拉，你记着，我是你的大树，我是闺女们的大山，以后咱们一家四口好好地过日子，谁也不瞎折腾……”

黑暗中，我摸索着他胸前结实平滑的肌肤：“你这算什么啊？向我求婚啊？”

他的唇吻了过来。我和他，还有爱家和恋家，我想我们永远在一起。

前一天晚上太兴奋，几乎到天亮才睡，这一觉竟然睡过头了，如果不是医院的一通电话，我们一家三口大概还在美梦之中。

“请问你是罗恋家的家长吗?”

“对，我是。”恋家的情况已经趋于稳定，前几天大夫说黄疸值已经降下来了，这个电话大概是通知我们恋家可以出院了。如果是那样的话，那真是双喜临门，想着我和罗以忱一人抱着一个女儿去民政局复婚的样子，我的心里就有些暖融融的甜蜜。

“是这样的，罗恋家的病情有变化，你们立刻来医院一趟……”

我的脑子嗡的一声：“请问……是什么样的变化?”

“现在专家正在进行会诊，你们到医院一起听听情况吧。”对方挂断了电话，我呆呆地坐在床上，不知道该怎么跟罗以忱说。

“是不是恋家可以出院了?”罗以忱开心地说，“快点去医院把二宝接回来，然后带着俩妞一起去登记，多帅!”

“以忱，医生说恋家的病情有变化。”

“有变化?”罗以忱停住了正在系睡衣扣子的手，“什么意思? 不是说黄疸值已经降下来，这周大概可以出院了吗?”

我抱住头：“不知道……医生说正在组织专家会诊，让我们去医院。”

罗以忱跌坐在床上：“别怕，咱家闺女吉人自有天相，会好的……”

我们把爱家留在家里让奶奶照顾，我和罗以忱开着帕萨特一路飞驰，来到人民医院。上了儿科，我依然感觉腿有些发软，母女连心，我似乎已经有了一些不祥的预感。

护士带我们来到了会诊室，除了恋家的主治医师外，还有几个上年纪的老医生，看起来就像专家的样子。我们朝主治医师点点头，他脸上的严肃神情让我们不寒而栗。

“大夫，不是说黄疸已经褪了吗？现在又有了什么问题?”

“就是黄疸的问题，她的黄疸虽然持续时间比较长，但考虑到她是早产儿，黄疸略微严重些也没有什么太大问题，我们就对她进行了口服药和蓝光治疗，前些日子黄疸值慢慢下降到了正常。”

“那还有什么其他问题吗?”罗以忱问。

“可是这几天她的黄疸值又忽然上升，而且出现了灰白色大便，化验后出现肝功异常，并伴有腹水。我们紧急组织了会诊，现在确诊是胆道闭锁。”

“胆道闭锁?”我被这个从来没有听过的词震懵了，我望向罗以忱，他脸上的表情也证明他没听懂。

“是的。”

“这个……很严重吗?”罗以忱的声音再次变得颤抖。

医生看了看我们俩：“你们要做好心理准备，这个病除了肝脏移植，没有什么根治的方法。对于这么小年龄、身体状况这么差的孩子来说，我们医生的建议是：放弃治疗。”

我感觉一个炸雷在我的头顶炸响，我感觉一刹那，我听不见也看不见了，医生在我耳边喋喋不休：“以孩子目前的身体状况，移植手术成功的可能性不高，而且费用巨大。好在你们已经有了一个健康的孩子……”

我拉住罗以忱的手，他的手也变得冰凉，我听到自己颤抖而陌生的声音：“我想……去看看孩子。”

护士将我们领进恋家的病房，跟脸色红润肌肉丰满的爱家比起来，小小的恋家虽然面容跟爱家几乎一模一样，却又瘦又小，全身发黄。唯一突出的是她的肚子，因为腹水，她拥有一个与小小身体不相称的大肚子，我甚至能透过黄黄的肚皮看到她在逐渐硬化的肝脏和淤积不尽的胆汁。

在我对未来的无限畅想中，有无数次都想到我和罗以忱满头白发坐在沙发上，一对一模一样的大闺女围在我们身边，两个女婿给我们买来酒和糕点，一对外孙绕膝承欢。从爱家和恋家来到我的生命里开始，我就从来没有想过她们会先我一步离开，当我和罗以忱弥留之际，应该是一手握着一个女儿，让她们为我们送终的，这才是圆满的一生。而现在，我的小女儿可能来不及长大了，她来不及享受妈妈的怀抱，来不及品味成长的烦恼，来不及感受甜蜜却伤人的爱情，来不及感觉做妈妈的甘美和辛劳……她静静地躺在那里，我们之间只隔着一个玻璃罩子，却是隔着生死的天堑，隔着两个不同的世界。

"你们去帮孩子办个出院手续吧。"医生的声音如同死神，"带回去跟孩子待两天，也可以吃一些中药保守治疗。"

我明白所谓的保守治疗，就是"放弃"的代名词。我麻木地看着罗以忱被护士领走办出院手续，而后麻木地看着恋家被护士包好，递到我的怀里。

她的手感很轻，我却感觉自己怀里抱着的是我生命中无法承受的重中之重，她睁着好奇的眼睛打量着我这个她从未见过的妈妈，一双发黄的眼珠傻傻地看着我。就在我用依然麻木的脸对着她的时候，她忽然咧开没牙的嘴巴，朝我笑了起来。一个脸色发黄又瘦又小的婴儿朝我咧嘴一笑，我感觉一个瞬间，世间开满了繁花。我是妈妈啊，她在无条件地信赖着我，而我又如何能将她放弃呢?

坐在车上，我和罗以忱谁也没说话，恋家睡着了，均匀的呼吸被汽车的隆隆声完全掩盖，她仿佛不存在一般，又仿佛一片阴云，笼罩了我们生活的全部。

“花了多少钱?”我问。

“七万六。”

“我剖腹产花了 7 千，爱家花了两万五，这就折腾进 10 万块钱了。家里还有多少了?”

“你的钱我没动，算上爸给的 12 万，还有 20 万左右吧。”

我点点头，心里在拨着算盘。

我们回家的时候，我婆婆还在焦急地等待着，见我们抱了恋家回来，她急忙把爱家放在床上：“我们家的小宝贝回来了！快让奶奶抱抱!”

我将恋家递到我婆婆的手里，我婆婆的脸色忽然一变，她将恋家揽在怀里，什么都没说。

我和罗以忱坐在沙发上，我感觉自己像虚脱了一般，我婆婆坐到我们俩对面：“孩子……是不是身体没好啊?”她的脸色、体重和鼓鼓的肚子，让虽没文化但见多识广的婆婆一眼就看出了问题。

罗以忱双手抱住头，我感觉眼眶发干发痛，却怎么也哭不出眼泪。

“她是胆道闭锁。除了换肝没有其他办法，医生建议放弃。”我清晰地转述着，像说着别人的事。

我婆婆一语不发，将恋家搂进怀里，一分钟后，她开始号啕大哭。

在我们一家愁云惨雾的时候，恋家忽然哭了两声，我婆婆打开尿布兜，看到她排出了灰白的陶土色大便。

“这孩子拉屎咋是这个颜色?”

“这个病就这样吧。”我走过去，轻手轻脚地帮恋家换了尿布。她是我的女儿，从出生的那一天到终结的那一天——她死或者我死的时候，这份爱才会了断，却依然能在尚存人世的那个人心中延绵。

换完了尿布，我掀开衣服，在恋家惊讶的眼神中把乳头塞进她的口中。我感觉她含了片刻，试探着开始吮吸。她幸福而贪婪地吸着，仿佛吃着这世界上最美味的食物，那是含着满满爱意的母乳，是我和她之间一个关于爱的约定。

晚上躺在床上的时候，我和罗以忱中间躺着的女儿，由爱家换成了恋家，为了让小女儿感受到更多的父母之爱，我们把爱家放到了婆婆的房间。看着女儿和她姐姐几乎一模一样的小脸，看着她鼓鼓的肚子，我和罗以忱就心痛到不敢面对。

“马拉，你说会不会有奇迹?”罗以忱轻声地问。

“你相信吗?”对于我这种没中过彩票、没捡过钱包、打麻将都很少和牌的人来说，奇迹这种东西，比太阳从西边出来的概率还小。

他没再说话，而是俯下身去在恋家的额头上吻了吻。

当我再次回到医院的时候，其实我是对婆婆说了个谎的。我对医生们说我想要救我的女儿，恋家的主治医师点点头：“我理解你的心情，但现在排队等肝源的小孩太多了，不知道什么时候才能等到配上，所以不要抱太大的希望。”

我微笑了一下，我记得相当清楚，我确实是微笑了一下的，因为我必须乐观，以便给我的孩子更多勇气和力量："我想试试配型，如果成功，我可以给孩子移植。"

医生神色有些复杂地看着我，终于点了点头："行，你先签个捐献书吧，之后跟护士去做个检查……"

验血的时候，我心里在默默地祈祷，祈祷我可以和我的女儿配型成功，别说是一片肝脏，就是要我付出生命的代价，能救回她的生命，我也愿意。恋家，虽然我已经有了一个健康的女儿，虽然你和你的姐姐长得一模一样，虽然要治好你的病需要很多钱甚至还有妈妈的肝脏，但我知道你来过，你会对我笑对我哭对我撒娇对我淘气，你住在我心里，我又如何能当你没有来过呢？

之后的几天，我一直心怀忐忑地在等待着结果。与爱家相比，恋家的脾气更为温婉，虽然有着诸多的病痛不适，她却总是安静而微笑，连我婆婆都对她爱不释手，却又在看见她隆起的腹部时忍不住偷偷抹泪。罗以忱变得沉默而易感，在某一个他依在床边睡去的夜里，我竟然在他的乌丝间发现了一根白发。这头发不是从根上白的，而是靠近发端的一侧白了一半，明显就是后来变白的，是被这纷繁无序的现实给愁白的。而我则更多的是在等待一个我从没遇见过的东西，它缥缈而又神奇，它能救我女儿逃出生天，它能让我们一家重新寻回欢乐，这个东西就叫作奇迹。

5天后的下午，午后的阳光照着我睡在摇篮里的两个女儿，我婆婆在一旁为孩子们缝着虎头鞋，我忽一转身，发现一只蝴蝶竟然从窗口飞了进来。那是一只橙色带黑白斑点的大蝴蝶，它翩翩飞舞了一圈，而后悠然栖落在了恋家的被子上。粉色印花小包被衬上硕大的彩蝶，看起来格外漂亮。我婆婆停下针线，静静地看着那蝶栖了几秒，翕动了几下翅膀，又原路飞走了。

“马拉，看见没？多漂亮的大蝴蝶！”我婆婆小声道，“看咱家俩姑娘长得漂亮，跟花朵一样呢，连蝴蝶都过来瞧瞧。”

我望着一去不回的蝴蝶，心里说不上是什么滋味。那是我30多岁的生命中从来没有见过的景象，我不知道这预示着什么，但那蝴蝶落在恋家身上又飞去，恍如把我的心也带走了。

就在此时，我的手机响了起来，一串陌生的座机号码却让我的心感觉到如此的熟悉和恐惧，是医院打来的。

我用近乎颤抖的手按下了接听键，一个冷清的女声传来：“请问是马拉吗?”

“我是。”

“你的配型报告出来了，你和受捐赠人罗恋家血型不符，配型不成功……”手机从我的手中滑落到地上，发出啪嗒的一声响。

我婆婆放下虎头鞋，两个孩子相继发出了被惊醒的哭声。

“马拉呀……咋地了?”

我坐在地上，双手顶着膝盖，抱住头，将身体缩成一团，我开始抑制不住地颤抖，我开始抽泣，我开始号啕大哭：“妈……我和恋家的配型……失败了……恋家要死了……我救不了她了……”

我婆婆愣了一下，而后发出了惊天动地的号哭：“哎呀，这坑死人的天哪！咋不把我这把老骨头收了去啊……让我这小孙女活着吧……”

在这个春天的午后，万物苏醒欣欣向荣的时节，我们一家四口哭成一团，我的人生中第一次如此清晰地触摸到死亡，触摸到绝望。

罗以忱回来的时候，已经是晚上8点多。我和我婆婆都没有做饭，爱家和恋家已经含着眼泪睡去。

“看我今天买了什么，猪肝，肘花，香肠……”罗以忱把买来的酱货举到我面前。

我哀伤地看着他，我不知道他有什么好高兴的。见我不说话，罗以忱放好桌子摆好碗筷，将几个碟子摆上桌子，然后让我和我婆婆坐好。

我在哺乳期不能喝酒，他开了一瓶酸奶，给我和我婆婆倒上，接着居然破例给他自己也倒了一杯。

他和我碰了碰杯，随后喝了一口。我麻木地端起杯子，酸奶入口的时候，我只感到一阵苦涩的滋味。

“今天……我有件事情要跟你们商量。”放下杯子，罗以忱郑重其事地说道，“确切地说，我已经有了决定，希望得到你们的支持。”

我没有说话，他怎么想，或者做什么决定，对于我来说都不重要，都无所谓了。我的眼中脑中心中，只有我可怜的女儿。

罗以忱慢吞吞地从口袋里掏出一张纸来：“今天我收到了这个。”

我接过他递来的纸，配型化验单的字样映入眼帘。原来他去医院了，他知道我瞒着他们去给恋家配型的事了，我感觉眼睛有些酸痛，我甚至不敢去看那些烦琐的报告，和依据这些烦琐报告所推演出的残忍结论。

“看到了吧……”他的手指指向最后一行，我随意地拿眼一扫，却看到了两个我没有想到的字——“成功”。“点位配型成功……”我几乎不敢相信自己的眼睛，我向上翻着报告单，直到第一页，我才看到了捐赠人姓名：罗以忱。

“你……你也去给恋家做配型了?”我睁大眼睛，看着眼前的这个男人。

他点点头：“我想救她，既然配型成功了，就是我们父女俩的缘分。虽然医生说手术成功的可能性只有30%，但即使只有3%，我也不可能放弃的。”

我的眼睛模糊了。我从没想过罗以忱会去为恋家做配型试验，又或者说，我坚信母爱是与生俱来，而父爱却是在岁月中不断累积的。罗以忱与恋家相处的时日如此之短，我们又拥有了爱家这样一个健康的女儿，他怎么会为恋家付出至此?

我婆婆接过化验单，她并不识字，却像看宝贝似的将化验单反反复复地看了好久：“真的成功了？能救我那小孙女儿了?”

罗以忱有些诧异地看着我婆婆：“妈，你同意我跟恋家做这个手术?”

“那咋能不同意呢！只要能救我那小孙女儿，我就同意，还别说是救我孙女，就是救别人我也得同意啊……”

我和罗以忱对视了一眼，我隐隐觉得有点不对劲，罗以忱却高兴地一把搂过老太太：“我妈简直就是菩萨心肠!”

看着这母子和乐的场面，我终于想到了问题的症结所在，我试探着问道：“妈……那个……您知道以忱将要做的是什么样的手术吗?”

我婆婆睁大眼睛：“我当然知道了！你以为我啥都不懂啊？我看过电视！不就是抽血吗，治白血病抽骨髓，实际不是骨髓，就是血。

好像是搁到一个机器里转转转，然后再把血打回去，捐的人就是有点体虚，根本没啥大事儿。咱家少爷身体好，回头我给熬点排骨汤鸡汤，多喝几罐就补回来啦!”

我和罗以忱再次对视，果然，我婆婆根本不知道他们父女俩面对的是怎样惊心动魄的一场手术。

罗以忱示意我不要跟我婆婆说明白，但我向他摇了摇头，严肃地转向我婆婆：“妈，有些事情我必须要跟您讲清楚，我不能瞒您。因为要救我女儿的，是您的儿子，站在母亲的立场，我们是平等的。在尊重以忱的个人意见之前，我们尊重您的意见。”

我婆婆一头雾水地看着我，我抿了抿嘴唇：“以忱要做的，是肝脏移植手术。他和恋家都要接受开腹手术，以忱将被剖腹取肝，移植一部分肝脏给恋家，恋家也需要开腹，将肝脏移入。这并不是您所想象的那种用个针管抽血那么简单的手术，而是带有一定的危险性的开腹手术。”

罗以忱低下头，他显然是想要先斩后奏，我婆婆不明白更好，可以瞒天过海地做完手术。

我婆婆高涨的情绪低落下去，她终于明白我们一家人要面对的是怎样困难的选择，她也终于明白罗以忱需要怎样的信念和勇气。沉默了良久，我婆婆终于将化验单放回桌上：“这样的话，我不同意少爷去做这个手术。这个手术成功率只有30%，但少爷100%得开腹的，你们还有爱家，还要生活，如果少爷做完手术，以后谁来赚钱养家？这个手术也得不少钱吧？就算是做好了，恋家以后能像正常人一样吗？是不是还需要很多钱吃药之类的？我的意思是长痛不如短痛，放弃手术。”

我婆婆说完这番话，仿佛一下老了几岁。我知道她所说的是生活的智慧，只不过这些智慧充满了理智而冷淡的疼痛。我低下头："以忱，我也去做了配型，可惜没有成功。如果成功了，我一定会给恋家做移植手术，但我相信，我的爸妈也许也不会同意。现在你的配型成功了，不管手术做还是不做，我都理解你的选择，我都感念着你对恋家的情分。你记着，不管做不做手术，不管手术成功还是失败，你都是这个世界上最伟大最负责的爸爸……"

屋子里空气沉重，罗以忱看了看我，又看了看我婆婆，忽然笑了起来："你们都说完了？能不能听听我的意见？"

罗以忱先看着我婆婆："妈，如果我真的在这场手术中发生什么危险，您是不是会非常悲痛？"

"呸呸呸，这乌鸦嘴说的，我跟你说少爷，你要是有什么事，就要了你妈的命了。"我婆婆的眼圈红红的。

"嗯，妈，恋家是我的女儿，我能理解您的担心，我希望您也试着去理解理解我对于我孩子的感情。她是我的女儿，如果她有什么危险，我在能挺身而出的时候没有去尝试，我一辈子都不会开心了，死的时候也会因为遗憾和后悔不能瞑目吧。就算是手术失败了，我捐了肝，花了钱，孩子还是没有救回来，我也不后悔了。我再想起这个孩子的时候，我努力过了，但没有赢得命运，我就是认命了。但妈您想想，万一我们是那幸运的30%呢？那什么钱什么困难就全是暂时的，等我们家闺女1岁了，3岁了，5岁了，上学了，工作了，结婚了，那现在的这点钱这点苦又能算得了什么呢？妈，您同意或者不同意，我都已经决定去给恋家捐肝，但我希望您能同意，您能祝福我们。"

我婆婆没有说话，只是低头擦了擦眼泪。

罗以忱又转向我，他温暖的手握住了我冰冷的手："马拉，别说什么感谢之类的话，那就远了。我是罗恋家在这个世界上最亲近的人，我是她的山，是她的海，是她的树，我是她的依靠，是她的乐园，是她的阴凉。我给了她一次生命，只要我有一口气，就有义务为她在这个世界上遮风挡雨，驱妖除魔。这些日子，我一直在遗憾，我为她们做得太少了，我没有机会十月怀胎，没有机会一朝分娩，没有机会哺育喂养，现在，我有一个机会能为她做点什么了。唯一要告诉你的，就是你以后要原谅我的偏心。爱家是你生的，但恋家的第二次生命是我给的，除了自豪，我可能不由自主地会偏向这个小女儿一点，如果我做不到一碗水端平，你要原谅我。"

罗以忱的目光盈盈，湿润而温暖，我感觉到一种强大的力量萦绕在我们周围。我，罗以忱，爱家和恋家，这个由我们四个人组成的小家庭此时正面临前所未有的挑战，我已经准备好迎接这一切。

第二天，我和罗以忱一起来到医院，罗以忱签下了手术知情和同意书。医生看了看我们："既然决定了，就好好地试一试，我们会为你们制定好手术方案。你们现在要准备的就是好好执行我们交代的一切，还有就是准备好钱。"

因为是活体供肝，手术费大大低于全肝移植，即使这样，罗以忱的取肝手术和恋家移植手术一共需要 30 几万元，术后的抗排异药物等等加起来又要不少，这笔手术费对于我们家来说，还差一个不小的缺口。

当罗以忱将家里的钱全部交到医院后，医生说这大概只够第一期的费用，可以安排手术排期，但需要尽快将后续费用交齐。

交完手术费，我和罗以忱没有立刻回家，我们手挽着手走到外滩公园。广场上游人如织，但我能依靠的，就只有一个罗以忱而已。

“坐一会儿吧。”罗以忱指指长凳，我们坐下来，我将头靠在他的肩上。

“需要好大一笔钱，我们该怎么办呢?”我忽然感觉到一阵无力。

“马拉，我实在想不出到哪里才能搞到那么大一笔钱，想来想去，也只有……”

“卖房!”我们俩异口同声地说出这句话，二人对视，竟然都是一阵苦笑。没想到疲于奔命这许多年，事到如今，一夜又回到了解放前。

“房子以后可以再有，但生命就只有一次机会。”用全副身家去赌一个并不确定的概率，我想我们夫妻俩是疯了，但我觉得任何一对父母面临此景，都会有这样的疯狂。

“跟着我，让你受苦了。”罗以忱将头抵在我的头上。

我摇摇头：“我一直在自责，我生了她，却没有给她一个好身体，不仅要让你受开刀之苦，还要散尽家财去赌博。”

“大难不死，必有后福，如果恋家能闯过这一关，能活下来，那以后她一定会有出息的。唉……”他叹了一声，“早知道我们会落到这般境地，就应该把池向北送你的店铺留着的……”见我垂下头，他不好意思地搔了搔头发，“我是不是太没出息了?”

“不，我在想，也许我们可以向他求助……”

“不用的，马拉，我就是随便说说的。”他立刻拦住我，无论是我的骄傲还是他的面子，都不允许我们向池向北开口。

“我……也是随便说说的。”我依进他的怀里，心中满是愁绪。

在我们从医院回来的时候，我婆婆正照顾着两个孩子。见我们进来也没有搭茬，我知道她想不开，便先叫她：“妈……”

她沉吟了半晌，还是忍不住问：“你们……还是给孩子做那个手术?”

罗以忱点了点头：“我们已经定下了手术时间。”

我婆婆叹了一声，从口袋里掏出一个手绢包：“既然已经决定了，我也就不给你们泼冷水了。这是我的金镏子和金耳环，还是你姥姥留给我的，你们拿去当了，给孩子看病用。”

“妈……我们不能要!”当年买房子的时候，我婆婆就背来好几万，那已经是孤苦操劳半辈子的老人全部的积蓄，此时此刻，我们怎么能再要她的金首饰?!

我婆婆摇摇头：“这个事，谁让咱家赶上了呢？你们要治也没有什么错，要是万一老天开眼让孩子活下来呢？那别说是点金子，就是要奶奶这把老骨头奶奶也不惜……”

我将这金子放在手心，都感觉微微发烫，那是我生命所不堪承受的感动。

时隔一年，马姐的温馨家园 90 平方米两居室再次挂在了各个中介的售房网上。在史上最严厉的调控政策下，在楼市的拐点论、横盘论下，在浓厚的楼市观望情绪下，我们的房子被标上一个两年前难以想象的低价，却没有换来多少看房的人，而我和罗以忱只求出手的态度，吸引了无数房虫子前来交易。

我们无心恋战，但不管怎样也要够我们手术之后再贷款买房的首付钱，所以在最后交手术费之前，我们还是想再等哪怕多一分钟，哪怕多卖一万块，也是好的。

这倒不是因为我们如此焦急还如此计较，实在是因为这个房子，是我和罗以忱最后的筹码，两个人的手术费，术后的抗排异药和我们一家四口相当长一段时间的生活费，都在这个房子换来的这点钱里。

直到医院通知我们，交纳手术费的最后期限已经到来，就在我们心灰意冷地准备和一个买家签合同时，一个买房人拨通了我的电话。

“我已经准备签合同了。”我实话实说。

“我就是想要温馨家园的房子，如果房子满意，我给的价格绝对不会太低。”那个人信誓旦旦。

“可是……您又没有通过中介，是怎么知道我们在卖房子的?”

“我有个朋友是干中介的，所以我了解到了这套房源。”

“既然这样的话，您现在方便来看房子吗?您如果不方便来就算了，下午我就要跟那家签合同了。”

“这样吧，你给我说一下你房子的具体地址，10 分钟后我去看房。”

挂掉电话，罗以忱问道：“这个靠谱吗?别像上次那个华侨一样……”

我摇摇头：“不知道，反正如果他跟我打太极，我就跟别人签了。”

出乎我意料的是，这位自称孙先生的来人似乎对我们的房子非常满意，几乎只是简单看了一圈就报出了价格，我们吓了一跳，这个价格足足比上一个买房人的高出了 5 万块。就在我们担心受骗的时候，这个买家掏出了两沓钱放在桌上：“这两万块是定金，我不需要贷款，直接办过户手续就行。”

卖房子的事情居然就这样举重若轻地解决了，虽然跟房价最高时比，我们还是损失了不少，但这个价格足够我们做完手术以及支付术后康复的所有费用，甚至还够我们在某个恰当的时机再次出手，购置一套一居室的小房子过渡。

我们把这件事看成一个吉利的兆头，因为听说我们急着用钱，这位买家甚至在没有过户的情况下只将我们的房产证拿走就给我们打了80％的房款，虽然还差几十万，但这已经足够我们做手术的了。

一切准备就绪，事关我们家生死存亡的一场硬仗就要开始了！

# 第十八章　民政局的回头客

当我们想要尽快跟孙先生办理过户手续时，孙先生却突然接到要出国谈业务的任务，因为产权证上写的是罗以忱的名字，所以我们担心如果孙先生回国，而罗以忱正在手术恢复期，那么将无法及时办理过户手续。孙先生倒是一副大人有大量的样子："不如这样，房子我也不急着用，你们也不需要搬家，就住在我的房子里，等我从国外回来办了过户手续再腾房。"我们正好没有地方住，带着刚做完手术处于恢复期的一大一小，我们显然也不方便去租房，能留在这个房子里休养自然最好。

办完了房子的事情，离手术的日子便近了。恋家的情况暂时还算稳定，虽然面色焦黄、肚子膨大，但不难受的时候，精神还是不错，每当看着她对我们微笑的时候，我就在心中暗暗发誓，一定要把这份笑意长久地保持下去。

在手术之前，我还有一件重要的事情要做，但这件事情的另一位当事人却好像不太热衷，当我第三次对他提起这件事时，他依旧顾左右而言他的态度让我有些生气。

"罗以忱，你是不是打算让咱家闺女一辈子上不了户口啊？现在还拖着不跟我复婚，你给我从实招来，是不是还有什么想法？"

他抿了抿好看的唇："等手术之后吧，我想看看手术结果，不想拖累你。"

"拖累?"我闹不清他怎么会有这样愚蠢的想法,"要是手术结果不好,你以为我就会抛下你和爱家恋家,自己去寻欢作乐吗?"

"我现在又没有房子,车子也放在二手市场待价而沽,就这一人,还缺块肝,你说你还有什么可图的?"

"罗以忱,你把我形容得如此不仁不义,我现在很生气,后果很严重!我跟你说,罗以忱,罗爱家,罗恋家,在我生命中一个都不能少,识相的就快点跟我复婚去,小心我把你抢回去做压寨夫君!"我故意举重若轻,不让他去想变幻莫测的以后。

拿出户口本和离婚证,那个瞬间我忽然觉得感慨万千。从相识到相爱,我们用了4年有余,而后我们用7年时间,从感动走到感慨,再之后我们兜兜转转,从恨难息到意难平,从放不下到求不得,终于因为命运的一次巧合,从两股平行线再次拧成一股绳。

走出民政局,罗以忱揽过我:"媳妇,这回终于又名正言顺了。"我捶他一拳:"不名正言顺的时候,也没见你多么收敛。"

"晚上想吃啥?生猛海鲜还是干豆腐卷大葱?"

"要省钱,要好吃,还要有纪念意义……"

"嗯……我想起个好地方,走!"罗以忱拉起我的手,跑向了路边的公交车站。

倒了两趟车,我们在一个万分熟悉的车站下了车。

"怎么样?虽然简陋了一点,但这里非常省钱,味道不错,还有纪念意义!"他在我耳边嘀咕着。上次就在这里吃完晚饭,我和罗以忱有了大错特错却终生无悔的一夜,我因此错过了池向北的爱情,爱家和恋家却驻进了我的生命。春夏之交的校园门口，烧烤店老板已经鸟枪换炮，从前狭小的路边摊成了漂亮的店面，不变的只有老板烟熏火燎的脸，和老板娘吆五喝六的大嗓门。

“旧城改造，顺便治理了校园周边的环境。这里重新装修了，我们也顺便升级了。”老板一眼就认出了我们，跟我们描述着这里的变化，“不过我岁数也大了，明年我就把这店交给儿子，我就回家抱孙子去了。对了，你们俩结婚日子可不短了，孩子也不小了吧？”

“我们有两个女儿，是双胞胎，你看看！”听老板问起，罗以忱自豪地掏出手机，滑动着触屏。

“哟！好福气呀！都说儿子是建设银行，闺女是招商银行，你们家一下两座招商银行，将来你们两口子就跟着闺女们享福去吧！”老板说着招呼伙计把我们点的肉串之类的端了上来，一股熟悉诱人的香气飘荡在鼻端，我贪婪地吸了一口。

罗以忱颇没形象地拈起两根肉串，递给我一根，自己便大口咬去。

“不想说点什么嘛就吃！”我敲了敲桌子。

“等会儿等会儿……”罗以忱做了个噤声的手势，目送着伙计出了情侣小包厢。

见包厢门被关上，罗以忱为我们俩的杯子倒上啤酒：“马拉，走一个。”

我端起杯子，跟他碰了杯，啜了一口。

我忽然想起多年前我们第一次结婚的时候，眼睛悄然湿润。

“这个红本，真好，踏实。”罗以忱笑了，“其实，我从来也没想过你会离开我，从来都没有。”他冲我摇了摇手指，“我以为日子随随便便地往下过，就可以走到天长地久，但原来谁都不会永远在原地等我的。我保证，我一定会好好地珍惜我和你的第二次婚姻，无论如何都不会让爱再次在岁月里磨灭。”

我点点头：“从前我以为，女人结了婚，生命里就只剩下老公、孩子，什么追求、梦想就都成为了明日黄花。但其实外面的世界一秒不停地前行，我太居家，太听话，渐渐跟你的脚步越拉越远。好在经过这一场波折，我们俩都在婚姻里长大了，这就是最好的事情。希望咱们俩，还有爱家和恋家，继续在我们的家里好好地长大。”

罗以忱举起杯：“来个交杯酒啊！”

我点点头，我们的杯子缠绕在一起……情侣包厢的门上映着我和罗以忱的影子，那影子越靠越近，终于也如杯子般缠绕在一起。

在一个阳光明媚的早晨，罗以忱和恋家的手术如期举行。

我在无数个知情单、授权单上签了字，而后看到了穿着无菌服的罗以忱。他躺在担架床上，对我微笑着：“马拉，如果……”

我按住他的唇：“没有如果，我要我的丈夫和女儿手术成功，平安回家。”

他也笑笑：“等我好消息。”

上午8点半，手术室的红灯亮了起来，我坐在门前的长凳上，开始祈祷。

每一分，每一秒，我的心都感觉到一种充满希望却不敢奢望的煎熬。偶尔有医生护士出来，我会无法克制地询问手术的进度，当得到供体麻醉、受体麻醉、供肝修整、病肝切除等专业术语的答复时，我都听得心惊肉跳。

第一个赶来的是池向南，9点半，她挺着已经初具规模的肚子来到医院，闻远樵在她身边保驾护航。

考虑到她是个孕妇，本身就需要照顾，我几次催她回去，她却一如以往般拍着我的肩膀："安啦安啦！我现在是平稳的孕中期，跟平常人差不多的。我最好的朋友人生最紧要的一步，我怎么能不陪在你身边，跟你一起等好消息？你就放心吧，我在这里陪你，让闻远樵给你打杂！"我的老板立刻点头："没错，今天你指到哪里，我就打到哪里！"

他爸是在11点左右赶过来的。本来，以忱手术的事情我没有告诉他们。没想到他爸一到医院就跟我瞪了眼睛："这么大的事情怎么都不跟我和你郭阿姨说一声！你们都在医院，以忱他妈在家照顾孩子，你郭阿姨还能给你们做个饭啥的。"我抱歉地说了不想麻烦他们太多的话，郭阿姨却摇摇头："这孩子，说这话就外道了不是，不管平时怎么着，咱们是一家人，关键时候就得家里人帮忙……"郭阿姨的一句"家里人"让我的心里暖暖的。他爸不再说话，他拄着拐杖在手术室门口坐了下来，眼巴巴地望着里面。

下午两点钟，我爸我妈来到医院。他们刚下飞机，都来不及去家里便赶来了医院。

"爸，妈，你们怎么来了？"看着他们满面征尘，我有些心疼。

"我越来越感觉这住远了就是不方便，要是在一个城市里就不用这么赶了。你这孩子也是的，这么大的事情都不告诉你爸你妈，你心里眼里还有我们这当老人的吗？要不是昨天我给你打电话你没接，你婆婆支支吾吾的，最后被我问出今天做这么大的手术，你是不是想瞒我们一辈子啊?”我妈的一串数落劈头盖脸地落下来。

“情况现在怎么样了?”还是我爸比较说正事。

“已经做了6个小时了，目前一切正常，可能还得再等等吧。”我望着手术室道。

我爸点点头，他的声音放轻了：“你和以忱，有没有把手续办了?”

“什么手续?”我有些云里雾里。

“还有什么手续啊，复婚呗，咱老马家人，不做对不起别人的事。不论之前以忱有什么错，这次这个事情做得像条汉子，咱们也得对得起人。”

“爸，我知道，做手术之前我们已经领完结婚证了。”我伏在我爸耳边轻声道。

“嗯。”我爸点点头，他看了看我，眼睛里充满怜爱。那还是我小时候经常见到的一种眼神，每当我甜甜地叫他爸爸，他就会用这样的眼神望着我。

“爸爸希望你们一家，能顺顺利利、高高兴兴地过日子。”

望着我爸花白的头发，我的眼里泛起泪花，本来是应该让他晚年安逸的女儿，却远嫁他乡，让老人家年近花甲还操心奔波，不得安宁。看着越来越年迈的爸妈。我心中有了一个想法。

最后赶到医院的是我婆婆。下午3点半，在我们所有人都在安静等待消息的时候，走廊里先是响起了颇为沉重的脚步声，而后我又高又大的婆婆抱着我们家爱家出现在众人的视野当中。

“哎呀，这一天把我憋闷的，我可等不了了。咋样，手术做完没?”

“妈……”我走过去接过爱家，“这可是7楼，您抱着个孩子怎么还走楼梯啊?”

“电梯人太多了，我一着急就跑上来了。”我婆婆道，“少爷和我小孙女咋样了?”

“大概快好了吧，我刚才看见不少护士进去了。”

当我们所有人在手术室门口集合完毕，手术室的红灯倏然熄灭，大家都噤了声，手术室的大门慢慢打开……

# 尾声　小团圆

忙碌了一天，当我从堆积如山的客户资料中抬起头来的时候，才发现已经过了晚上 6 点。此时我只想一步迈到家里。

我掏出钥匙，打开门。那位孙先生还没有从国外回来，所以我们一直没有搬家，让罗以忱和恋家可以好好地休养身体。虽然孙先生在国外不方便跟我们联系，但我跟罗以忱已经说好，一定要把这些日子的租金算给他。

我之所以这样着急，是因为今天是个特殊的日子，罗以忱和恋家的手术已经做完 6 个月，今天即将拿到半年复查的结果。

当我拿了钥匙打开家门的时候，才发现屋子里静悄悄的，我心里开始忐忑，有些打鼓。直到走进卧室，我才发现罗以忱睡着了，我正要走过去给他盖上点什么，他却忽然睁开眼睛，一把抓住了我。我们俩滚倒在床上，我有些气他吓我一跳，但觉得这个人在这个时候如此没正形，估计是不会有什么坏消息传来。

“其实今天我也有一个重磅消息要公布的。”我对罗以忱道。

“还是先听我的重磅消息吧。恋家一切都好，本人一切正常，这是不是今天最重磅的好消息了?”

“虽然是好消息，但不够重磅，因为这个结果我早就猜到了!”虽说如此，我还是非常高兴。

罗以忱却撇撇嘴：“那你说说看，你有什么重磅消息能跟这个事情比？”

我将头靠在他肩膀：“我爸妈要把在南方的房子卖了，来我们这边买房子，跟我们一起生活了。那就是说，咱们马上又要拥有属于自己的房子了！”

罗以忱继续撇撇嘴：“爸妈年纪大了，来这边生活，有我们照顾着是不错。可是，那是你爸妈买的房子啊，怎么能说是咱们能拥有自己的房子了啊？”

我在罗以忱头上敲了一下：“喂，你这个人很过分哎！我爸妈花钱买个房让我们住，难道不应该感恩吗？难道不应该开心吗？又不是外人……我现在可没把你爸你妈你妹甚至你后妈当外人，你也不许跟我分你我！”

罗以忱急忙起来揉揉我的头发：“小的不敢！小的只是怕咱家人多嘴杂，搬过去了给咱爹咱妈增添负担，哪敢见外啊！”

我对他笑笑：“这还差不多。”其实，就在罗以忱和恋家做手术的时候，我就已经下定决心，后半生要和我的爸爸妈妈住在一起，再不要他们想念远嫁千里的女儿，再不要他们来回奔波挂念。儿孙绕膝的天伦之乐才是他们这个年纪的人应该享受的幸福。

我一定神，这时才发现爱家和恋家没在，一同不在家的还有我婆婆：“我那嫡嫡亲的亲闺女们呢？还有咱妈，都去哪里了？”

罗以忱略带神秘地笑了起来：“其实我今天还有一个重磅消息要跟你讲，爆炸程度绝对超过你刚才发布的那条消息。”

“快快禀奏。”

“你别跟咱妈说哈，我发现咱妈最近有情况！”

“情况？什么情况？”我有些摸不着头脑。

“咱妈最近迷上了广场舞，如果你当她真的只是闲逛而已那就错了，她是去跟一个老爷子聊天，也是我们东北的，我已经看见三回了。”

我回忆着我婆婆最近的行为，她好像是经常去广场遛弯儿。

“嗯，我想到了，有一次咱妈说有个老乡也在这附近住，想吃老家的酸菜白肉，她还特意做了一餐，放在保温罐给人家送去！”我想起好像是有这么回事，“咱俩还怪她多事来着！”

“还有一次，咱妈说这边不像老家有火炕，老人容易得风湿，她找了几贴老膏药说给广场认识的老伙计送去。”罗以忱串起可寻的蛛丝马迹。

“对对对！咱妈还跟我说过在这边听不见二人转的味，吃饭都吃不香。可她去了几次广场，立刻就像吃了钙中钙巨能钙似的，腰不酸了腿不疼了，上咱这四楼也不费劲儿了，是不是也是那老爷子的力量啊？”

我和罗以忱像俩大侦探似的，把我婆婆那点桃花闪烁的罗曼史全扒出来了，说到兴奋处罗以忱居然坐了起来，我也跟他面对着面，像两个纯情的中学生在讨论题目一般讨论着我婆婆的黄昏恋。

在得出我婆婆必然有情况的结论后，我和罗以忱一起笑起来：“咱俩还真是够无聊的了。”

笑了一阵，罗以忱正色道：“我妈这一辈子不容易，她要是真有那个想法，我支持她，我也替她高兴。”

我点点头：“老人家又替我们看孩子，又帮我们做家务，太不容易，也该享享清福了。如果咱妈真的跟这个老伯伯对上眼了，咱们就让他们好好处处。”

罗以忱牵着我的手："我现在啥都不想了，就想着你们几个女人，我妈，你，爱家，恋家，顺便还惦记着我妹以琳。你看我现在过得多充实，都赶上贾宝玉了，掉到脂粉阵里了。"

虽然知道他在说笑，但因为给恋家捐肝身体还未恢复，他已经有一段时间没有出去工作，而在家里做家庭主夫了。我微笑了一下："以忱，等你彻底恢复了，就出去工作，到时候我爸妈就过来了，也能帮我们分担照顾双宝的重任。"

正说着，我的电话响了起来，我看着屏幕上显示的闻远樵不禁一笑："下一个重磅消息就要来了。"

果然，当我按下接听键，就听到闻远樵激动的声音："向南生了！顺产男孩，七斤半，母子平安！"

罗以忱抢过电话："哥们儿，采访你一下啊，再次当爹的感觉咋样？"

"甭说了，杠杠的！"闻远樵学了句东北话，"不光我和我妈高兴坏了，连柳子都激动得不睡觉了，跑前跑后的就是要看弟弟，果然血缘的力量是强大的啊。希望他们姐弟俩一辈子这样相亲相爱地走下去。"

"闻总，晚点我和以忱过去看向南！"

我们正说着，冷不防听到池向南的声音传了过来："老公，别打了，臭小子又尿了！"

我急忙挂断了电话，看着罗以忱惊讶的嘴脸，我不得不摇头感叹："这顺产的就是精神状态不一样啊！"

现在的我一切都好，工作好，老公好，女儿好，爸妈也好，朋友也好，连婆婆公公小姑子都很好。虽然我没房，没车，没存款，但我每天都沉浸在巨大的幸福之中。我想，懂得知足、懂得惜福的人才最幸福吧。

就在我小小感慨、小小发呆的时候，我听见了门铃声。

“大概是妈回来了。”我边说边走到门口，打开了房门。

门外是一个穿着工作服的快递员。

“您好，请问您是马拉女士吗？这里有您的一个快件。”

这是一个航空邮递，寄件地址竟然是在遥远的法国。我仔细回想，除了认识一个姓孙的买房人之外，我好像没认识什么需要给我寄航空快件的外宾。

“是不是以琳?”听我说是国外寄来的，罗以忱问。

“不是的，是法国寄来的，不是以琳所在的国家。”

“快打开看看。”罗以忱接过来。

随着层层纸袋和塑料袋的打开，一个红色的本子露出来，袋子里装着的，竟然是一本房产证。

罗以忱拿过那个红本打开：“温馨家园 1 栋 403，房屋所有权人：罗以忱……”

“不会吧？真的是孙先生寄来的？他不想买咱们房子了啊？那咱也给不了他钱了呀，卖房的钱都给孩子做手术用掉了……”我急了起来。

“不对。如果是孙先生要违约的话，他一定会通知我们截留一部分违约金后退还房款，哪能把产权证寄给我们呢？快看看这里还有没有其他的情况说明之类的字条……”

我急忙翻了翻袋子，果然，一封信掉了出来。

既然是寄给我的，我打开信封，一张信纸掉落出来。

“马拉，当你看到这封信的时候，我已经来到法国。普罗旺斯的阳光照着我的头发，我的心情也不再那么沉郁。

“我是从向南那里得知你孩子和你先生的事情的，其他事情不谈，就这一件，他还是颇有担当的。说句大言不惭的话，让你继续和他生活在一起，我也就放心了。

“本来我想当面给你一些钱当作手术费用，但我想，这样的做法也许会让我们都感觉到尴尬吧。孙成是我的老部下，我就让他帮我完成了这个计划，我想那笔钱应该足够他们两个人的手术和康复费用了吧？除了一点资助，我没什么其他办法能帮你的。如果你还当我是朋友，就不要在这点钱上再跟我掰扯。现在我把产权证寄还给你，想必你和你先生也不会再怪我的鲁莽了。真心祝你幸福，祝你们全家安好。”

“罗以琳妹妹的事情，其实我是有很认真地考虑过，因为我承受过被人忽视的痛苦，所以我不会随便辜负别人的感情。但原谅我这个老人家固执的选择，希望她能找到属于自己的幸福，也希望你先生能理解我的选择。”

“好了，马拉，随信寄去一些普罗旺斯的风光明信片，我希望这段旅程能和你分享。在这之后，我也许将不再跟你联系，因为你有你的生活，我也将开始我的新生活……”

我拿着漂亮的明信片，仿佛又闻到了当日淡淡的薰衣草香。

“这哥们儿真够血性，早点了解他就好了。”

我点点头：“既然这样，向北给我们的钱还有富余，我想他们也不会缺多少银子，不如这笔钱我们就代为捐给什么公益机构吧。这样，让向北的善心流向它应该去的地方，我们也都能过得心安。”

罗以忱点了点头：“都听你的。”

我们的头抵在一起，我们的唇彼此交叠，纠缠，纠缠，在这动情的时刻，我们的世界只有彼此。

“上次这个牌子超市打折促销还能抽奖赠泰国游，我一激动就买了好多，也不知道能不能抽中我们俩泰国游……”罗以忱果然是合格的家庭主夫，连买小雨衣都买促销装的，“唉……也不知是我太神勇还是这个质量太差，上次居然弄坏了，这次可得小心点……”

听他说到这个，正欲火焚身的我一下想到了什么，从床上弹了起来：“你等我一下，我去趟厕所……”

我听见罗以忱小声嘀咕了一句：“你咋这么扫兴，懒驴上磨屎尿多!”但见我竟然转回身来，他急忙摆出一副笑脸：“亲爱的，我等你!”

我哪有心思理他，此刻我需要确定的，是一件天大的事，如果此事成真，将是比今天晚上发生的所有重磅消息都要重磅的一个消息，是一个比定时炸弹还要爆炸的消息……

果然，一分钟后，我在厕所里爆发出一阵比《忐忑》还要婉转哀怨、绕梁三日的哀号：“啊啊啊啊啊……”罗以忱你难道没听过一分钱一分货这句古训吗？这个贪小便宜吃大亏的吝啬鬼，可把老娘我害苦了……

听到我声震八方的哀号，罗以忱以为我掉厕所里了，急忙赶来抢救：“马拉，马拉，你咋的了？”

当他看清我手里的东西时，立刻发出了比我还要惨烈、还要激动、还要绕梁的惨呼：“啊啊啊啊……”

在我手里拿着的，是一根验孕棒，在这根验孕棒上无比清晰地显示出两条紫红色的中队长印记，是的，我，又怀孕了。

谁也没有发现，在我的窗外，一只橙色带黑白斑纹的蝶翩然飞过……